AF567257

coming HOME for CHRISTMAS

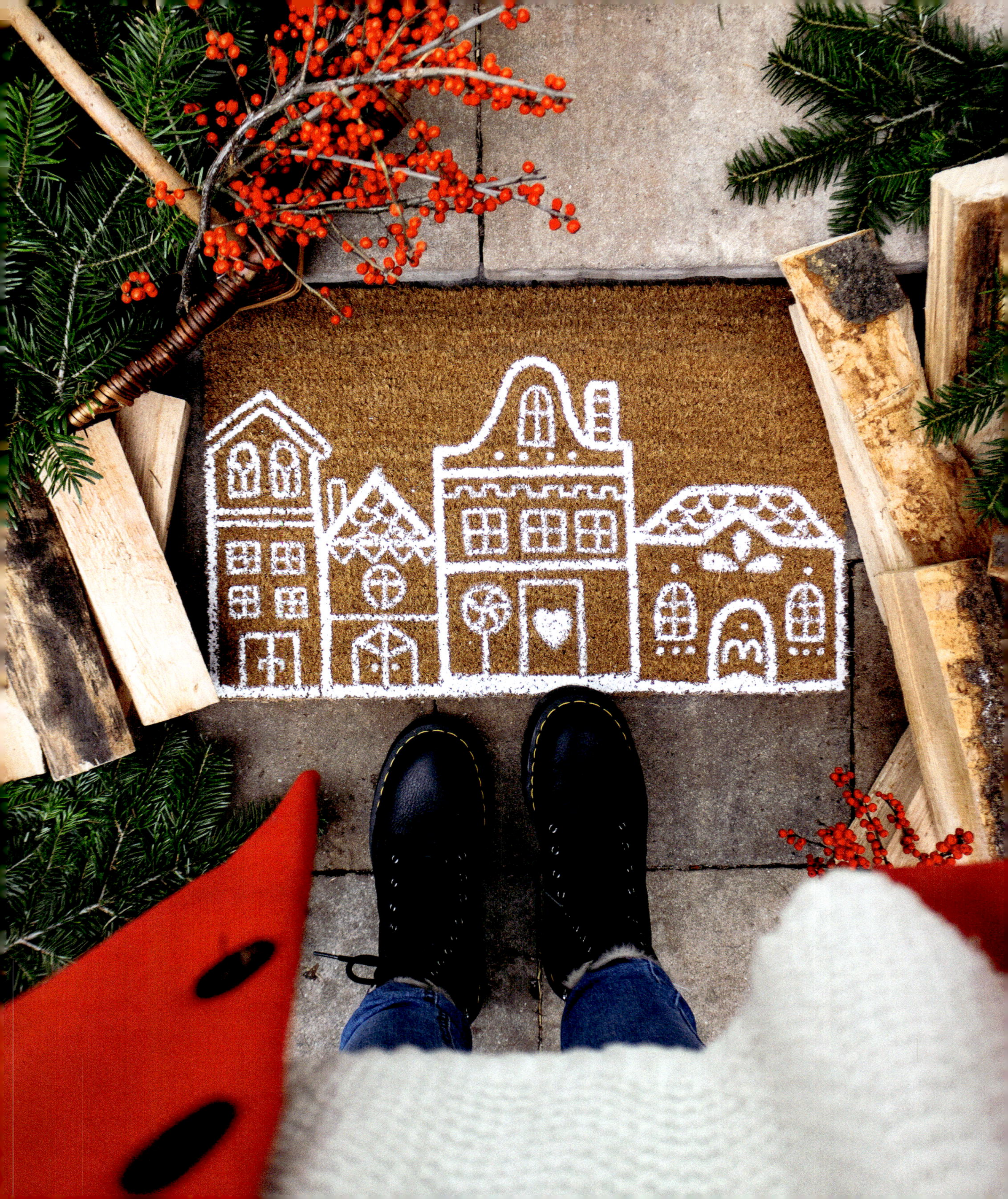

SABRINA
STERNTAL

coming HOME for CHRISTMAS

Selbstgemachte Deko, Geschenke und süße Überraschungen für eine kreative Adventszeit

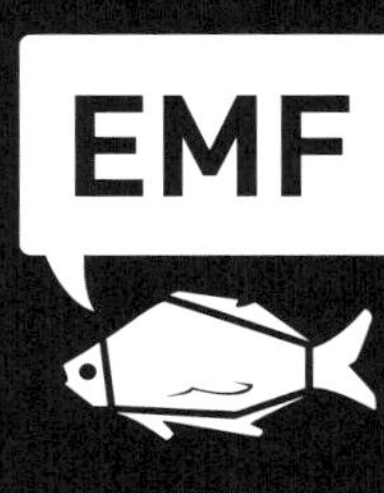

EIN BUCH DER
EDITION MICHAEL FISCHER

INHALT

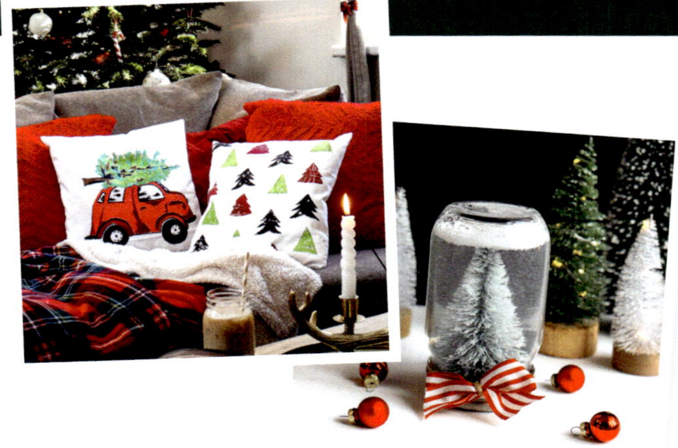

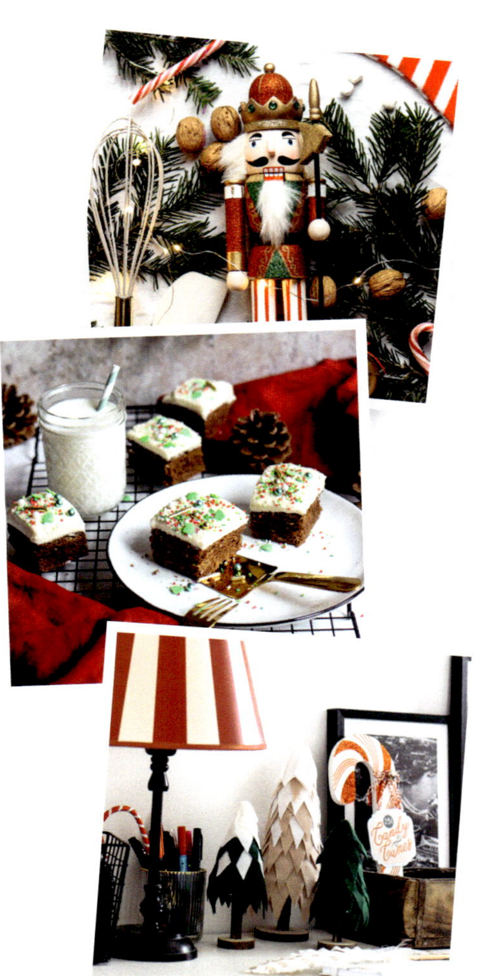

VORBEREITUNG AUF DIE ADVENTSZEIT

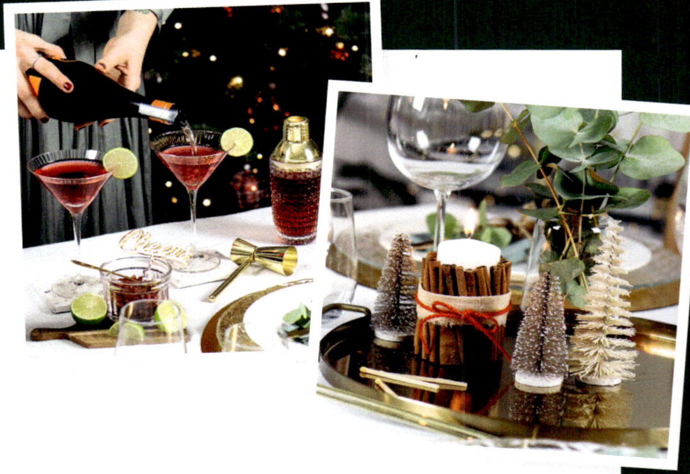

BESINNLICH DURCH DEN ADVENT

WEIHNACHTEN IST DA

VORWORT

Schon als Kind habe ich gerne gezeichnet und mit Papier gearbeitet. Heute, als Bloggerin und Mama von zwei Jungs, lebe ich diese Leidenschaft sogar noch mehr aus als damals. Mit einer Schere, etwas Kleber, Lackmalstiften und Garn habe ich mit meinen Kindern schon so manche Stunden in der Adventszeit gebastelt. Dazu noch eine Tasse Tee oder ein paar Weihnachtskekse, etwas stimmungsvolle Musik im Hintergrund aufdrehen – schon lassen sich kreativ und entspannt eigene Weihnachtsdekoration und allerlei Geschenke für Familie oder Freunde erstellen.

Mein Name ist Sabrina Jäger, auch bekannt als Sabrina Sterntal, und ich habe meine Leidenschaft zum Beruf gemacht. Als Bloggerin tobe ich mich sehr gerne kreativ aus, zum Beispiel bei der Umsetzung von DIY-Projekten oder dem Kochen und Backen, schreibe Texte und knipse meine Fotos alle selbst. Mit diesem Weihnachtsbuch habe ich mir einen Traum erfüllt, denn ich wollte schon immer ein Buch schreiben, das Leser*innen Inspiration und Freude schenkt und mit ganz vielen einfallsreichen Ideen in der Adventszeit begeistert.

Dieses Weihnachtsbuch vereint all das, was ich an Weihnachten so liebe: die Gemütlichkeit im eigenen Heim, die Freude an selbstgemachter Dekoration, der Genuss von süßen Leckereien und das Feiern eines der bedeutsamsten Feste meiner eigenen Kindheit.

Anders als Chris Rea fahren wir an Weihnachten nicht nur nach Hause – wir kommen an und bleiben, genießen die Zeit mit unseren Lieben und feiern Weihnachten vom Anfang bis zum Ende, mit vielen schönen Vorbereitungen und Liebe zum Detail. Denn Weihnachten ist für mich ein ganz besonderes Gefühl… wie nach Hause kommen.

Coming home for Christmas.

Eure Sabrina

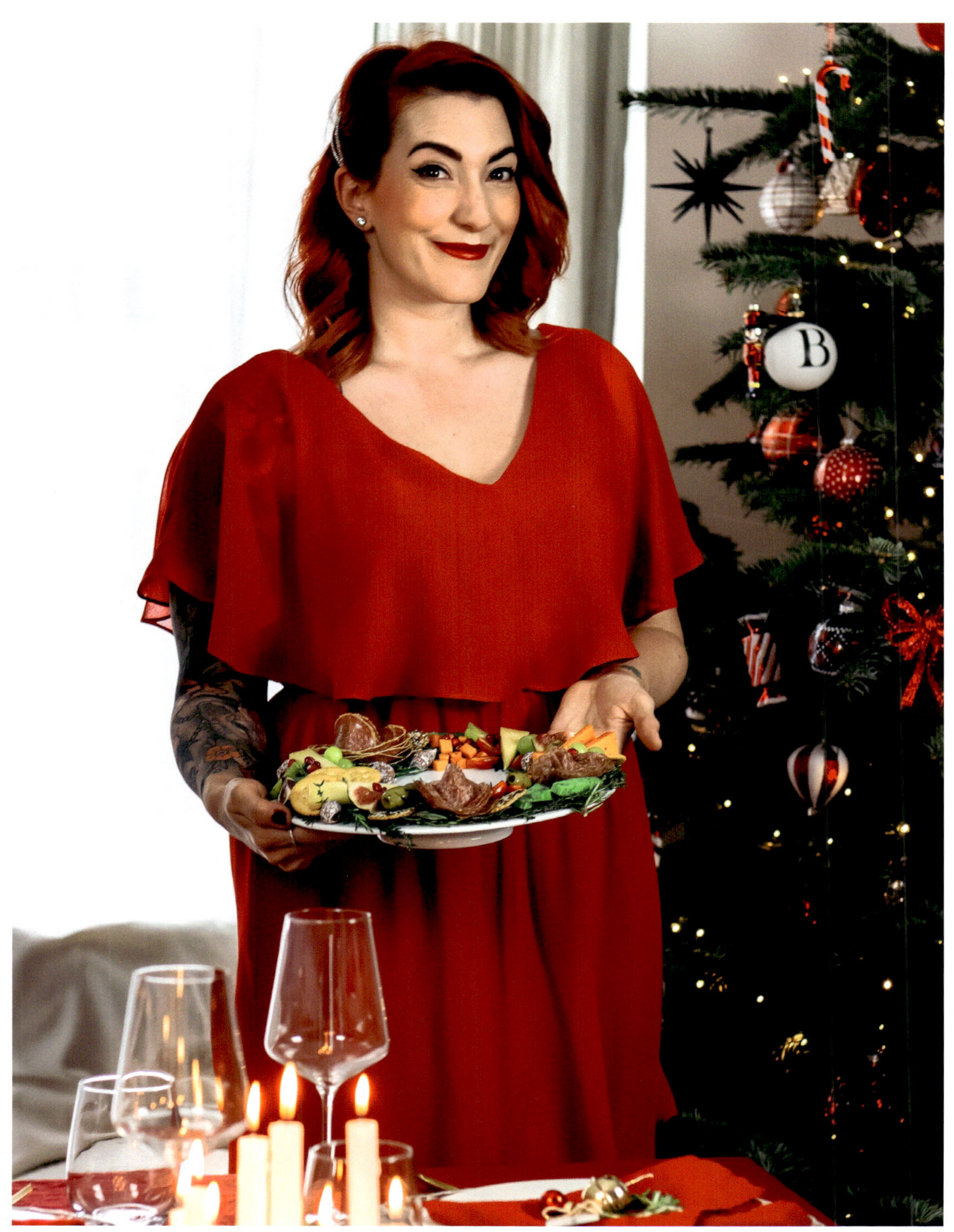

meine WEIHNACHTSDEKORATION

Willkommen im Hause Sterntal, meinem Zuhause, in dem ich nun schon seit sieben Jahren mit meiner kleinen Familie lebe. Hier tobe ich mich beim Backen, Kochen und Dekorieren so richtig aus und mache es uns so heimelig wie möglich.

Gemütlichkeit daheim, das ist für mich etwas sehr Individuelles und auch etwas Persönliches. Wenn ich an meine Freunde und Familie denke, so hat doch jeder seinen eigenen Wohnstil und jeder fühlt sich mal mit mehr oder weniger Dekoration wohl. Wenn es aber um Weihnachten geht, gehe ich klar nach dem Motto „Mehr ist mehr", denn ich liebe dieses Fest zu sehr, um es nicht voll auskosten zu wollen.

Das Schöne an Weihnachten ist für mich, die Traditionen der eigenen Kindheit aufleben zu lassen, aber auch, Weihnachten für sich völlig neu zu erfinden. Während meine Mama beispielsweise immer bordeauxroten und goldenen Weihnachtsschmuck an den Christbaum gehängt hat, habe ich für mich einen ganz anderen Stil gewählt. Ich mag es gerne ein bisschen rot und weiß, mit Nussknackern als Deko, vielen Kerzen, die im Raum verteilt stehen, karierten Stoffen und Tannengirlanden. Aber auch skandinavische Deko aus Naturmaterialien mit minimalistischen Akzenten finde ich richtig toll.

Ganz egal, für welchen Stil ihr euch in euren eigenen vier Wänden entscheidet, versucht die gleichen Farben, Formen und Materialien aufeinander abzustimmen, denn dann wirken euer Wohnzimmer, der Essbereich und weitere Räume, die ihr dekorieren möchtet, noch gemütlicher.

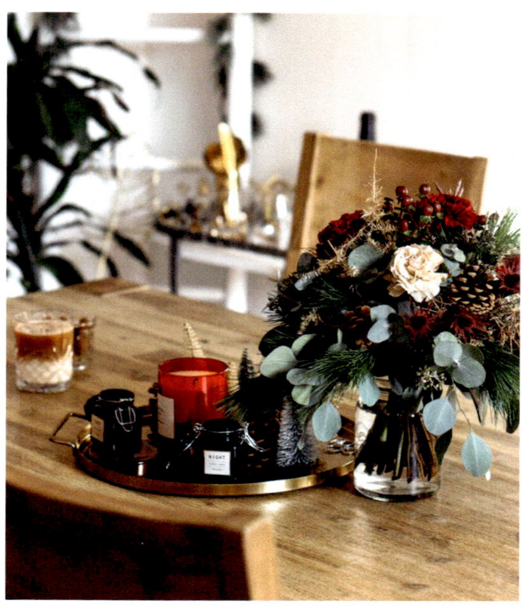

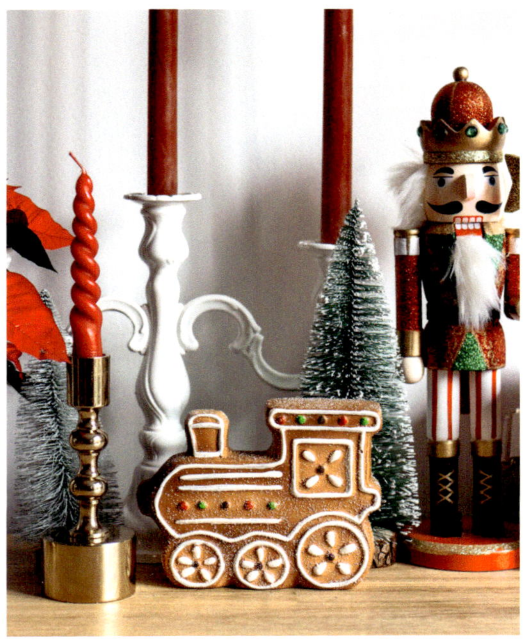

Und dann gibt es in diesem Buch auch noch zahlreiche Geschenktipps, mit denen ihr euren Lieben eine Freude machen könnt, zum Beispiel ein süßes Zimt-Peeling oder eine selbstgemachte Duftkerze, aber auch zahlreiche Rezepte zum Ausprobieren.

Welche Materialien ihr fürs Basteln meiner Do-It-Yourself-Anleitungen benötigt, könnt ihr auf Seite 12 nachlesen.

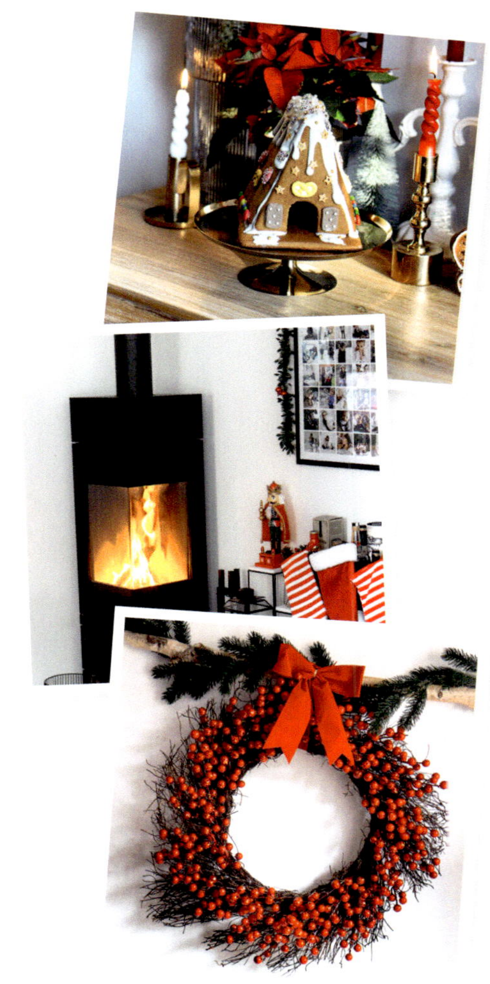

Damit ich euch ausreichend Anregungen mitgeben kann, findet ihr in diesem Buch allerlei DIY-Anleitungen für die Weihnachtszeit, die unterschiedliche Stile zeigen und einfach nachzumachen sind. Zum Beispiel zeige ich euch, wie ihr ganz klassisch einen Adventskranz mit Tannenzweigen binden könnt (Anleitung auf Seite 26), aber auch, wie ihr einen trendigen Adventskranz aus Trockenblumen und Gräsern (Anleitung auf Seite 30) erstellen könnt.

Für alle, die wenig Platz für einen Adventskranz haben, habe ich aus Altglas und leeren Konservendosen einen kompakten und ebenso modernen Adventkranz gebastelt. Vier Anleitungen für vier verschiedene Wohnstile – hoffentlich ist die „richtige" für euch dabei.

unsere WEIHNACHTSTRADITIONEN

Als Österreicherin halte ich an der Tradition fest, dass am 24. Dezember das Christkind die Geschenke bringt. Meine Kinder, zwei Jungs im Alter von 6 und 8 Jahren, glauben immer noch an diesen Weihnachtszauber, und ich freue mich sehr darüber.

Im Hause Sterntal gibt es alljährlich einen Adventskalender für die Jungs, der mit Süßigkeiten befüllt wird, und zusätzlich bastle ich noch gerne einen Kalender für meinen Mann. Ganz traditionell werden am Adventsonntag Kerzen am Adventskranz angezündet, und auch sonst versuchen wir, Weihnachten mit vielen schönen Erlebnissen zu verbinden, um so möglichst prägende Erinnerungen zu schaffen.

Natürlich geht es auch bei uns ab und zu ganz schön wild her, und es gab bereits das eine oder andere chaotische Weihnachtsfest, das gar nicht nach Plan verlaufen ist. In den letzten Jahren habe ich daher gelernt, Erwartungen etwas zurückzuschrauben, und mich stattdessen auf das zu besinnen, was wirklich zählt: Die Zeit, die wir dankbar miteinander verbringen.

Da ich als Mama und selbstständige Bloggerin aber weiß, dass es oft gar nicht so einfach ist, den Überblick zu behalten, findet ihr auf den folgenden Seiten zudem reichlich Tipps und Ideen, um die Weihnachtszeit etwas besser organisieren zu können.

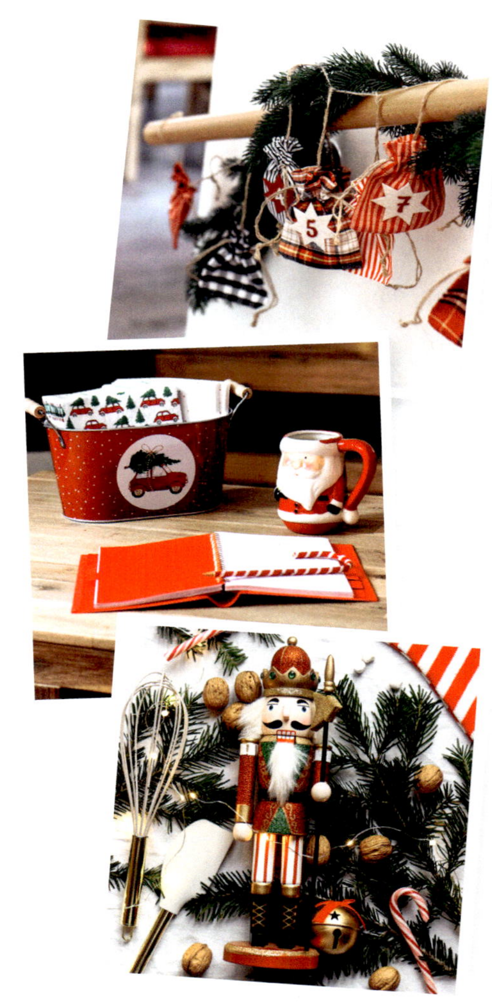

Habt ihr bereits sämtliche Bastelmaterialien zur Hand? Bevor wir uns ins weihnachtliche Dekorieren stürzen, möchte ich noch eine ganz wichtige Sache anmerken:

Nehmt euch Zeit zum Basteln und Dekorieren, ganz ohne Stress.

Ich weiß, das ist leichter gesagt als getan, aber das Basteln soll Spaß machen und eure Kreativität fördern. Die Adventszeit ist oftmals sehr hektisch und weit entfernt von besinnlich, aber mit einer heißen Tasse Punsch oder etwas Süßem und einem Weihnachtsfilm, der im Hintergrund läuft, versüßt ihr euch ganz bestimmt den Tag und könnt ein bisschen abschalten.

Mir helfen das Basteln und Dekorieren und auch das Backen und Kochen immer wieder dabei, meinen Kopf freizukriegen und mich auf eine Sache im Hier und Jetzt zu konzentrieren – und ich hoffe, euch kann ich dabei auch helfen.

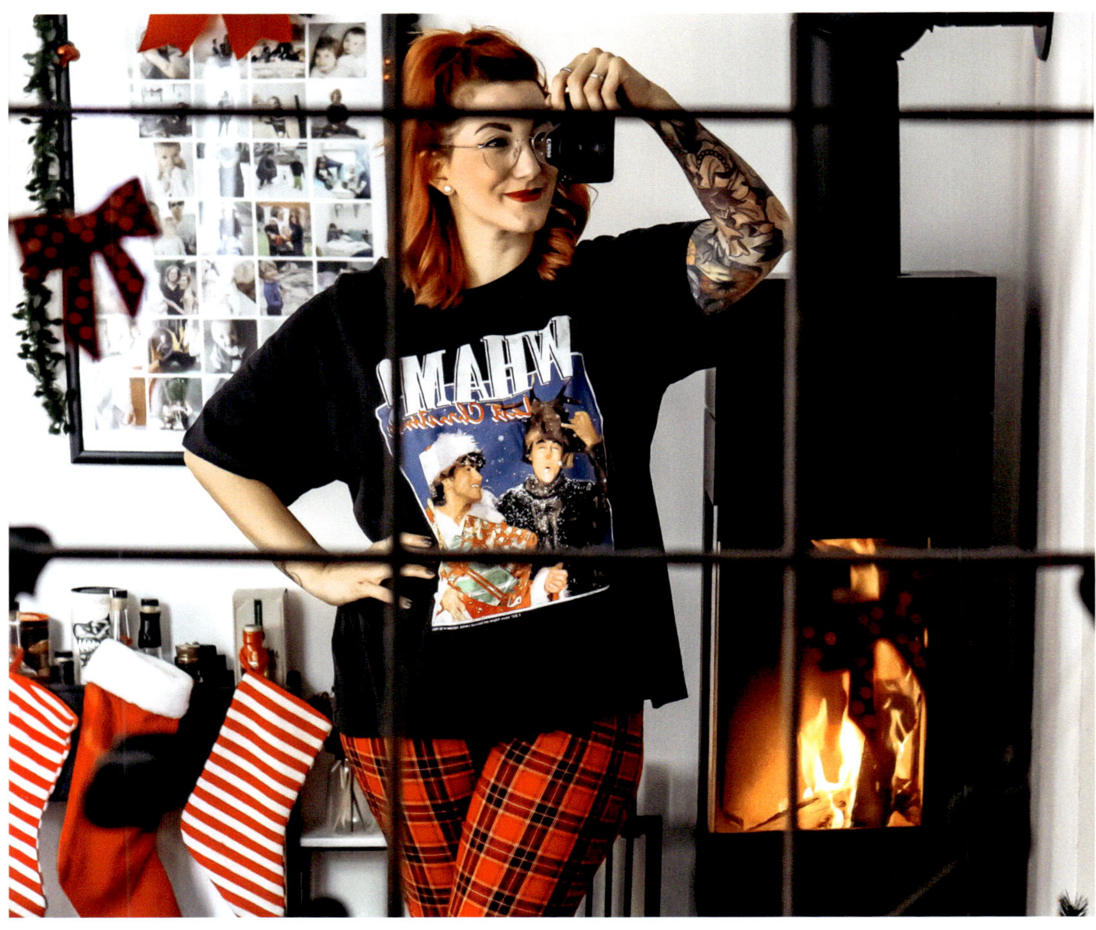

BASTELMATERIALIEN FÜR die Weihnachtszeit

In den letzten Jahren hat sich dank einiger DIY-Anleitungen, die ich für meinen Blog erstellt habe, mein Bastelschrank mit reichlich Material gefüllt. In meiner Sammlung tummeln sich Heißkleber, Cutter-Messer, Pinsel, Filzstoff, Kork, Schablonen und Co.

Aber keine Angst, zum Nachmachen der folgenden DIY-Anleitungen braucht ihr nur ein paar Materialien, mit denen ihr im Nu kreative Deko- oder Geschenkideen für die Weihnachtszeit nachbasteln könnt.

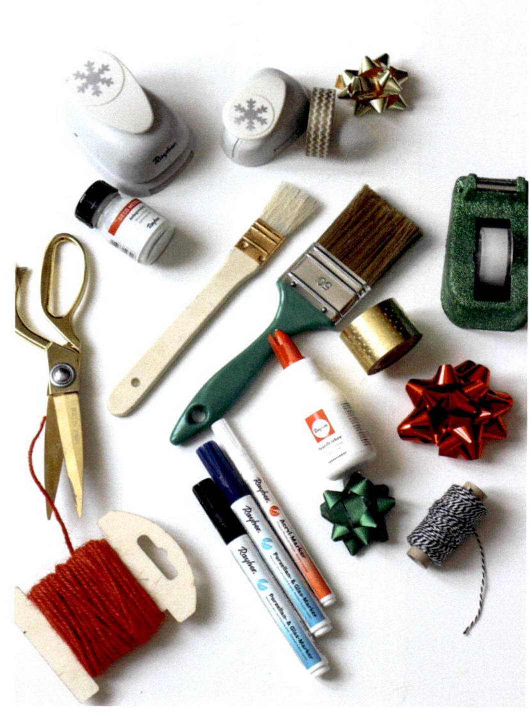

Das wichtigste Bastelmaterial

- Scheren (Papier- und Stoffschere)
- Cutter- oder Teppichmesser
- Kleber, z. B. Bastelkleber, Styroporkleber oder Deko-Patch
- Klebebänder, z. B. Masking Tape
- Heißklebepistole mit Heißkleberpatronen
- Pinsel in unterschiedlichen Stärken
- Stifte, z. B. Bleistift, Lackmalstifte oder Kreidestifte
- Filzstoffe
- Watte
- Draht, z. B. feiner Blumendraht
- Garn oder Jute

Besonders gerne verwerte ich zudem Alltagsgegenstände. Das Upcycling, also die Wiederverwendung von Gegenständen, die eigentlich im Müll landen würden, wende ich dabei bei vielen Projekten an. Ich habe zum Beispiel ein Tablett aus einer hölzernen Erdbeerschachtel gebastelt, welches ich gerne für das Servieren von Gebäck verwende oder für die Aufbewahrung von zuckersüßen Candy Cane Chocolate Hearts (Rezept dazu auf S. 56).

Ebenso ziert eine leere PET-Flasche, die ich in einen Zahnputzbecher für meine Kinder verwandelt habe, unser Badezimmer. Gemeinsam mit meinen Jungs wurden auch schon einige Aludosen zu Stiftehaltern umfunktioniert. Verpackungsmaterial, wie zum Beispiel Karton oder Kraftpapier, dient mir auch in diesem Weihnachtsbuch als so manche Deko und Geschenkverpackung.

Mit den folgenden Bastelanleitungen möchte ich euch dazu einladen, das Upcycling auch mal auszuprobieren, denn es macht richtig viel Spaß und dient unserer Umwelt.

Damit ihr alle notwendigen Upcycling-Gegenstände zur Hand habt, findet ihr hier eine kurze Checkliste.

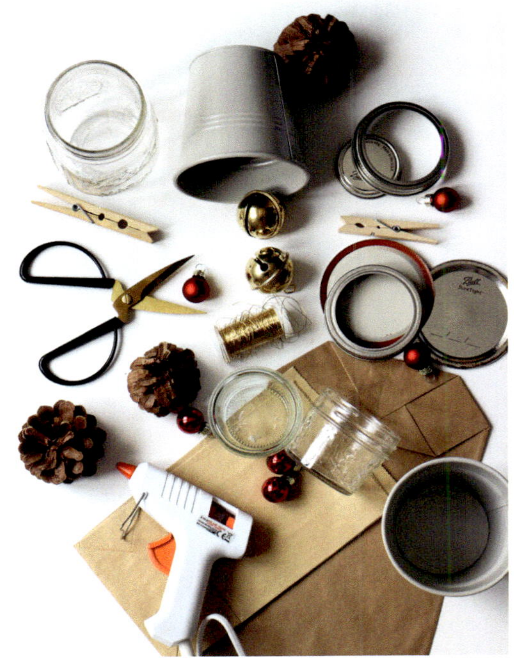

Checkliste: Upcycling-Gegenstände

- leere und saubere Konservendosen
- leere und saubere Einmachgläser oder Glasflaschen, in unterschiedlichen Größen
- Verpackungskarton
- alte Christbaumkugeln
- abgebrannte Kerzen
- alte Keksdosen

Nachdem ich euch nun meine Weihnachtsdeko, unsere Weihnachtstraditionen und die benötigten Bastelmaterialien vorgestellt habe, seid ihr auch schon bereit fürs weihnachtliche Gestalten und Dekorieren. Ich wünsche euch viel Spaß mit meinen Ideen, Rezepten und Anleitungen.

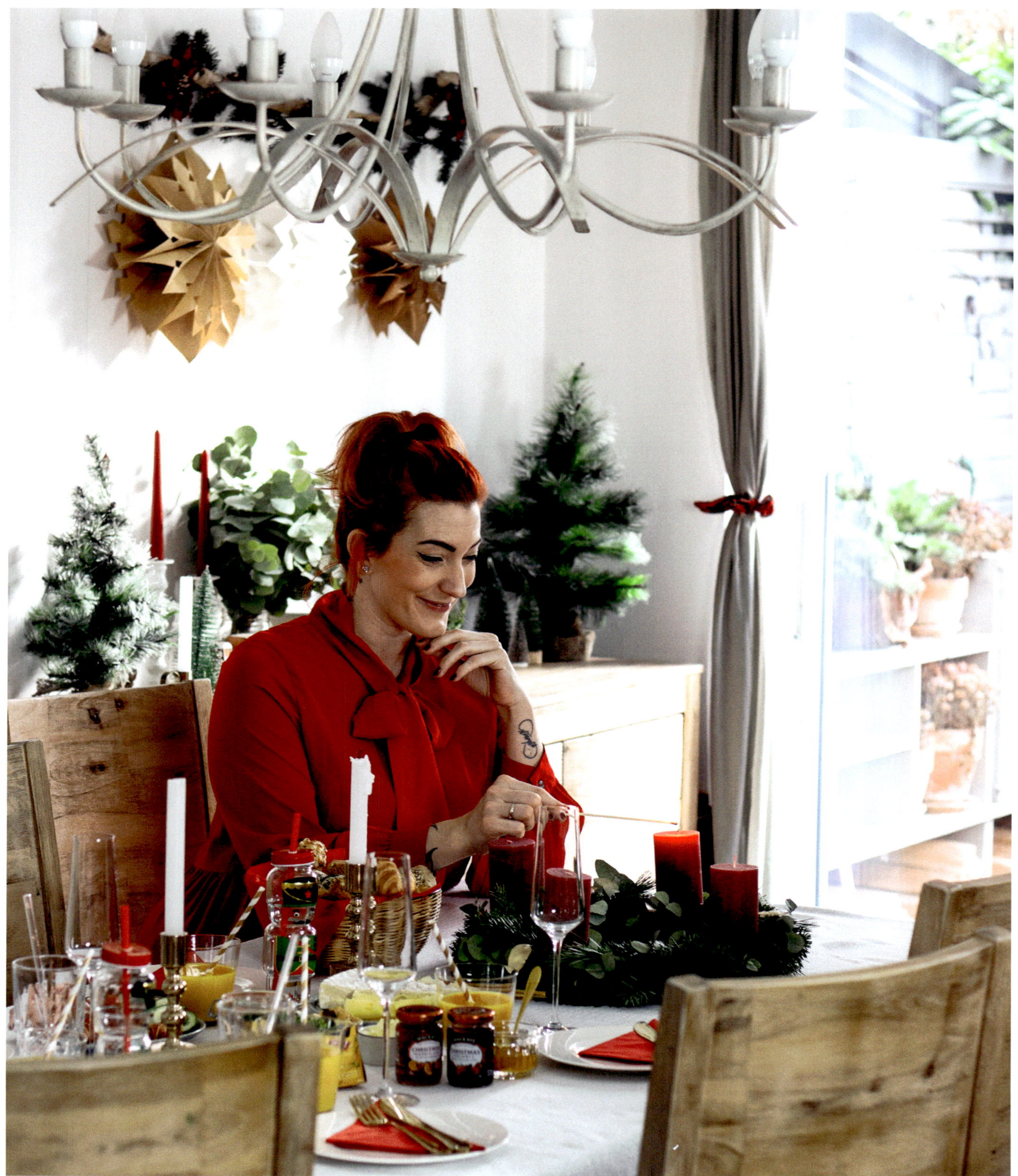

– KAPITEL 01 –

VORBEREITUNG *auf die* ADVENTSZEIT

Weihnachten ohne Adventskranz oder Adventskalender? Für mich völlig unvorstellbar. Auf den nächsten Seiten findet ihr daher Inspiration für gebundene Kränze oder Deko zum Aufhängen. Auch süße Rezepte für Glühwein und Punsch laden euch dazu ein, eure vier Wände auf die Adventszeit vorzubereiten und dabei so richtig in Weihnachtsstimmung zu kommen.

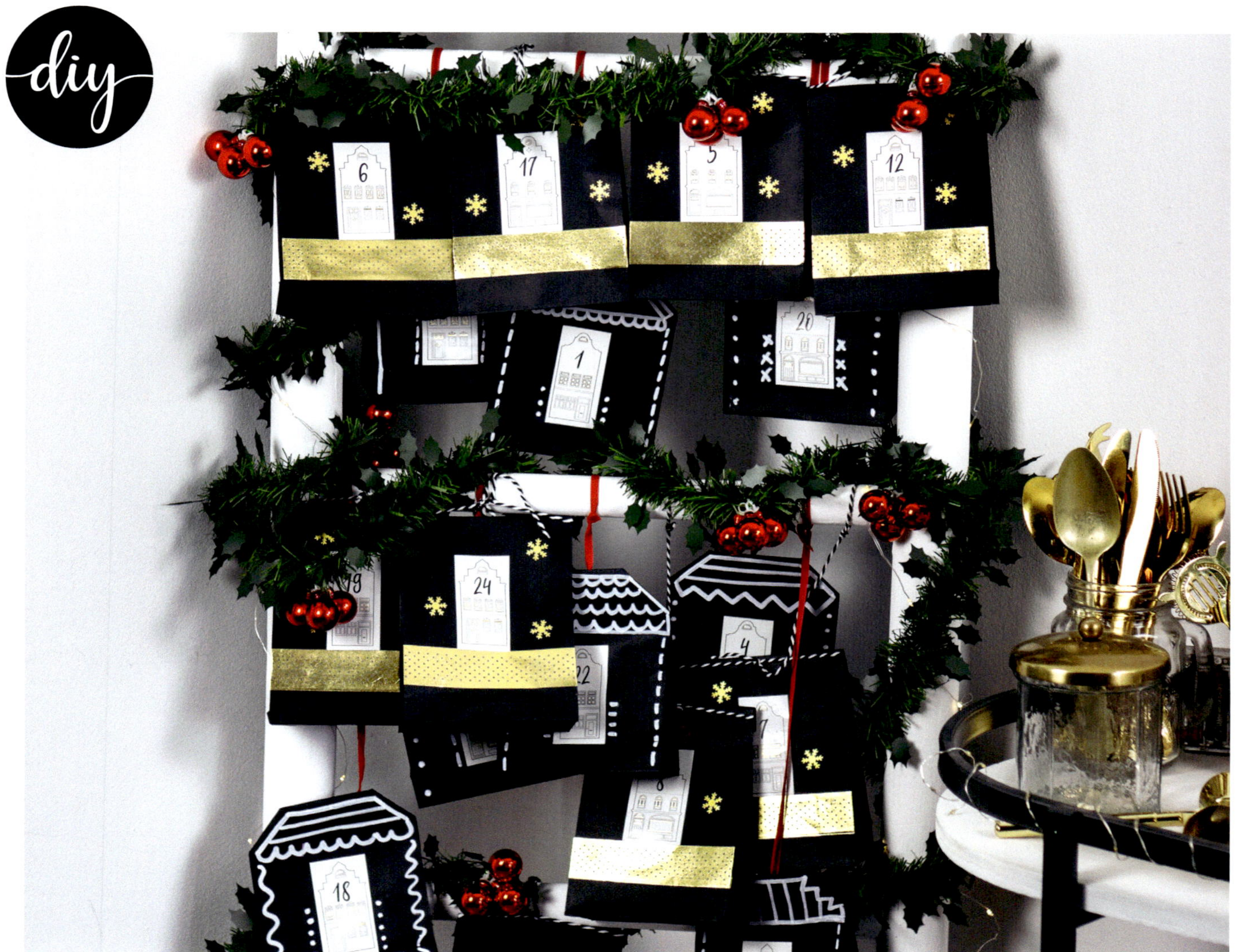

ADVENTSKALENDER MIT PAPIERTÜTEN

Wenn ihr, wie ich, am liebsten Selbstgemachtes verschenkt, bietet dieser DIY-Adventskalender bestimmt die passende Inspiration. Sobald ihr eure kleinen Geschenke parat habt, könnt ihr loslegen. Tipps zum Befüllen findet ihr auf Seite 24.

so geht's

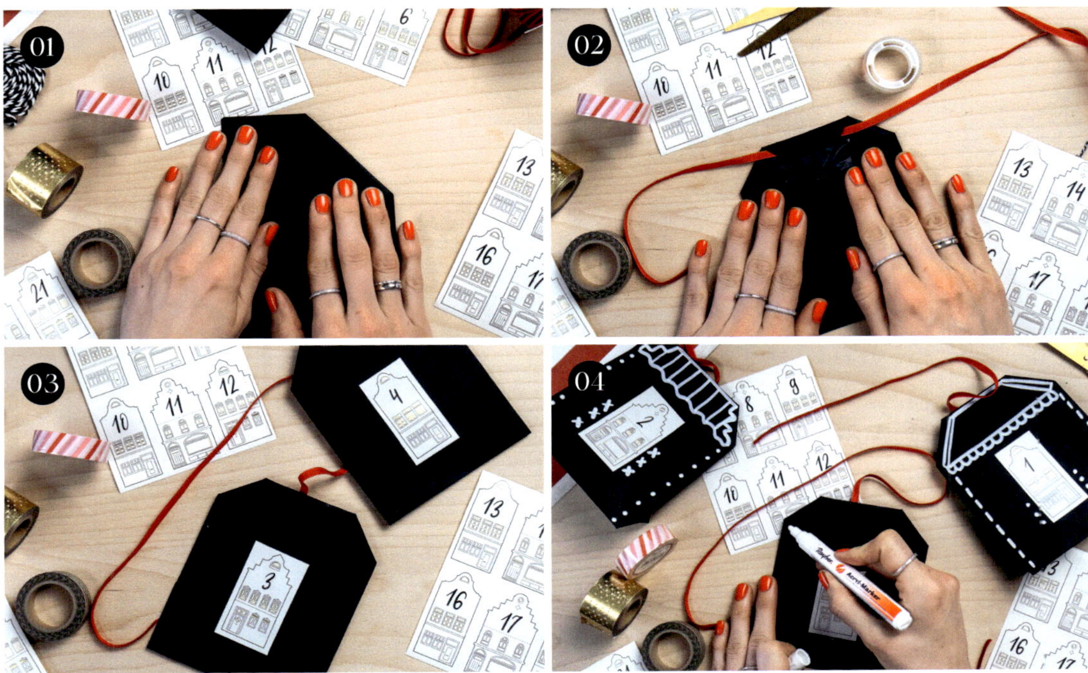

Material

- Adventskalender-Set (Papiertüten, Kordeln, Sticker), z. B. von Rayher
- Klebeband und Schere
- Satinband
- Acryl-Marker weiß
- Masking Tape
- Stanzer Schneeflocke
- Bastelpapier
- Vorrichtung zum Aufhängen der Tüten, z.B. Dekorleiter, Ast, Draht-Kleiderbügel

Step by Step | Deko-Variante 1

1 Die Tüten nach Wunsch befüllen und anschließend an der Rückseite zwei Mal einklappen, also zu einer Spitze falten.

2 Unter die Falte ein Satinband legen, den Spitz darüber klappen und mit Klebeband befestigen, damit ihr die Papiertüte anschließend aufhängen könnt.

3 Die Tüten jeweils auf der Vorderseite mit dem entsprechenden Zahlen-Sticker bekleben.

Anschließend mit einem Acryl-Malstift verzieren, zum Beispiel mit Häuserformen, Pünktchen, Sternen und Co. →

weiter geht's

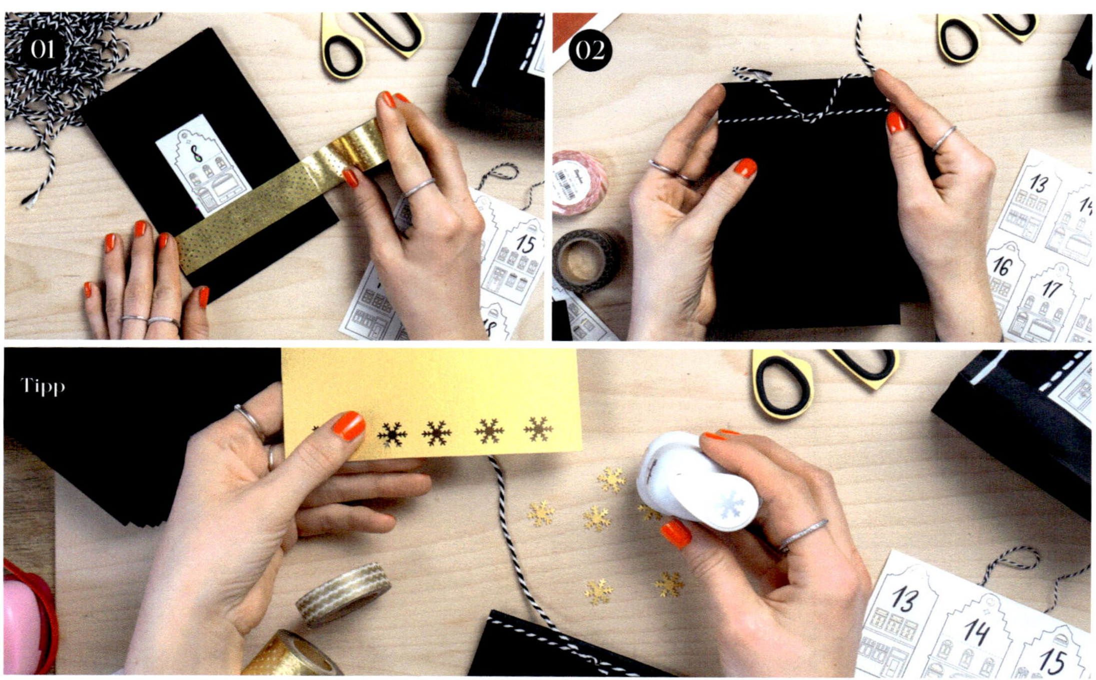

Step by Step | Deko-Variante 2

1 Für eine stimmige Wirkung könnt ihr die Tüten unterschiedlich gestalten. Bei dieser Variante werden die Tüten mit Masking Tape verziert, durch eine gerade Faltung verschlossen und mit einer Kordel verknotet.

2 Bei dieser Variante die Tüte anschließend ebenfalls befüllen und ein Garn befestigen, indem ihr dieses der Breite nach verknotet, die Öffnung ca. 1–2 cm darüberklappt und mit Klebeband befestigt.

Tipp

Papiertüten für den Adventskalender könnt ihr auch mit selbstgemachtem Dekor verzieren, z. B. mit ausgestanzten Formen.

Benutze gerne für die Stanzformen das beigelegte Bastelpapier.

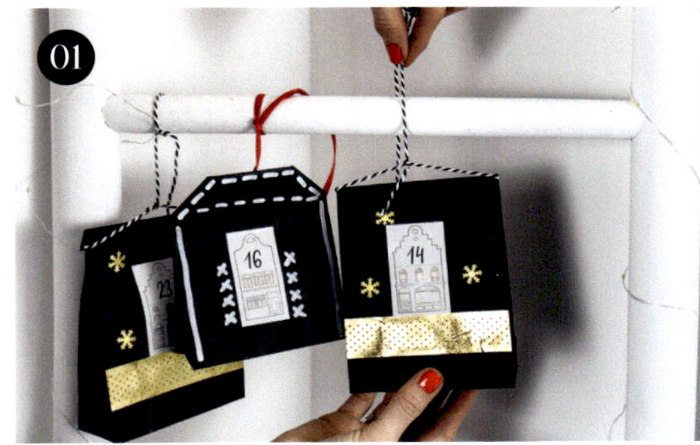

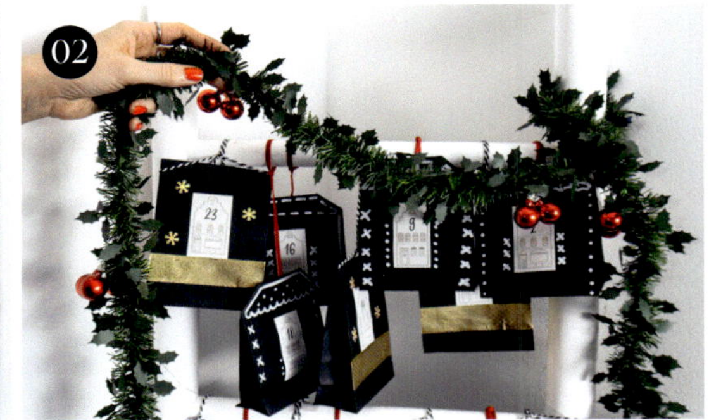

Step by Step | Fertigstellung

1 Die Papiertüten werden anschließend auf einer Dekorleiter befestigt, dazu die Bänder um die Sprossen knoten.

2 Zum Schluss die Leiter mit weihnachtlichen Girlanden dekorieren – fertig ist euer selbst befüllter Adventskalender.

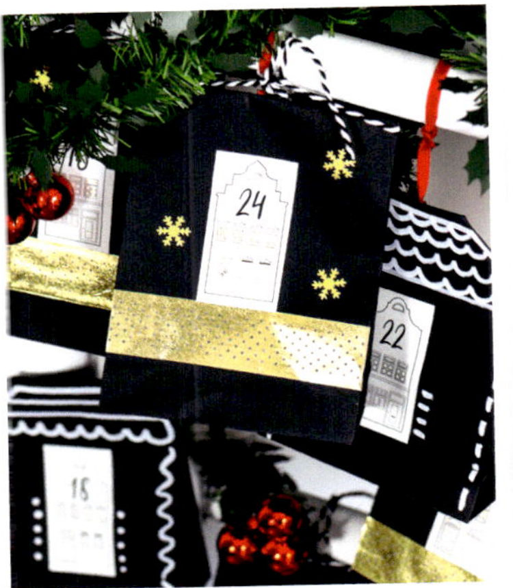

Tipp

Wer keine Leiter zur Verfügung hat, kann die Papiertüten auch an einem Dekor-Ast oder an einem Drahtkleiderbügel aufhängen. Einfach den Kleiderbügeldraht etwas auseinanderbiegen und die Papiertüten daran festknoten.

Noch einfacher ist es, wenn ihr eine alte Kartonbox mit Geschenkpapier beklebt und die 24 gebastelten Adventskalendertüten hineinstellt. Etwas mehr Vintage-Vibe hat hingegen eine Holzbox, die zuvor noch passend lackiert wird. Solche Boxen findet ihr auch im Möbelgeschäft.

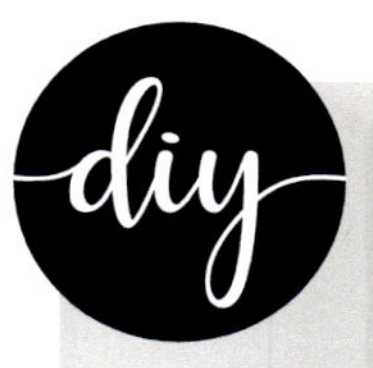

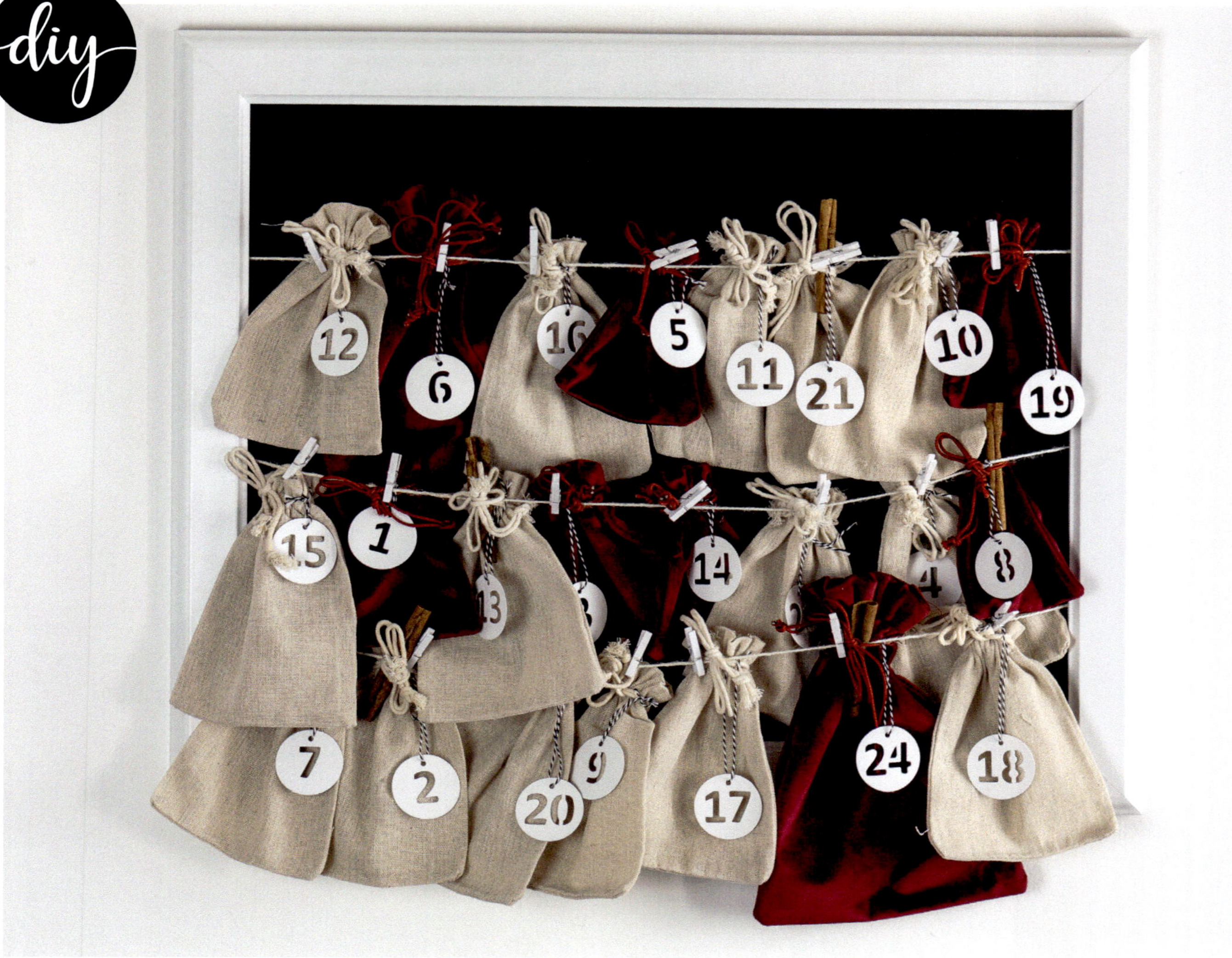

ADVENTSKALENDER IM BILDERRAHMEN

Eine weitere schöne Idee für einen DIY-Adventskalender sind Stoffsäckchen, die an einer Schnur in einem Bilderrahmen aufgehängt werden. Der Bilderrahmen kann anschließend an die Wand gehängt werden, oder er findet Platz auf einer Kommode.

so geht's

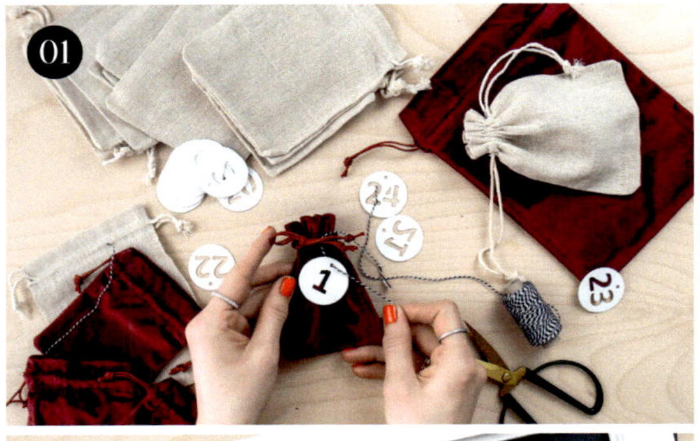

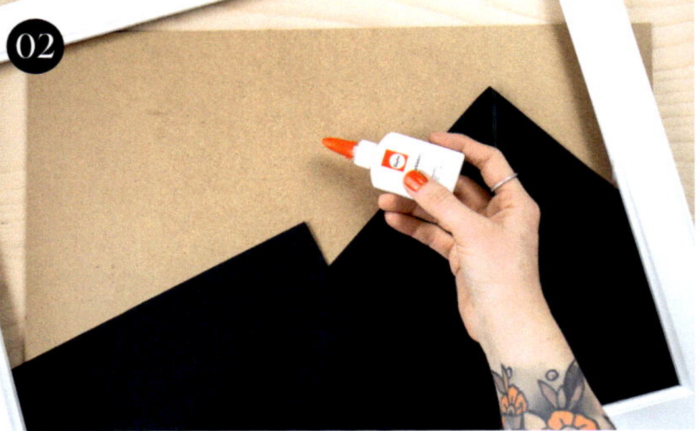

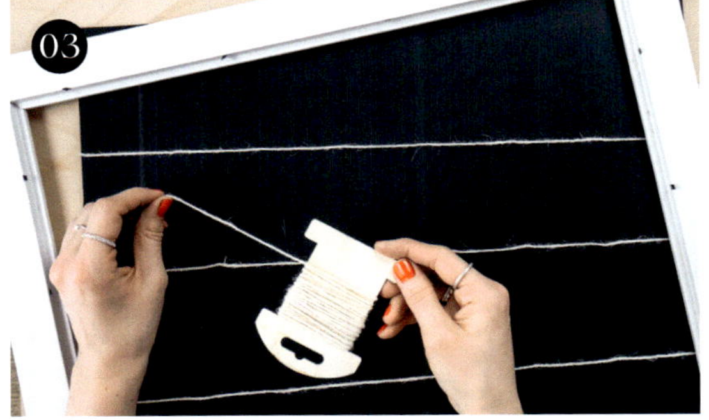

Tipp

Auch mit Säckchen gibt es wunderschöne Adventskalender-Sets. Natürlich könnt ihr die Säckchen auch selbst nähen und die Zahlen in eurem Stil vorzeichnen und ausschneiden.

Material

- Adventskalender-Set, z. B. von Rayher
- Bilderrahmen Größe A1
- 2 Stück schwarzes Bastelpapier in Größe A3
- Kleber und Schere
- Juteband
- Zimtstangen
- Weiße Holzklammern, z. B. von Rayher

Du kannst die Zahlen für deinen Adventskalender natürlich auch selber machen. Benutze dafür das beigelegte Bastelpapier.

Step by Step

1 Im ersten Schritt füllt ihr die Stoffsäckchen und bindet mit einem Juteband die Zahlen fest.

2 Schnappt euch einen Bilderrahmen in der Größe A1, öffnet diesen und entfernt das Glas. An der Blendleiste, also der Rückseite des Rahmens, die als Aufhängung dient, klebt ihr innen schwarzes Bastelpapier fest.

3 Schneidet überstehendes Papier weg, lasst es gut trocknen und befestigt anschließend ein Juteband oder ein Garn über dem Papier. →

weiter geht's

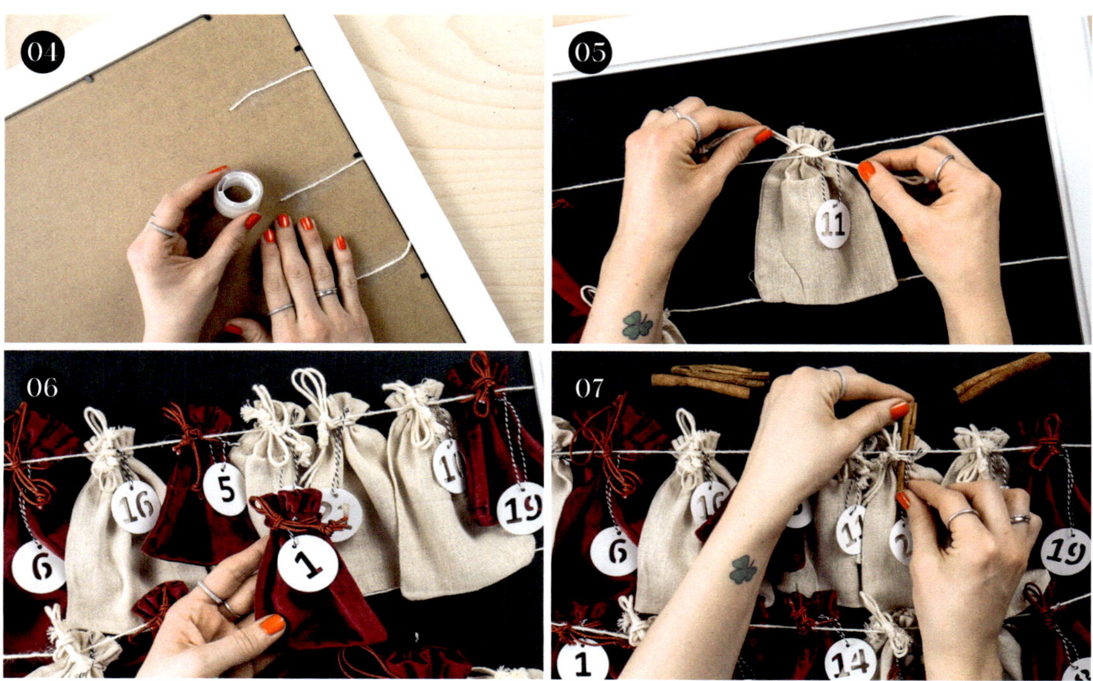

4 Das Garn könnt ihr an der Rückseite mit Klebeband befestigen. Legt die Blendleiste in den Bilderrahmen und verschließt diesen.

5 Nun werden die Säckchen einzeln an dem Garn befestigt. Verknotet dazu die vorhandene Schlaufe am Stoffsäckchen.

6 Befestigt die Säckchen in unterschiedlicher Größe und Reihenfolge.

7 Zum Schluss könnt ihr die Säckchen noch mit Zimtstangen oder weißen Holzklammern dekorieren. Wer möchte, kann auch künstliches Tannengrün anbringen oder den Bilderrahmen beschriften. Fertig ist euer Adventskalender im Bilderrahmen.

5 BASTELIDEEN FÜR ADVENTSKALENDER

Der Vorteil von selbstgemachten Adventskalendern ist sicherlich jener, dass ihr auf die Wünsche und Vorlieben des Beschenkten eingehen könnt. Hier möchte ich euch weitere Tipps für kreative DIY-Adventskalender geben.

01 Butterbrot-Tüten

Wie bereits auf Seite 16 gezeigt, eignen sich besonders Papiertüten in unterschiedlicher Größe, aber auch Butterbrot-Tüten als Adventskalender. Ihr könnt diese für Kinder entsprechend gestalten, beispielsweise in Form einer Eule oder eines Pinguins oder aber, ganz schlicht dekoriert, an Erwachsene verschenken.

02 leere Einmachgläser

Kleine Botschaften oder Gutscheine können auch in Einmachgläsern verschenkt werden. Einfach gute Taten oder Gutscheinideen auf Zettelchen notieren, zusammenrollen und in ein großes dekoriertes Einmachglas füllen. Jeden Tag wird daraus eine persönliche Überraschung gezogen.

03 leere Joghurtbecher

Vor einigen Jahren habe ich kleine Joghurtbecher mit Süßigkeiten befüllt, anschließend ein Transparentpapier über die Öffnung geklebt und entsprechend nummeriert. Die Becher habe ich dann auf ein Holzbrett geklebt und so konnte mein ältester Sohn Max jeden Tag im Advent Süßigkeiten aus den vorbereiteten Joghurtbechern stibitzen.

04 Konservendosen

Des Weiteren könnt ihr Konservendosen lackieren, mit Krepp-Papier oder Servietten füllen und kleine Aufmerksamkeiten darin verstecken. Die Dosen nummeriert ihr durch und stellt sie im Anschluss in eine Kiste.

05 Kuverts

Eine weitere Möglichkeit neben Tüten sind auch Kuverts, in die ihr Gutscheine, Gedichte oder Botschaften stecken könnt. Die Kuverts anschließend in einer dekorierten Schuhschachtel überreichen.

BEFÜLLEN DES ADVENTSKALENDERS

Süßigkeiten im Adventskalender sind in den letzten Jahren zur Nebensache geworden. Vielmehr werden kleine Spielsachen für Kinder, Beauty-Produkte für die beste Freundin, salzige Snacks oder gar kleine Überraschungen und Gutscheine in selbstgebastelte Kalender gesteckt, die perfekt zu den Vorlieben und Wünschen des Beschenkten passen.

Hier findet ihr Checklisten für vier verschiedene Adventskalender:

Tipps für Sie

- Lieblingsparfüm
- Lieblingsduschgel
- Badesalz oder Badezusatz
- Lieblingstee
- Gesichtsmasken
- Nagellack
- Körperpflege
- Schokolade oder Süßes
- Trinkschokolade am Stiel
- Handwärmer oder Wärmeflasche
- Handcreme
- Handschuhe
- Kuschelsocken

Tipps für Ihn

- Bartöl
- Protein- oder Müsliriegel
- Gewürzmischungen, z. B. BBQ-Gewürz
- Wein, Prosecco oder Bier
- Energydrinks oder Limo
- Kleines Cocktailset für die Feiertage
- Wollsocken
- Weihnachts-CD
- Schlüsselanhänger
- Kleines Kartenspiel
- Graviertes Glas
- Lieblingszeitschrift
- Lieblingssnacks
- Flaschenöffner
- Grillzubehör

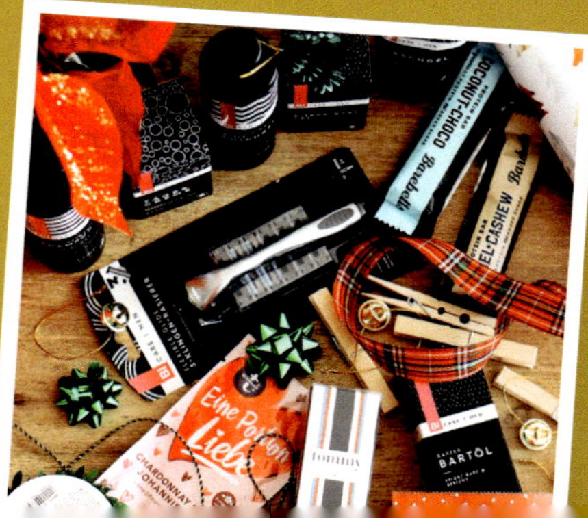

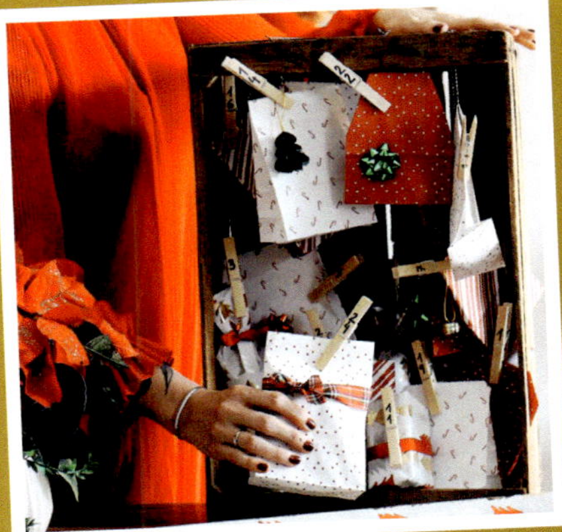

Tipps für Kinder

- Traubenzucker oder Fruchtriegel
- Motivstanzer
- Bastelscheren
- Spielzeugautos
- Kinder-Badezusätze
- Minibücher
- Hörspiele, z. B. Tonie-Figuren
- Keksausstecher
- Legofiguren oder Playmobil
- Kleiner Malblock bzw. Malbuch
- Sticker
- Stifte
- Ausmalbilder
- Rätselheft
- Straßenmalkreiden
- Klebetattoos
- Minipuzzle
- Stempelset
- Süßigkeiten
- Schablonen
- Spielknete
- Fingerfarben
- Geschicklichkeitsspiele

Tipps für die Familie

Botschaften, Aufgaben oder Gutscheine für…

- einen Kinobesuch
- ein gemeinsames Frühstück/einen Brunch
- einen Adventsmarktbesuch
- ein Schoko- oder Käsefondue
- einen Familienfilmabend
- gemeinsames Keksebacken
- eine Weihnachtsgeschichte vorlesen
- Weihnachtskarten basteln
- ein Picknick im Schnee
- eine Schlittenfahrt
- eine Schneeballschlacht

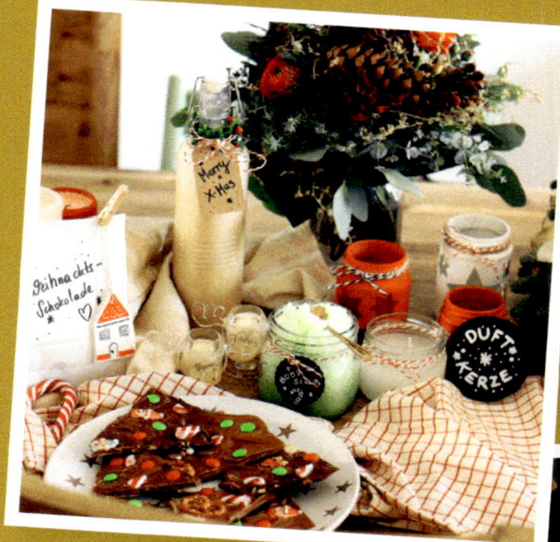

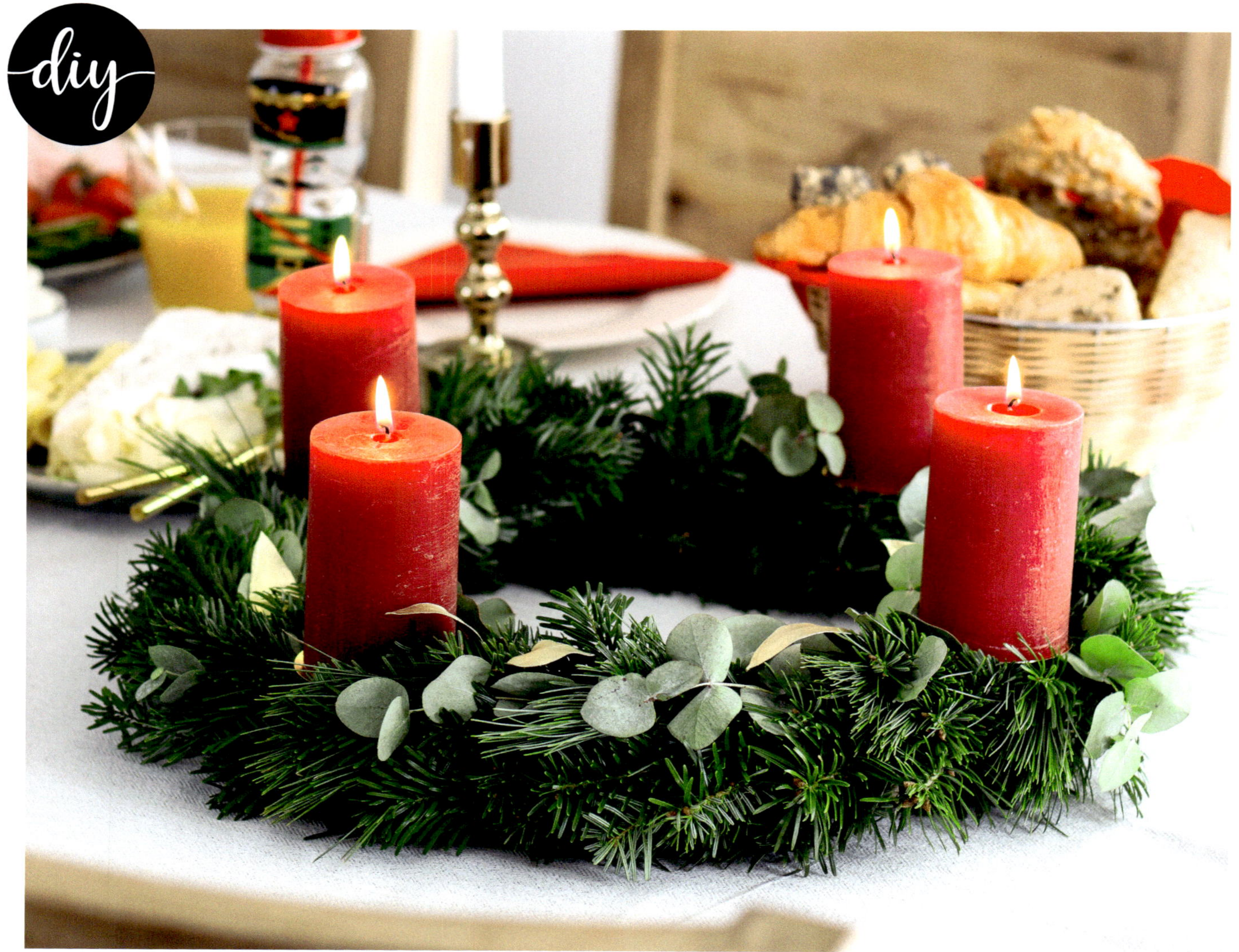

KLASSISCHER ADVENTSKRANZ

„Advent, Advent, ein Lichtlein brennt..." Bei diesem Gedicht habe ich sofort diesen unvergleichbaren Geruch in der Nase: Tannengrün vermischt mit dem Schwefel der Streichhölzer. Deshalb gehört ein Adventskranz mit echtem Reisig für mich einfach dazu.

so geht's

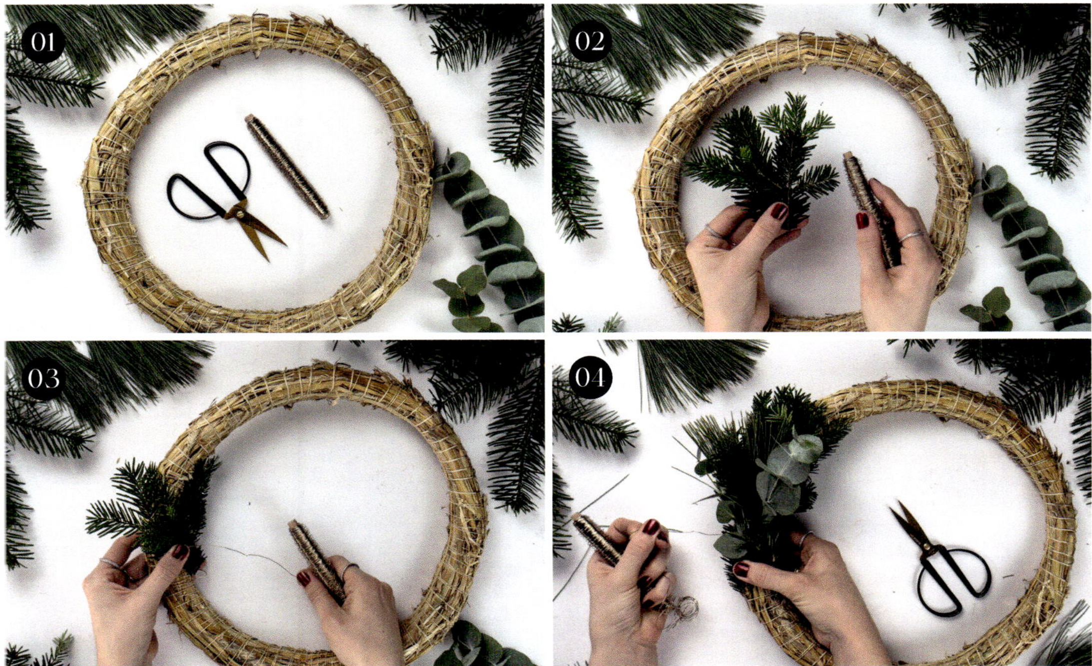

Material

- Strohkranz dünn, Durchmesser 35 mm
- Tannengrün und Eukalyptus
- Blumendraht
- Schere
- Kerzenhalter zum Stecken
- Selbstlöschende Stab- oder Stumpenkerzen

Step by Step

1. Legt euch den Strohkranz sowie die Zweige und das Werkzeug bereit. Besonders hilfreich ist es, wenn ihr euch die Zweige vorab in passende Stücke schneidet.
2. Vor dem Binden werden zunächst einzelne Zweige Tannengrün zu einem Bündel zusammengefasst.
3. Legt das erste Bündel auf den Strohkranz und wickelt den Draht nun 2–3 Mal straff um den Kranz. Schnappt euch ein weiteres Bündel, legt es versetzt über das erste und arbeitet euch so voran.
4. Zwischendurch könnt ihr die einzelnen Eukalyptuszweige in den Blumendraht stecken, oder aber ihr arbeitet den Eukalyptus unter das Tannengrün ein. →

weiter geht's

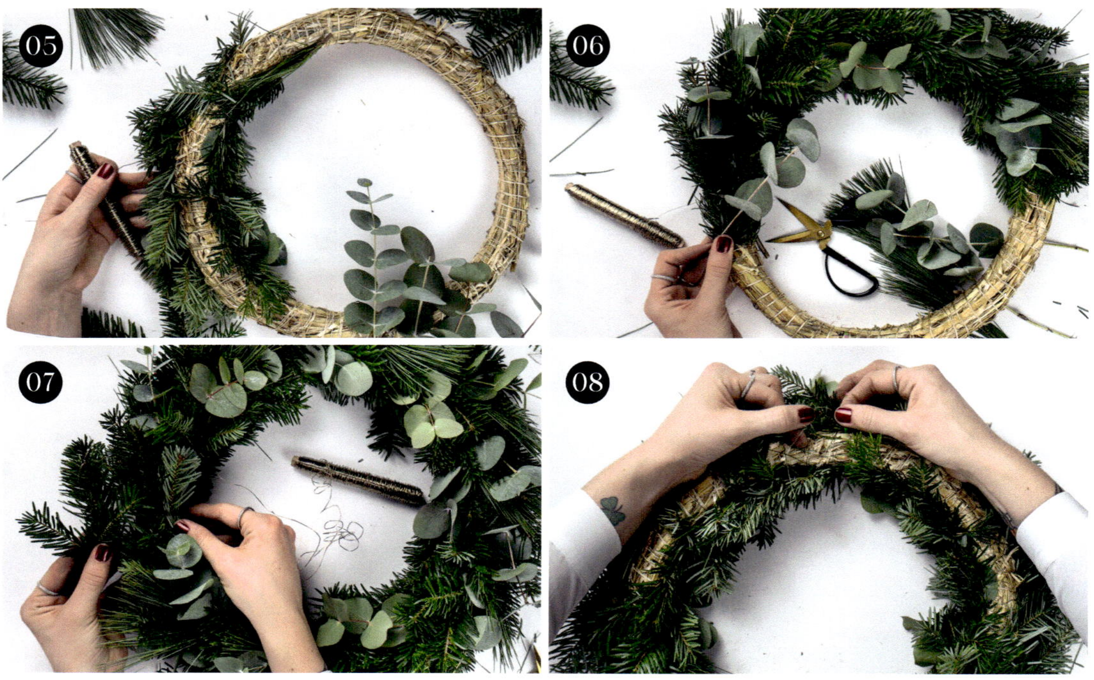

Tipp

Material für euren Adventskranz bekommt ihr direkt beim Christbaum-Bauern oder im Gartencenter bzw. beim Floristen.

5 Die Unterseite des Kranzes bleibt frei, allerdings solltet ihr darauf achten, dass die Innen- und Außenseite des Strohkranzes ebenfalls dicht gebunden werden.

6 Beim Binden immer wieder kontrollieren, ob das Tannengrün und der Eukalyptus gleichmäßig eingearbeitet wurden und keine Lücken entstanden sind.

7 Das letzte Bündel arbeitet ihr so ein, dass es zwischen dem ersten und dem vorletzten Bündel Tannengrün liegt. Ihr könnt einzelne Zweige auch in den Draht stecken, der bereits um den Kranz gewickelt wurde.

8 Damit der Blumendraht verschlossen ist, an der Unterseite einen Knoten machen oder den Draht zusammenzwirbeln und mit der Schere abschneiden.

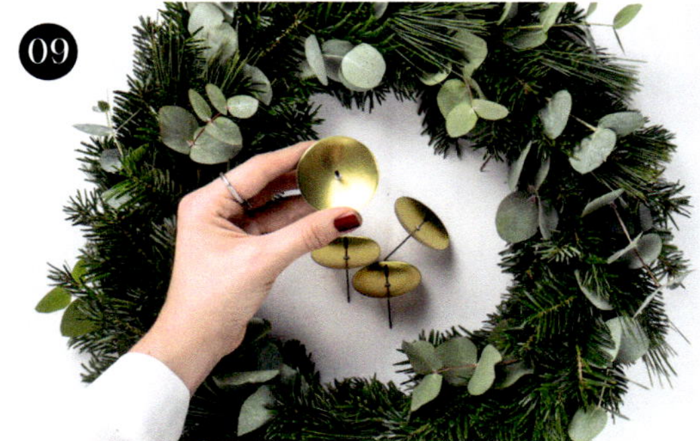

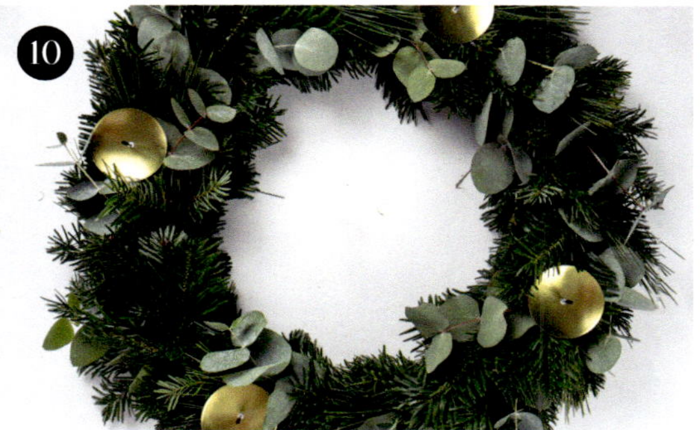

9 Für eure Kerzen könnt ihr den Blumendraht entweder direkt in die Kerzen stecken, oder ihr nutzt entsprechende Kerzenhalter in bevorzugter Farbe.

10 Steckt die Kerzenhalter gleichmäßig in den Kranz. Fertig ist der selbstgebundene Adventskranz. Wer möchte, kann zusätzlich getrocknete Gräser, Beeren oder andere Dekor-Elemente einarbeiten und diese mit Heißkleber am Tannengrün befestigen.

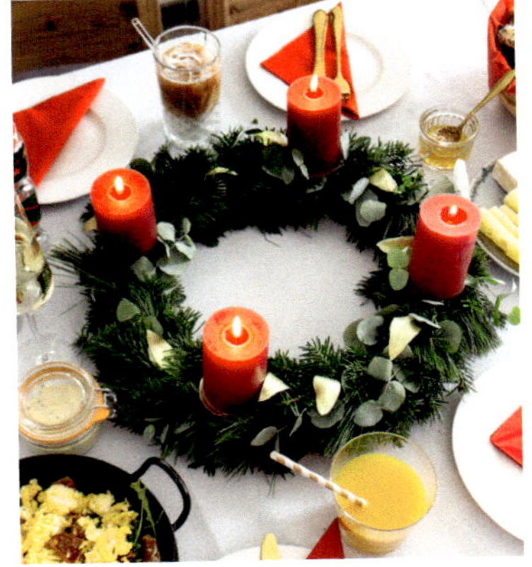

Tipp

Wenn ihr die Möglichkeit habt, stellt den Kranz auf einem Tablett über Nacht nach draußen, am besten unter eine Überdachung, so werden die Tannenzweige und der Eukalyptus nicht so schnell trocken, und euer Kranz bleibt länger frisch. Zudem könnt ihr ihn zwischendurch immer mal wieder mit etwas Wasser aus einer Sprühflasche zu besprühen.

diy

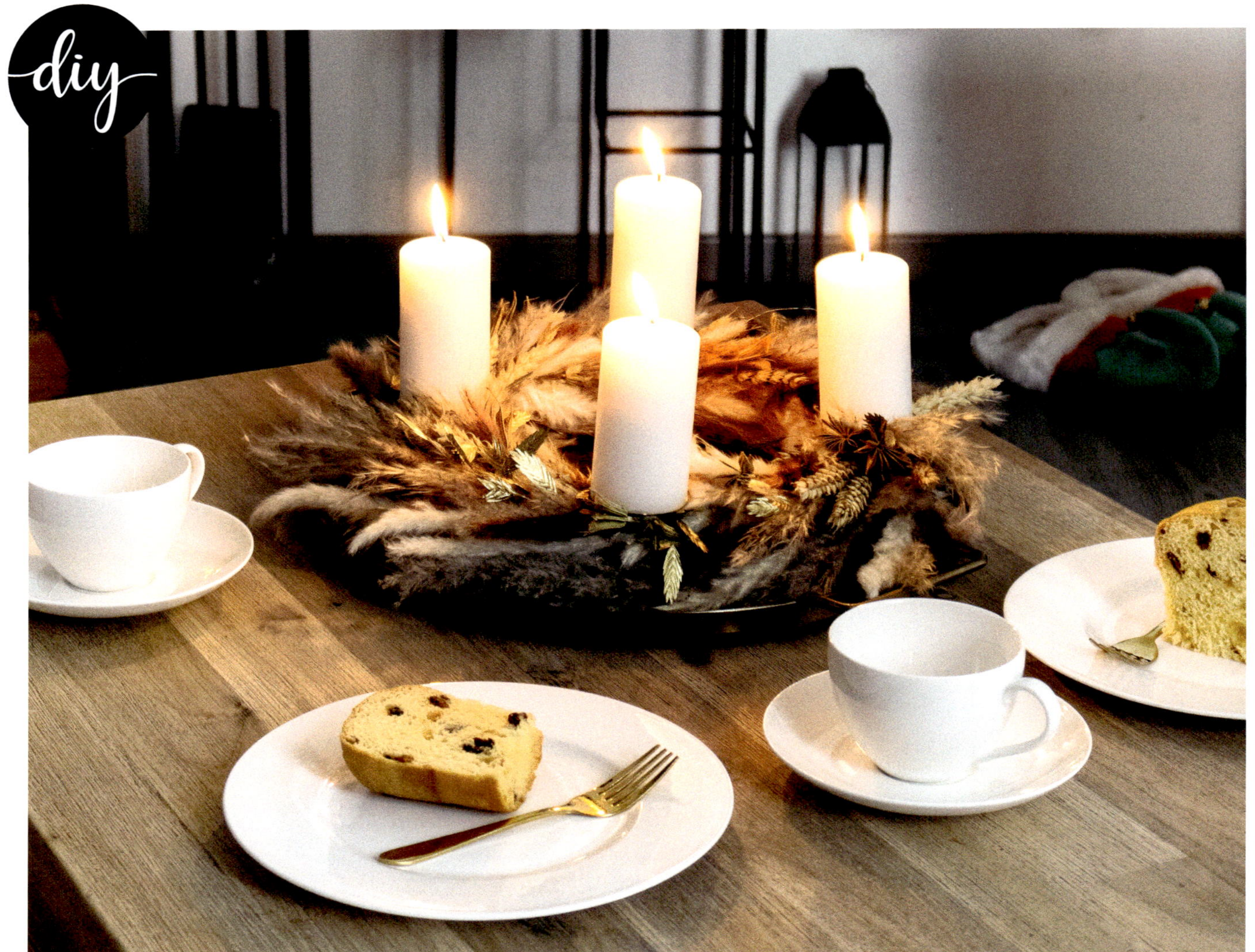

ADVENTSKRANZ MIT TROCKENBLUMEN

Adventskränze aus Trockenblumen sind voll im Trend. Mit etwas Fingerfertigkeit sind sie im Nu gebunden und schenken uns mit ihrer Langlebigkeit einen zusätzlichen Mehrwert. Ich zeige euch hier, wie ihr einen Kranz mit Trockenblumen binden könnt.

so geht's

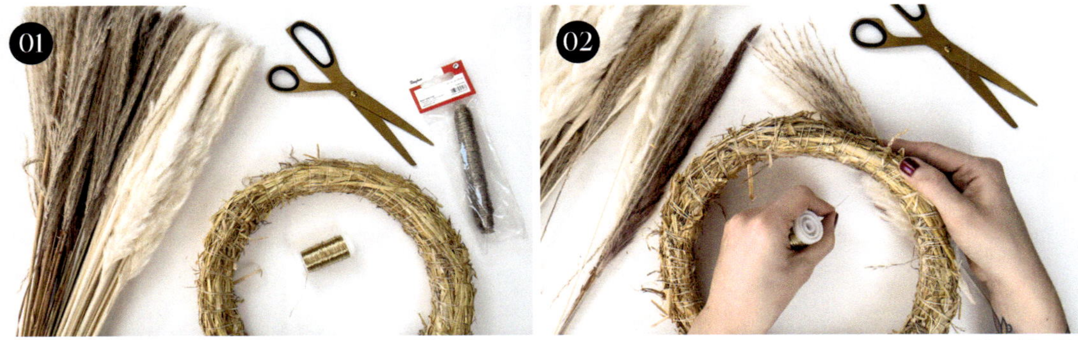

Passende Blumen und Gräser

- Pampasgras
- Pfahlrohr
- Chinaschilf
- Samtgras
- Mäusedorn
- Sorghumhirse
- Borstenhirse
- Silberblätter
- Schwertfarn
- Trommelstöcke
- Mohnkapseln
- Pfefferbeeren
- Strohblumen
- Weizen
- Disteln
- Hortensien
- Eukalyptus

Material

- Strohkranz dünn, Durchmesser 25 mm
- Trockenblumen und Gräser nach Wahl
- Feiner Messingdraht
- Schere
- Kerzenhalter zum Stecken
- Selbstlöschende Stab- oder Stumpenkerzen

Step by Step

1 Zunächst das Rohmaterial kürzen. Am besten schneidet ihr die getrockneten Gräser und Blüten mit einer scharfen Schere auf eine Länge von ca. 15 cm zu.

2 Einzelne Stiele anschließend zu einem kleinen Bündel zusammenfassen. Dazu verwende ich immer unterschiedliche Gräser und Trockenblumen. Die Bündel, bestehend aus 3–5 Stielen, befestige ich dann am Kranz, indem ich den Blumendraht herumwickle. →

weiter geht's

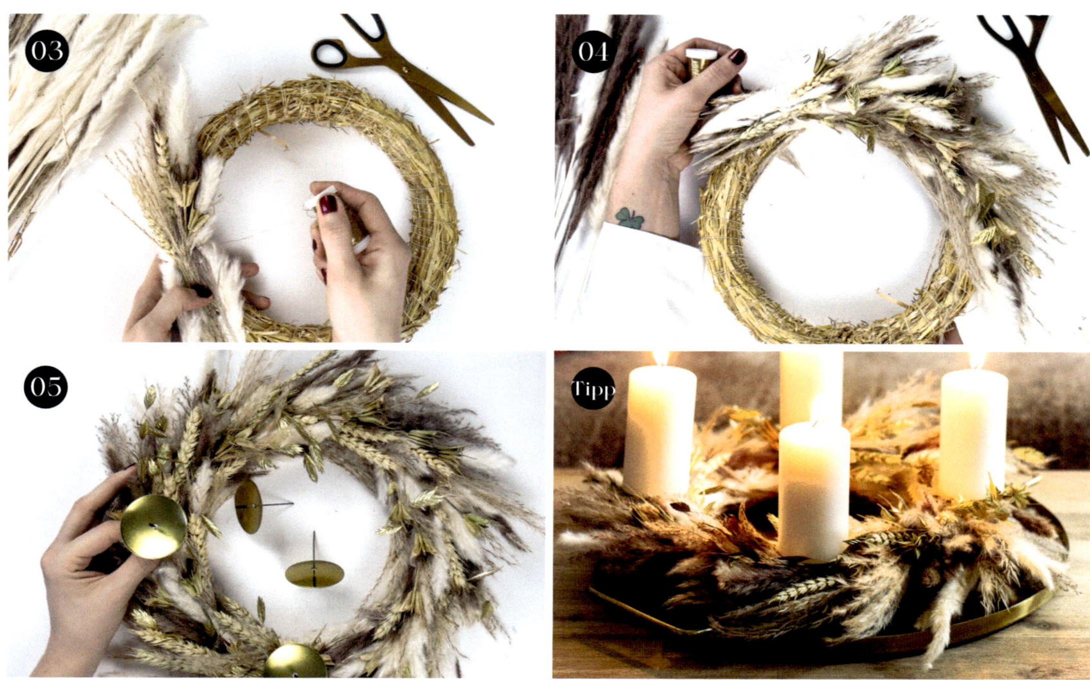

3 Um den Kranz möglichst gleichmäßig zu binden, arbeite ich mich von innen nach außen vor. Ein weiterer Trick ist, mit der linken Hand die Bündel zu halten und nur mit der rechten Hand den Draht um den Kranz zu wickeln. Dabei den Draht immer gleichmäßig festzurren.

4 Achtet darauf, dass die Stiele vom Bündel davor, immer von den Gräsern und Blüten des nächsten Bündel, das ihr darüberlegt, verdeckt werden. Dadurch stehen keine Stiele heraus, und der Kranz wird schön gleichmäßig.

5 Nach dem Binden werden die Kerzenhalter in gleichmäßigem Abstand auf den Kranz gesteckt. Anstelle der Kerzenhalter könnt ihr zum Befestigen der Kerzen auch Draht verwenden. Dazu zwei Stücke festen Draht in der Flamme einer Kerze erhitzen und von unten in den Kerzenboden stechen.

Tipp

Der gebundene Trockenblumenkranz kann nachhaltig auch zum nächsten Weihnachtsfest wiederverwendet werden. Am besten in einen Karton verpacken und an einem trockenen Ort lagern.

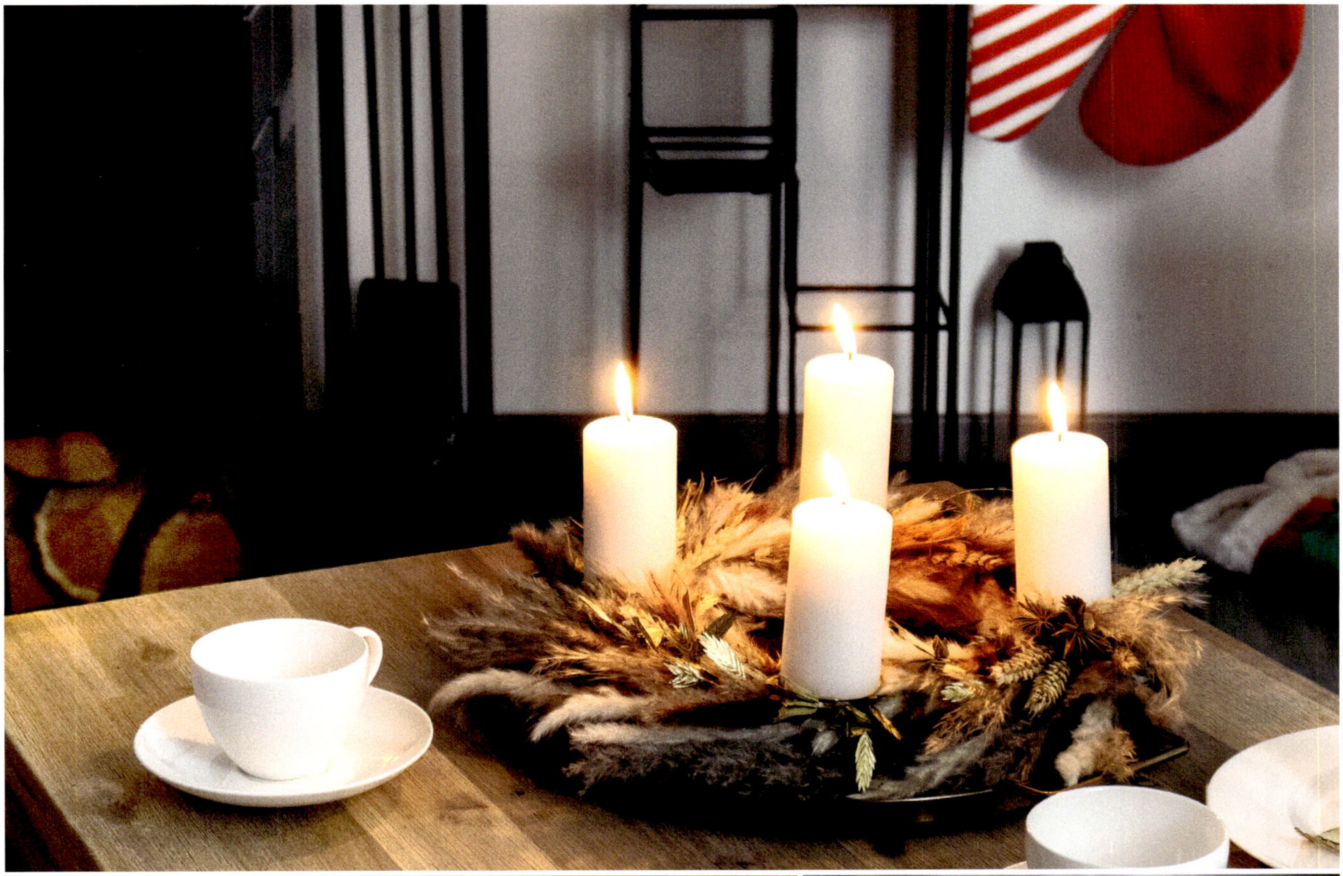

achtung

Getrocknete Gräser und Blumen sind sehr leicht entflammbar, daher den Trockenblumen-Adventskranz nie unbeaufsichtigt stehen lassen, wenn die Kerzen angezündet sind. Selbstlöschende Kerzen, die nicht vollständig herunterbrennen, können zudem das Brandrisiko minimieren. Noch besser sind aber LED-Kerzen.

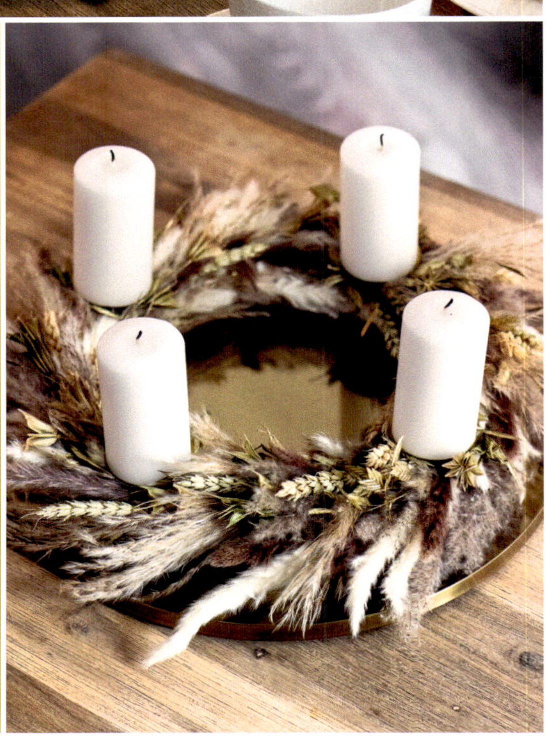

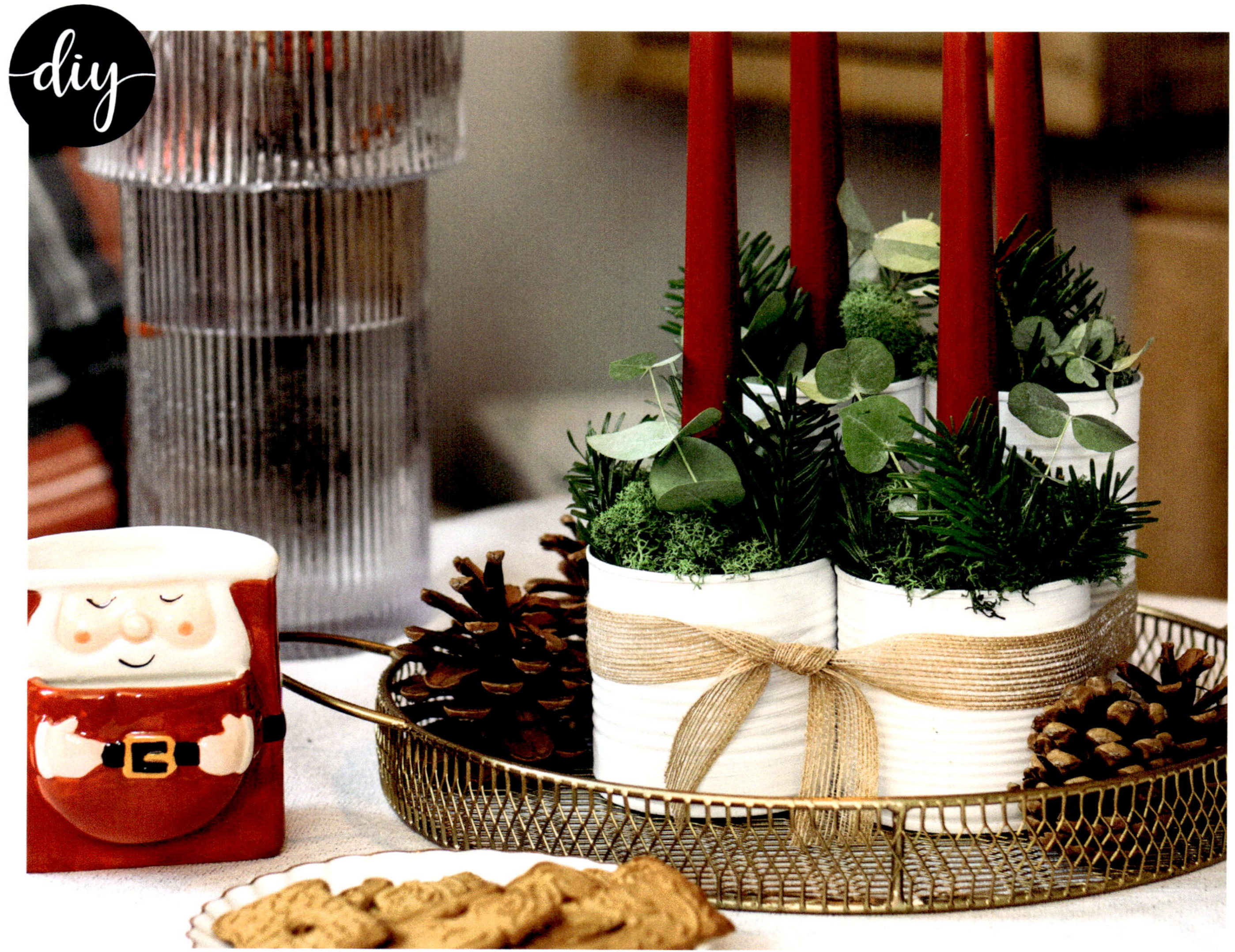

UPCYCLING ADVENTSKRANZ

Eine nachhaltige Idee für einen Adventskranz sind Konservendosen. Bevor ihr die Dosen in den Müll werft, könnt ihr sie ganz einfach in der zu eurer restlichen Deko passenden Farbe lackieren und mit Tannengrün verzieren.

so geht's

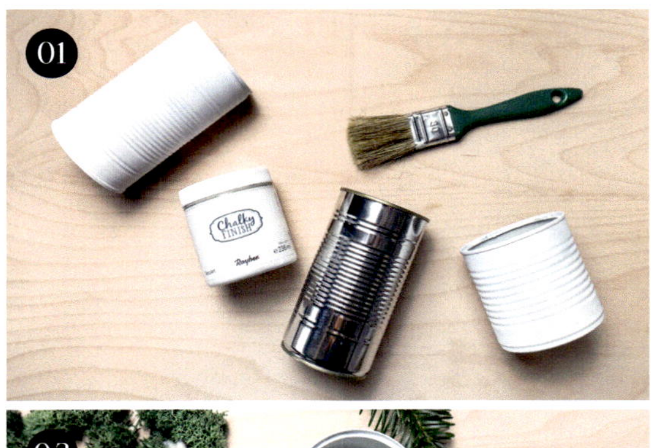

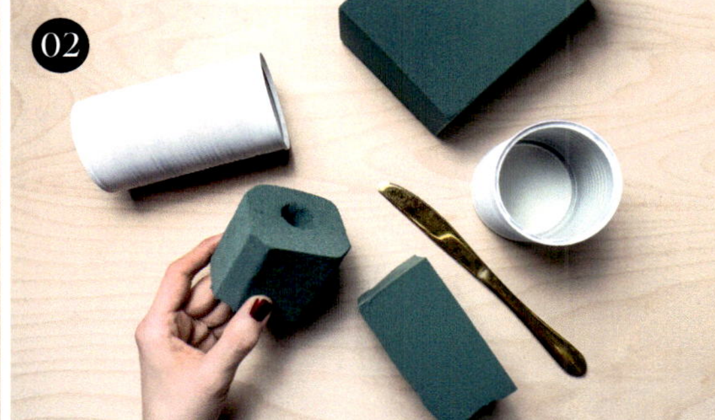

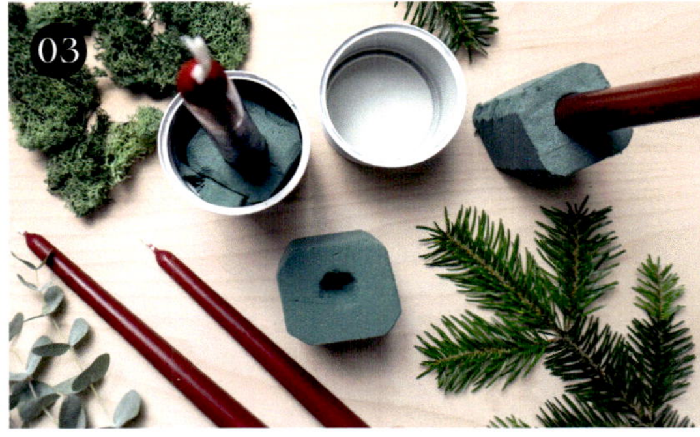

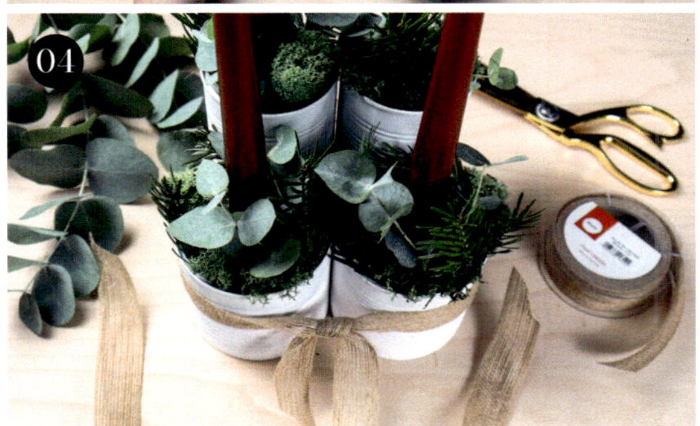

Material

- 4 leere Konservendosen in 2 Größen
- Chalky Finish (von Rayher) oder weißer Sprühlack
- Pinsel
- Steckschaum
- Messer
- Stabkerzen
- Moos
- Tannengrün und/ oder Eukalyptus
- Juteband
- Schere

Step by Step

1 Die leeren und sauberen Konservendosen bemalen oder besprühen.

2 Sobald die lackierten Dosen getrocknet sind, einen Steckschaum passend zum inneren Durchmesser zuschneiden. Das Material mit einem Messer abrunden und in der Mitte ein Loch für die Stabkerzen bohren.

3 Steckschaum und Kerzen in die Dosen stecken.

4 Mit Moos, Tannengrün oder Eukalyptus auffüllen. Die Dosen könnt ihr mit einem Juteband aneinanderbinden. Fertig ist euer Upcycling-Adventskranz.

Tipp

Alternativ könnt ihr die Dosen auch mit Sand oder Kieselsteinen auffüllen und langstielige Kerzen hineinstecken.

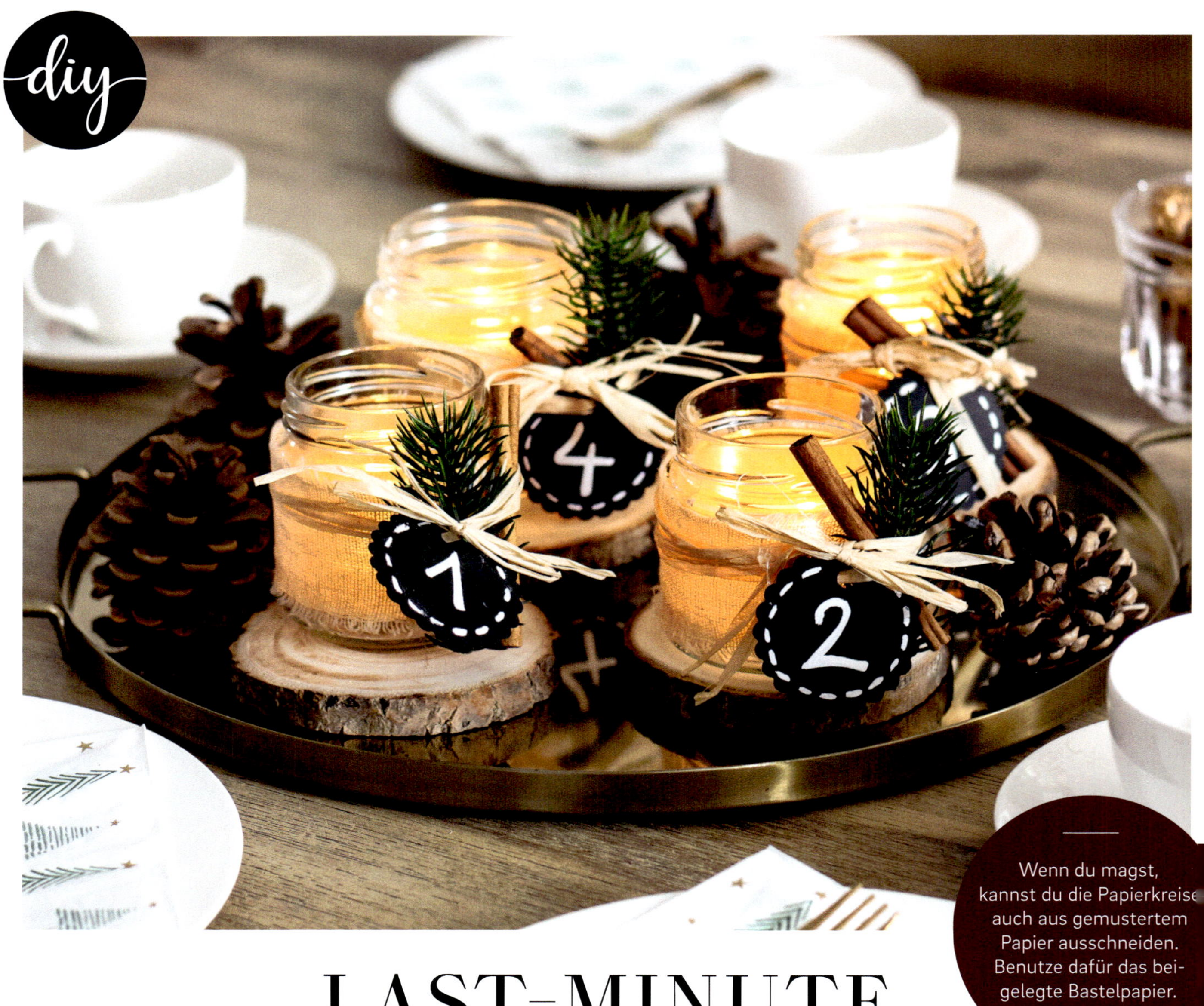

Wenn du magst, kannst du die Papierkreise auch aus gemustertem Papier ausschneiden. Benutze dafür das beigelegte Bastelpapier.

LAST-MINUTE ADVENTSKRANZ

Ein weiterer toller Upcycling-Tipp für einen Adventskranz sind leere Einmachgläser, die wiederverwendet werden können. Zudem könnt ihr diesen Adventskranz in letzter Minute, also kurz vor dem ersten Adventwochenende, basteln.

so geht's

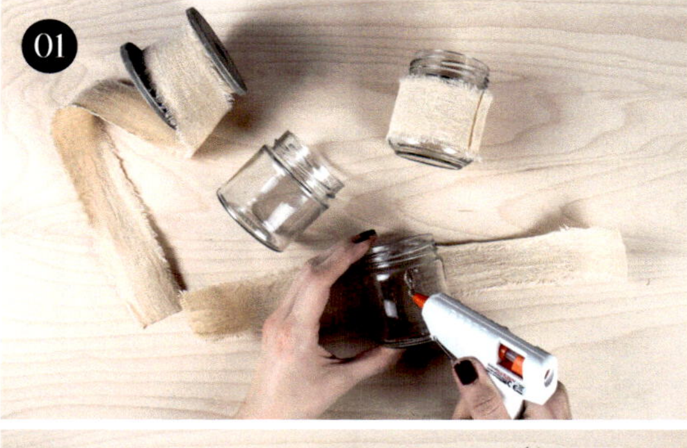
01

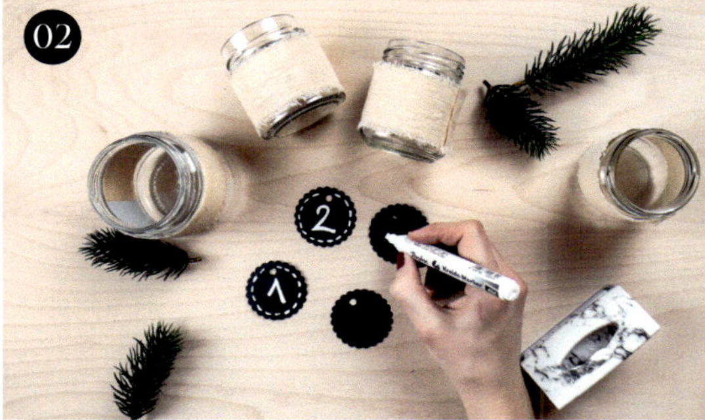
02

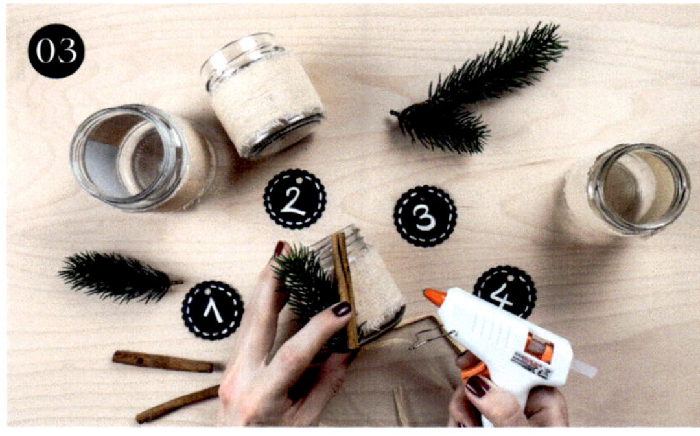
03

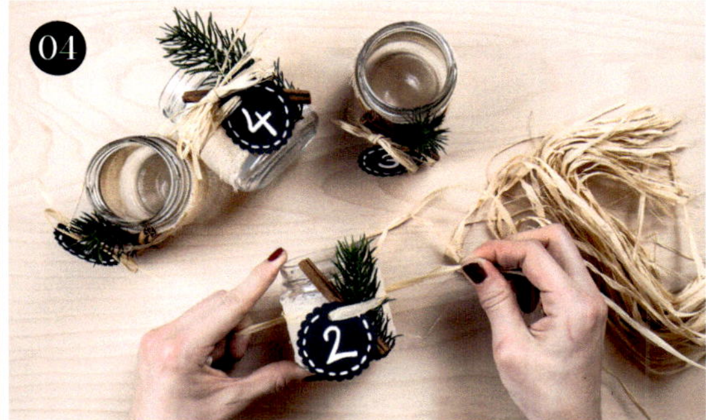
04

Material

- 4 leere Einmachgläser
- Juteband, z. B. von Rayher
- Heißklebepistole, z. B. von Rayher
- Bastelpapier, z. B. in Schwarz
- Schere und Locher
- Acryl-Marker weiß oder Kreidestift, z. B. von Rayher
- Künstliche Tannenzweige
- Zimtstangen
- Naturbast

Step by Step

1 Leere Einmachgläser gut ausspülen und säubern. Ein Juteband mit Heißkleber direkt am Glas festkleben.

2 Papierkreise als Anhänger ausschneiden oder ausstanzen. Mit einem Locher ein Loch stanzen. Die Anhänger mit Acryl-Marker oder Kreidestift verzieren.

3 Künstliche Tannenzweige und Zimtstangen am Juteband festkleben.

4 Die Gläser mit Naturbast umwickeln, die nummerierten Anhänger auffädeln und jeweils ein Teelicht hineinstellen. Die Gläser auf ein Tablett stellen und dieses mit Kiefernzapfen dekorieren.

Tipp

Verwendet Gläser in unterschiedlicher Form und Größe. Ihr könnt auch Gurkengläser oder Pesto-Gläser upcyceln.

WINTERLICHER GRANATAPFELPUNSCH

Dieser fruchtige, alkoholfreie Granatapfelpunsch mit Beeren ist in wenigen Minuten zubereitet und genau das richtige Heißgetränk für kalte Weihnachtstage. Macht es euch am besten damit bei einem Weihnachtsfilm oder mit einem Buch auf dem Sofa gemütlich.

Für 4 Tassen

- 400 ml Früchtetee, z. B. Himbeertee
- 600 ml Granatapfelsaft
- 4 EL brauner Rohrzucker
- 1 Zitrone
- 3 Orangen
- 3 Stangen Zimt
- 1 Granatapfel
- 200 g frische Himbeeren (alternativ gefrorene Beeren)

Zubereitung

1. Früchtetee zubereiten und kräftig durchziehen lassen.
2. In einem Topf den Granatapfelsaft, braunen Zucker sowie den Saft einer gepressten Zitrone vermengen und aufkochen lassen.
3. Orangen in Scheiben schneiden und gemeinsam mit den Zimtstangen zum restlichen Inhalt in den Topf geben. Die Hitze reduzieren und den Punsch einige Minuten köcheln lassen.
4. Den Topf von der Herdplatte nehmen. Einen Granatapfel halbieren und die Kerne auslösen. Die Granatapfelkerne gemeinsam mit frischen oder tiefgekühlten Himbeeren zum Punsch geben. Den Granatapfelpunsch mit den Früchten in Tassen oder Gläser füllen und heiß genießen.

Tipp

Wer eine alkoholische Version zaubern möchte, der gibt 2–4 cl Rum oder Amaretto zum fertig gekochten Punsch hinzu. Nicht mitkochen.

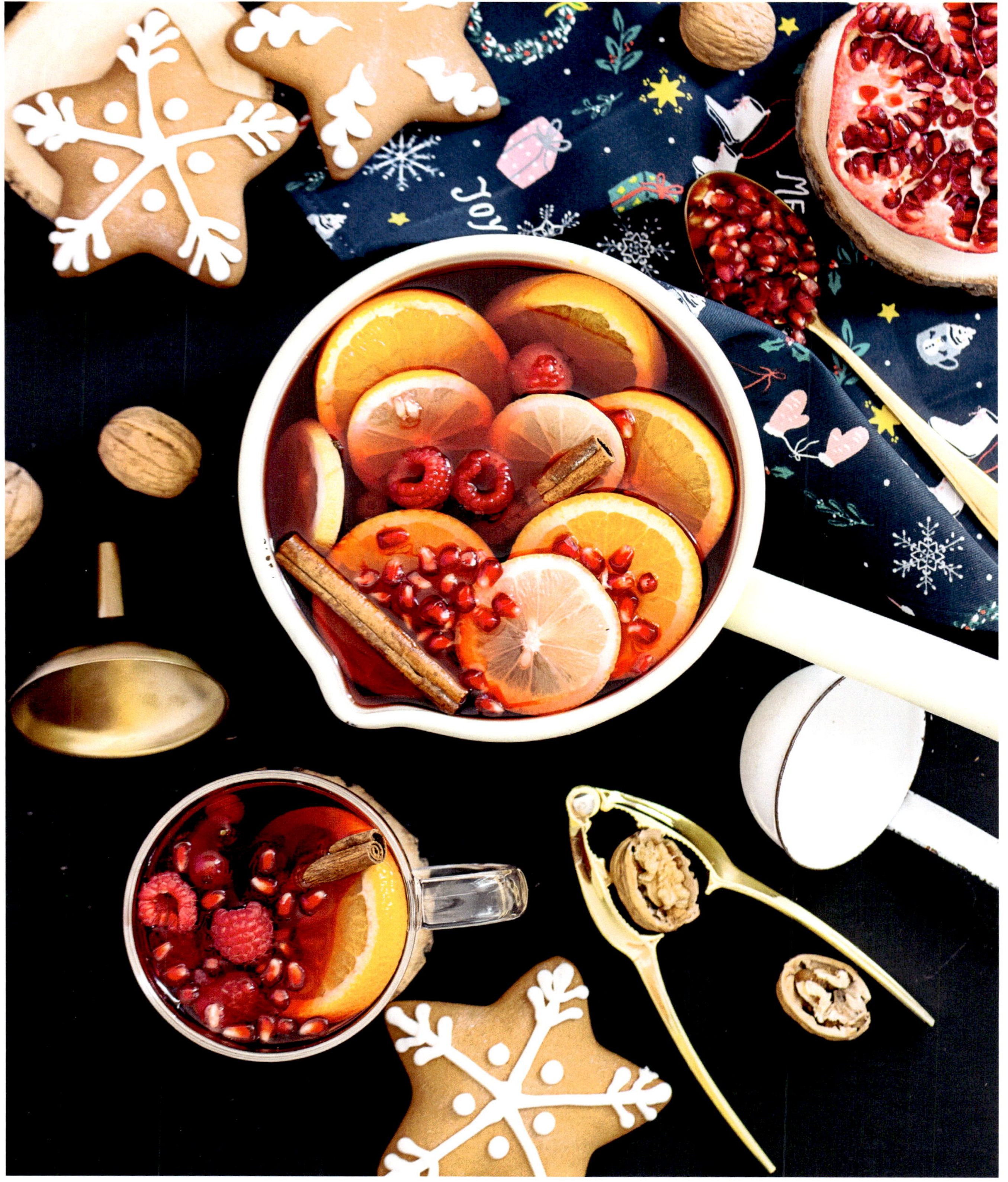
Joy

ORANGEN-GLÜHWEIN MIT VANILLE

Orangen mit Weißwein und allerlei winterlichen Gewürzen in einem Topf aufköcheln lassen. Schon habt ihr einen leckeren Orangen-Glühwein, der euch an kalten Wintertagen ganz schön aufwärmen wird. Optional könnt ihr den Drink auch ohne Alkohol zubereiten.

Für 4 Tassen

- 500 ml Orangensaft
- 1 Limette
- 3 EL Bourbon Vanillezucker
- 3–4 Gewürznelken
- 2 EL Zimtstangen
- 1 TL Vanilleextrakt
- 1 Vanilleschote ganz
- 400 ml Weißwein
- 4 Orangen

Zubereitung

1. Den Orangensaft in einen Topf füllen und mit dem Saft einer gepressten Limette, Bourbon Vanillezucker, Gewürznelken, Zimtstangen und Vanilleextrakt, sowie einer ausgekratzten Vanilleschote verfeinern.
2. Die Mischung auf mittlerer Hitze aufkochen lassen.
3. Die Hitze reduzieren, den Weißwein zugeben und den Glühwein für 5–10 Minuten schwach köcheln lassen.
4. Die Orangen in Scheiben schneiden und zum Glühwein geben. Den Topf von der Herdplatte nehmen und alles gut durchziehen lassen.
5. Den fertig gekochten Orangen-Glühwein heiß in Tassen servieren.

Tipp

Den Orangen-Glühwein könnt ihr als alkoholfreie Version ohne Weißwein zubereiten und diesen in der gleichen Menge durch Früchtetee ersetzen.

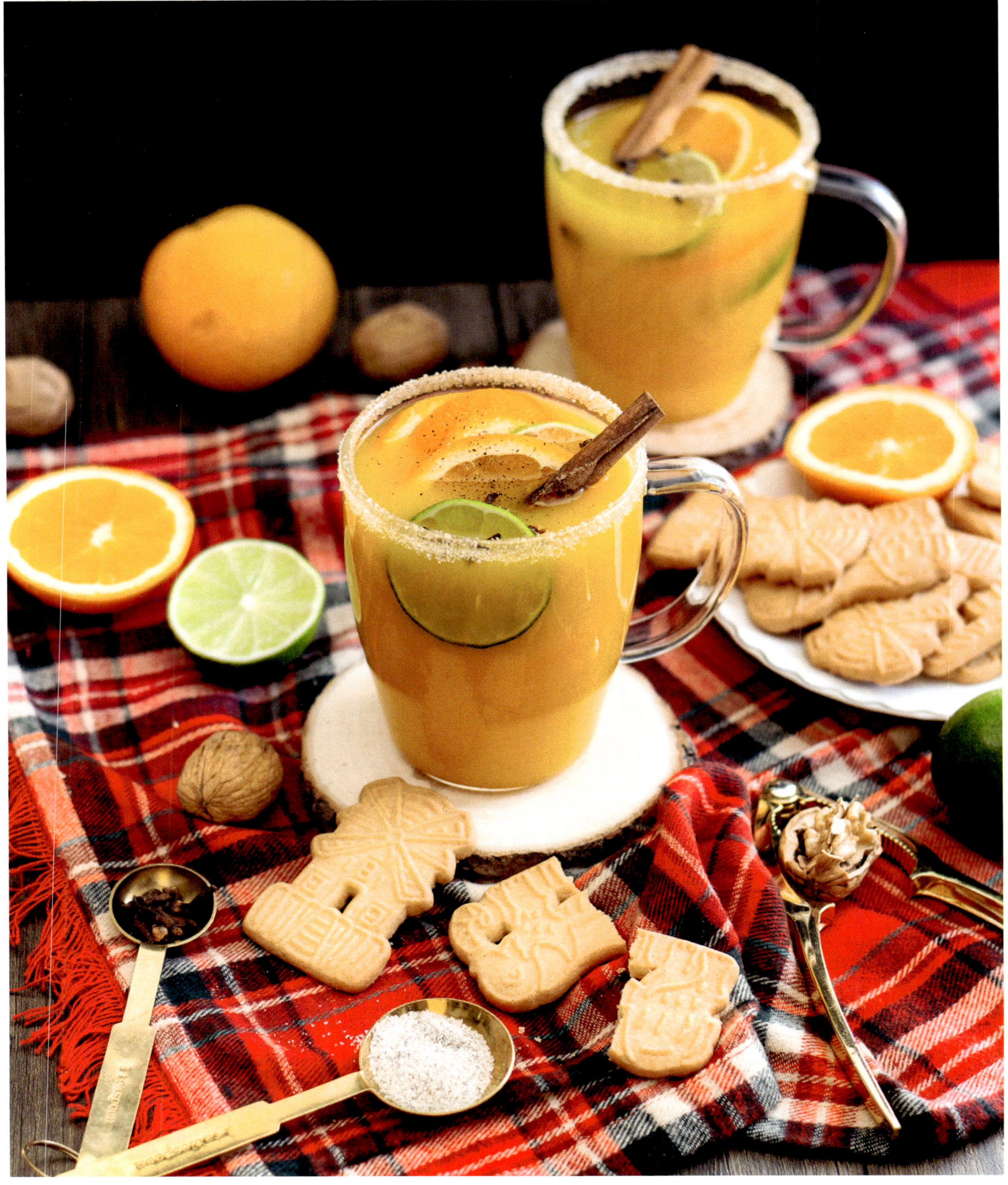

FENSTER & SPIEGEL BEMALEN

Alle Jahre wieder gibt es bei mir ein ganz besonderes Ritual: Ich bemale unsere Fenster. Dafür nehme ich mir einen Abend lang Zeit und tobe mich so richtig aus. Auch unseren Spiegel im Wohnzimmer verschönere ich mit einem Kreidestift und ich finde, das Ergebnis kann sich sehen lassen. Ihr möchtet die Kreidestiftbemalung auch ausprobieren? Hier kommen ein paar Tipps von mir.

Das braucht ihr dazu

Window Chalk, also Fensterkreide, ist eine ganz einfache Sache. Um diese Malerei umzusetzen, braucht ihr lediglich einen Kreidestift aus einem Shop, der Bürozubehör oder Bastelartikel anbietet. Mit dem Kreidemarker könnt ihr Fenster, Spiegel oder Tafelwände bemalen. Die flüssige Kreide lässt sich ganz einfach auftragen und ebenso einfach wieder abwischen. Zum Entfernen verwendet ihr ein Fensterputzmittel und ein Putztuch oder Küchenpapier. Ihr müsst also keine Angst haben, dass eure Fenster nach der Malaktion nicht mehr sauber werden.

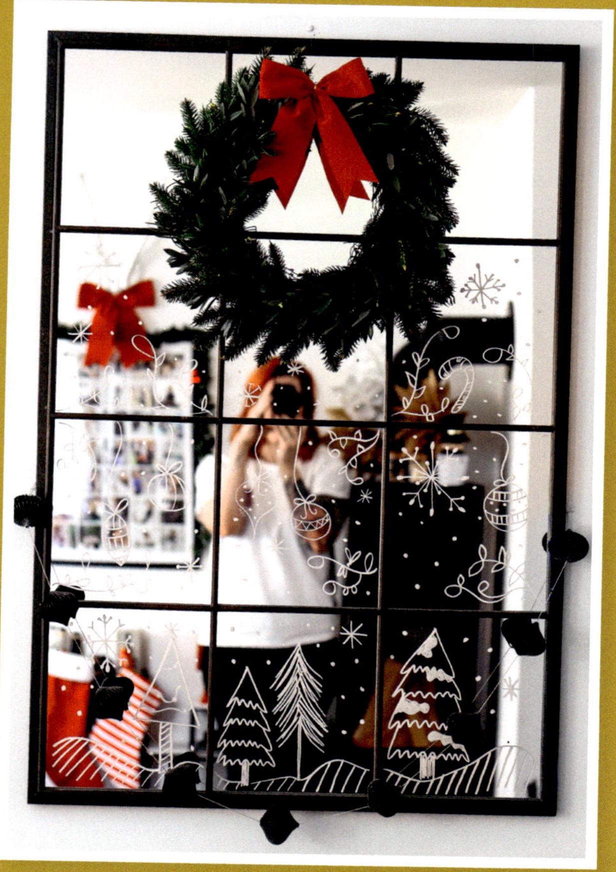

so geht's

Am besten nehmt ihr euch ein Blatt Papier und legt es euch zum Fenster. Auf dem Papier könnt ihr dann den Kreidestift immer wieder senkrecht nach unten drücken, um ausreichend Kreide in die Spitze zu pumpen. Durch das schräge Halten beim Malen am Fenster, verliert der Stift nämlich schnell an Intensität, ähnlich wie bei einem Kugelschreiber. Beim Auftragen braucht ihr keine besonderen Fähigkeiten, lediglich etwas Inspiration kann hilfreich sein. Wenn ihr nicht wisst, was genau ihr auf eure Fenster malen sollt, dann findet ihr bei Pinterest viele schöne Beispiele.

Ich selbst male meine Fenster immer freihändig an. Es gibt aber auch weihnachtliche Vorlagen zum Aufkleben. Egal ob mit oder ohne Vorlage: Das Endergebnis sieht sowohl bei Tageslicht als auch bei Nacht von innen oder außen wunderbar festlich aus.

Viel Spaß beim Nachmachen und lasst eurer Kreativität freien Lauf!

Inspiration für eure Fenster

- Tannenzweige & Zapfen
- Schleifen und Zuckerstangen
- Häuser und Winterlandschaften
- Bäume und Schneemänner
- Schneeflocken und Sterne
- Sprüche oder Wörter

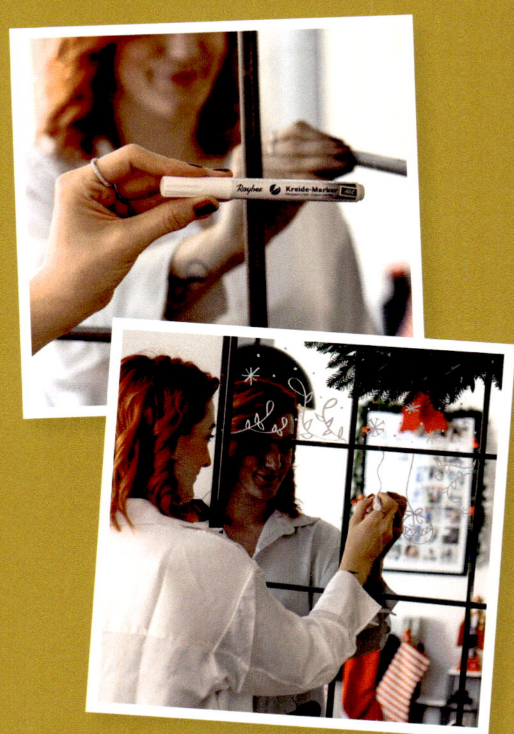

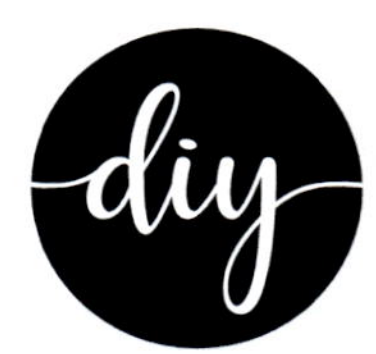

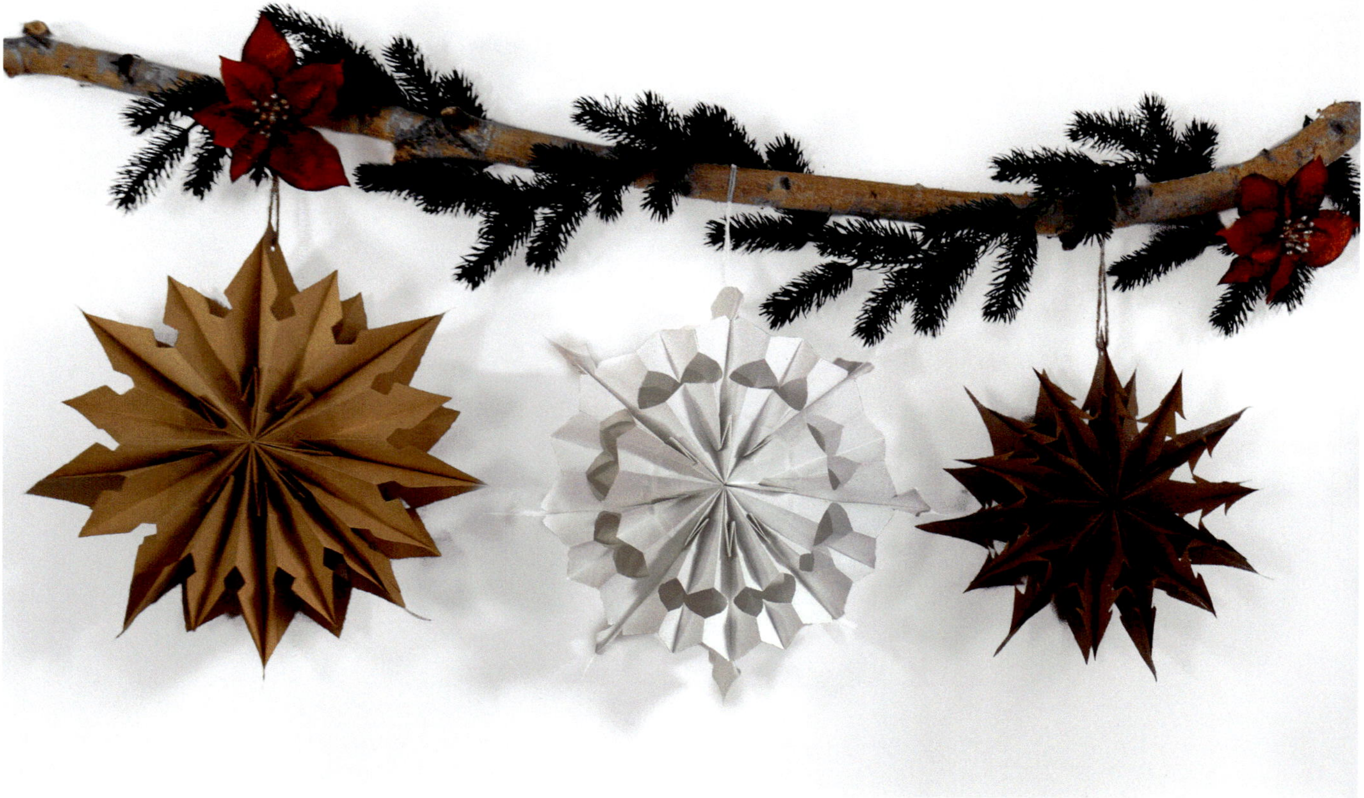

PAPIERSTERNE AUS TÜTEN

Papiersterne aus Kraftpapier oder Brottüten sind die perfekte DIY-Deko für die Winter- und Weihnachtszeit. Einfach zu machen, mit Materialien, die jeder zu Hause hat oder die ganz einfach im Supermarkt bzw. Bastelladen gekauft werden können.

so geht's

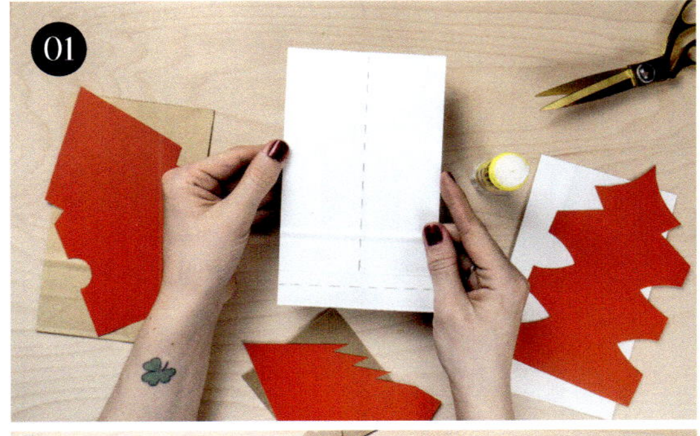

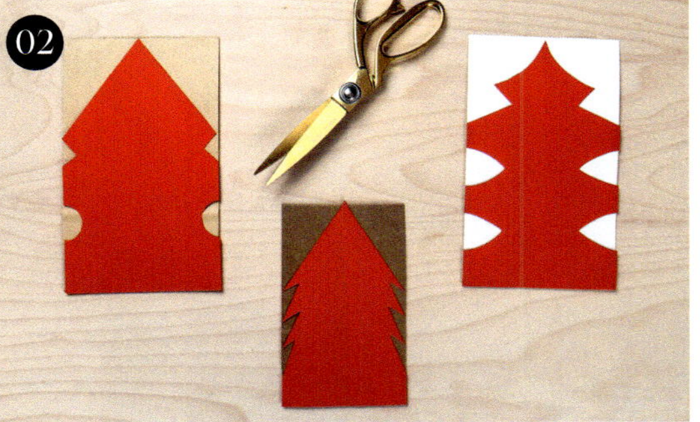

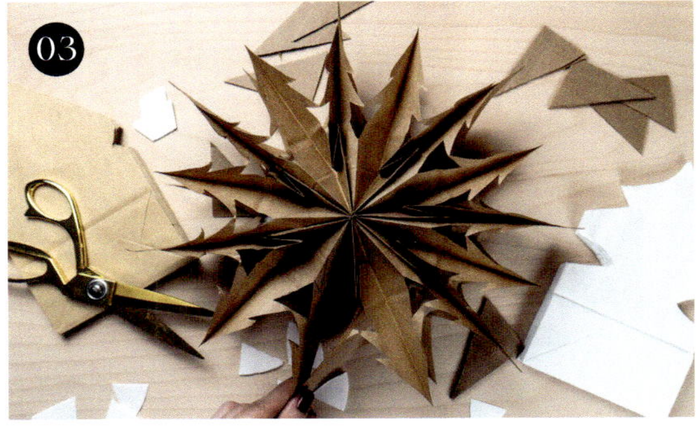

Tipp

Brottüten sind etwas dünner als Kraftpapier und können ebenfalls zum Basteln verwendet werden.

Material

- Kraftpapiertüten
- Klebestift, z. B. von Rayher
- Karton oder Papier für die Schablone
- Bleistift
- Schere
- Locher
- Garn, z. B. von Rayher

Step by Step

1 Im ersten Schritt werden ca. 8–10 Papiertüten aneinandergeklebt. Dazu in der Mitte und am unteren Rand der Tüte den Klebstoff an den Markierungslinien auftragen. Die Tüten gut trocknen lassen.

2 Fertigt euch je nach gewünschter Form eine Schablone an, zum Beispiel auf einem farbigen Papier oder Karton. Die Schablone dann mit einem Bleistift auf die oberste Tüte des Stapels übertragen.

3 Schneidet die Kontur vorsichtig nach. Dann nur noch den Stern aufklappen und am Ende zusammenheften oder -kleben. Nun noch ein Loch in eine Zacke des Sterns stanzen, einen Faden durchziehen und den Stern aufhängen.

WEIHNACHTSBAISER ZUM AUFHÄNGEN

Dieses Spritzgebäck ist ein hübscher Christbaumschmuck. Die Hauptzutat von Baiser, auch Meringue genannt, ist Eiklar, das mit Zucker steif geschlagen wird. Mit Lebensmittelfarbe eingefärbt und Streuseln verziert entstehen süße Eischnee-Naschereien.

10–12 Stück

- 2 Eiklar
- 1 Prise Salz
- 100 g Kristallzucker
- 2 TL Zitronensaft
- ½ TL grüne Lebensmittelfarbe
- Kleine Backoblaten
- Spritzsack

Zubereitung

1 Die Eier trennen und das Eiklar mit etwas Salz steif schlagen. Kristallzucker unterrühren und Zitronensaft sowie grüne Lebensmittelfarbe zugeben. Die Masse mindestens 5 Minuten mixen, bis diese richtig fest ist.

2 Für die stehenden Tannenbäumchen die Baiser-Masse mit einem Spritzsack und entsprechender Tülle in mehreren Etagen auf die Oblaten spritzen. Für die Kränze direkt auf ein Backpapier einen Kranz mit dem Spritzsack formen. Mit Streuseln verzieren und das Baiser bei 80°C Umluft im vorgeheizten Backofen mindestens 1½–2 Stunden lang trocknen lassen.

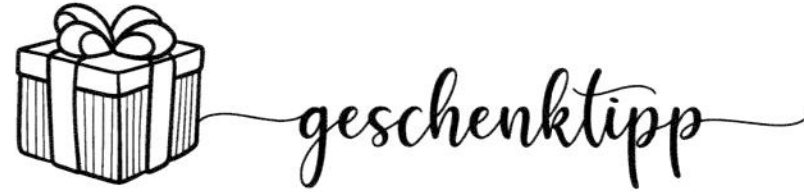

Die Baiser-Bäumchen auf Cakepop-Stile spritzen und an Freunde verschenken oder als süße Geschenkanhänger verwenden.

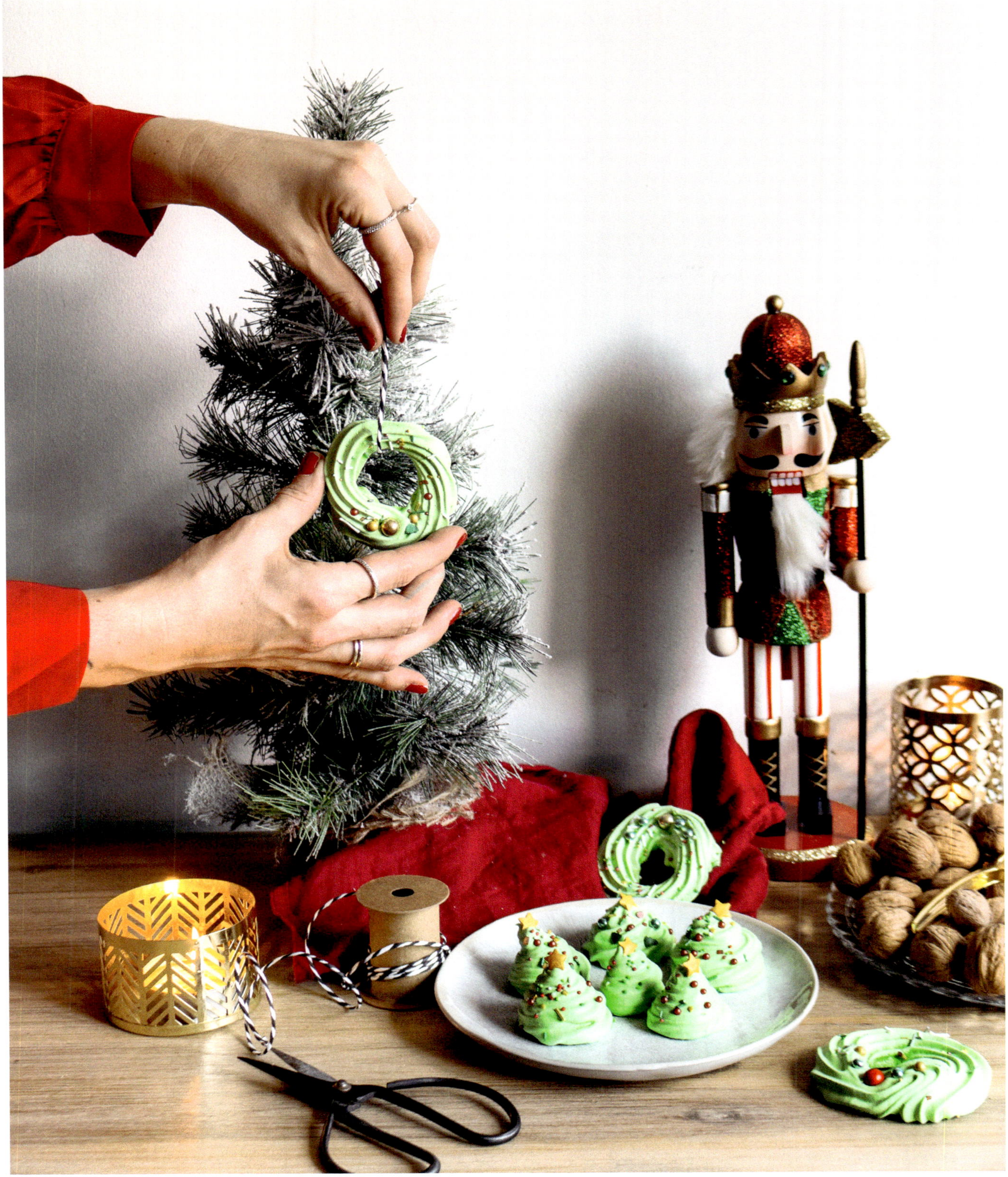

LEBKUCHEN-BROWNIES MIT FROSTING

Ein echter Klassiker bei uns zuhause sind Lebkuchenwürfel, die wie Brownies gebacken werden. Mit Zimt und Honiglebkuchengewürz verfeinert, obendrauf ein cremiges Frischkäse-Frosting – damit könnt ihr euch die Adventszeit so richtig versüßen.

Für 12–15 Stück

Für die Brownies

- 150 g Zartbitterkuvertüre
- 250 g weiche Butter
- 1 Ei (Größe L)
- 150 g brauner Zucker
- 1 TL Zimt
- 2 TL Honiglebkuchengewürz
- 1 TL Vanilleextrakt
- 100 g gemahlene Haselnüsse
- 1 TL Backpulver
- 250 g Mehl

Für das Frosting

- 120 g weiche Butter
- 220 g Frischkäse (65 % Fett)
- 300 g Puderzucker
- 1 TL Vanilleextrakt
- Streusel nach Belieben

Zubereitung

1. Die Zartbitterkuvertüre in Stücke brechen und im Wasserbad schmelzen. Backofen auf 190°C Ober- und Unterhitze (180°C Umluft) vorheizen.
2. Die Butter mit dem Ei und dem Zucker cremig aufschlagen. Zimt, Honiglebkuchengewürz und Vanilleextrakt zugeben und gemeinsam mit den gemahlenen Haselnüssen, dem Backpulver und dem Mehl zu einem glatten Teig verrühren.
3. Nun die geschmolzene Schokolade unterrühren.
4. Eine Back- oder Auflaufform (24x24 cm) mit Backpapier auskleiden, die Teigmasse darauf verteilen, glattstreichen und für ca. 30–35 Minuten im Ofen backen. Aus dem Backofen nehmen und auskühlen lassen.
5. Für das Frosting die Butter dick aufschlagen. Den Frischkäse mit einem Schneebesen vorsichtig unterrühren. Puderzucker und Vanilleextrakt zugeben und solange mixen, bis eine glatte Creme entsteht.
6. Das Frosting auf den Brownies verstreichen und diese in kleine Quadrate oder Würfel schneiden. Mit Streusel bestreuen und genießen.

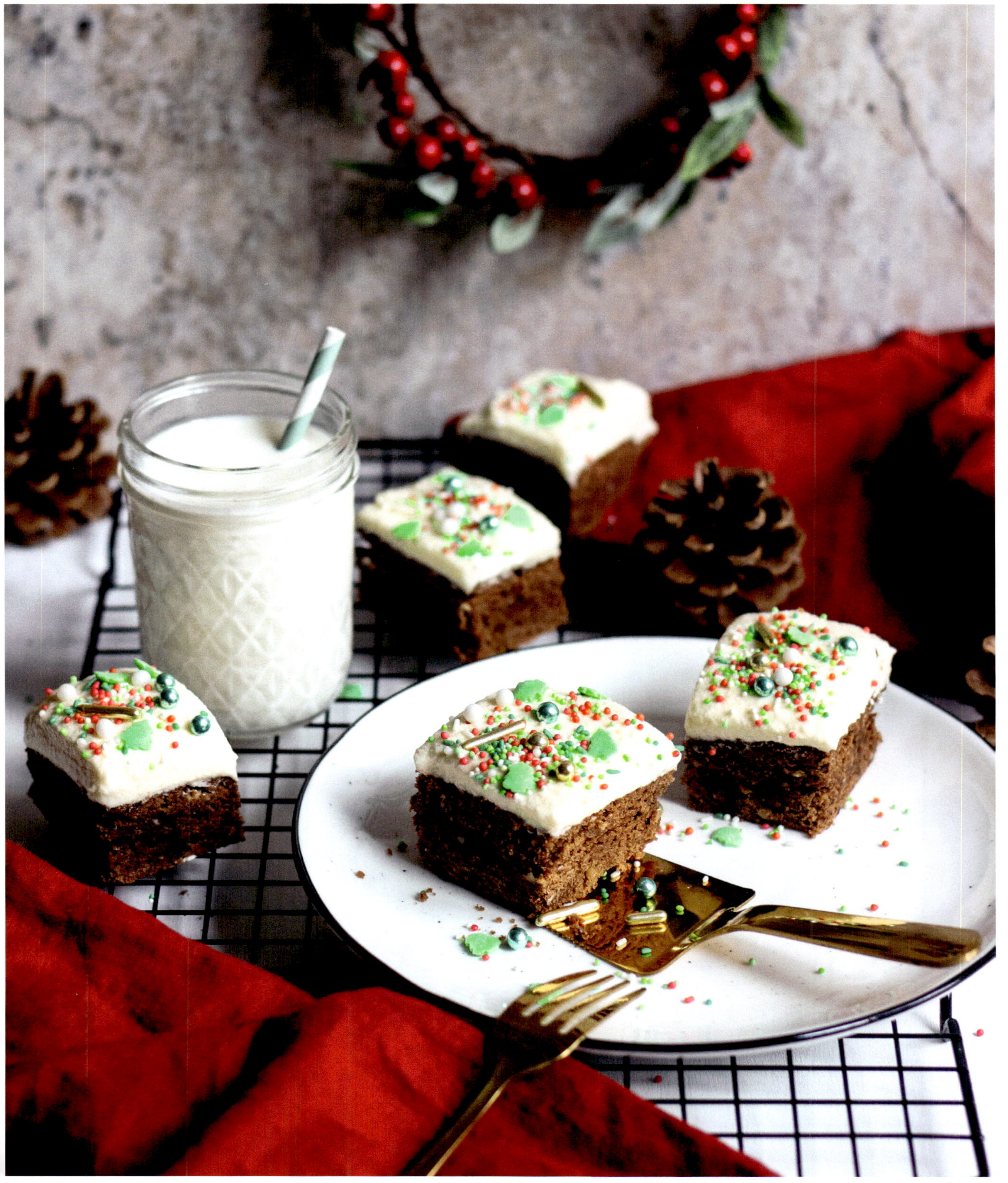

diy

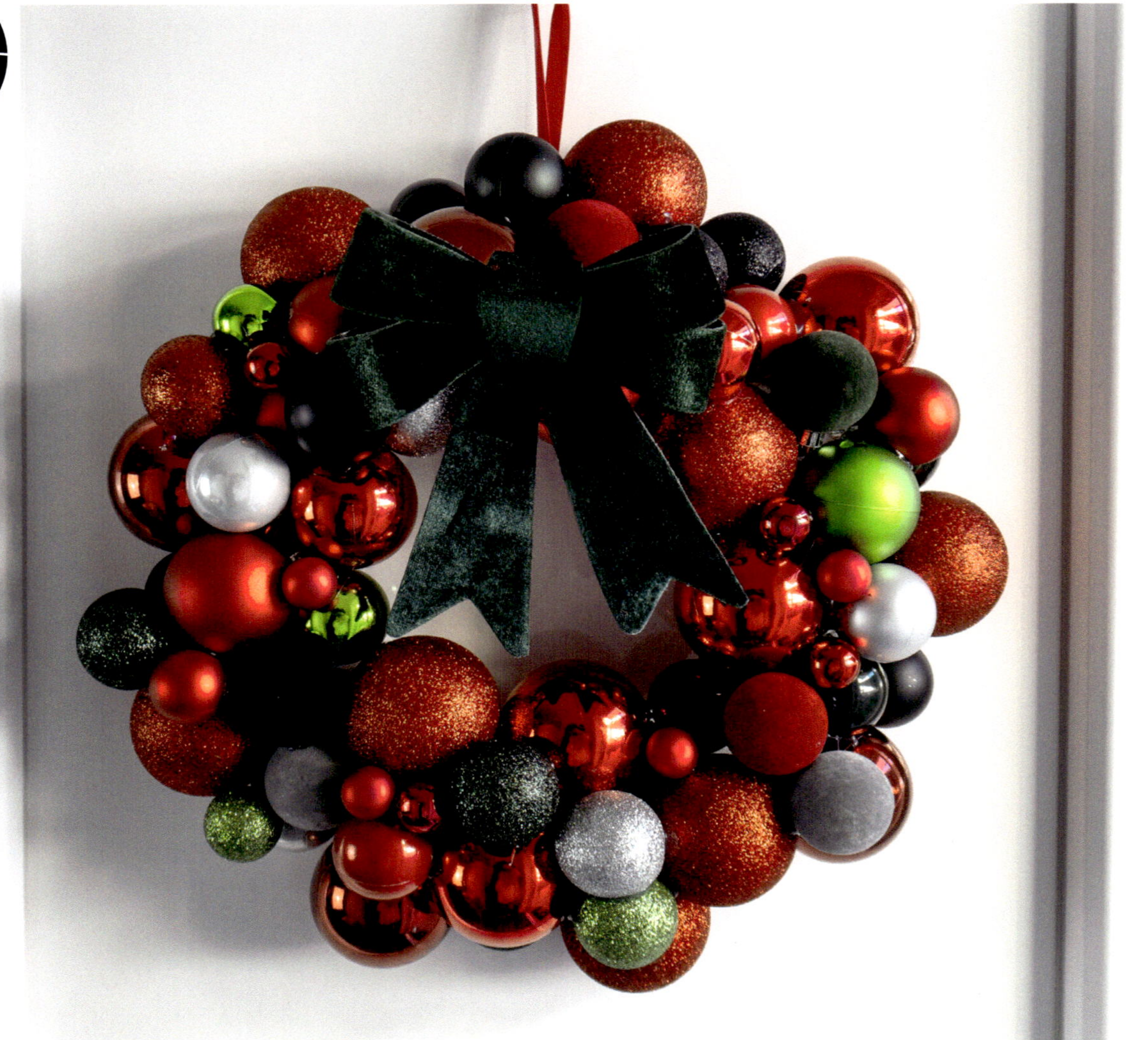

TÜRKRANZ AUS WEIHNACHTSKUGELN

Ihr habt noch alte Weihnachtskugeln übrig und wisst nicht, was ihr damit anfangen sollt? Dann zeige ich euch hier eine kreative Idee für einen DIY-Türkranz.

so geht's

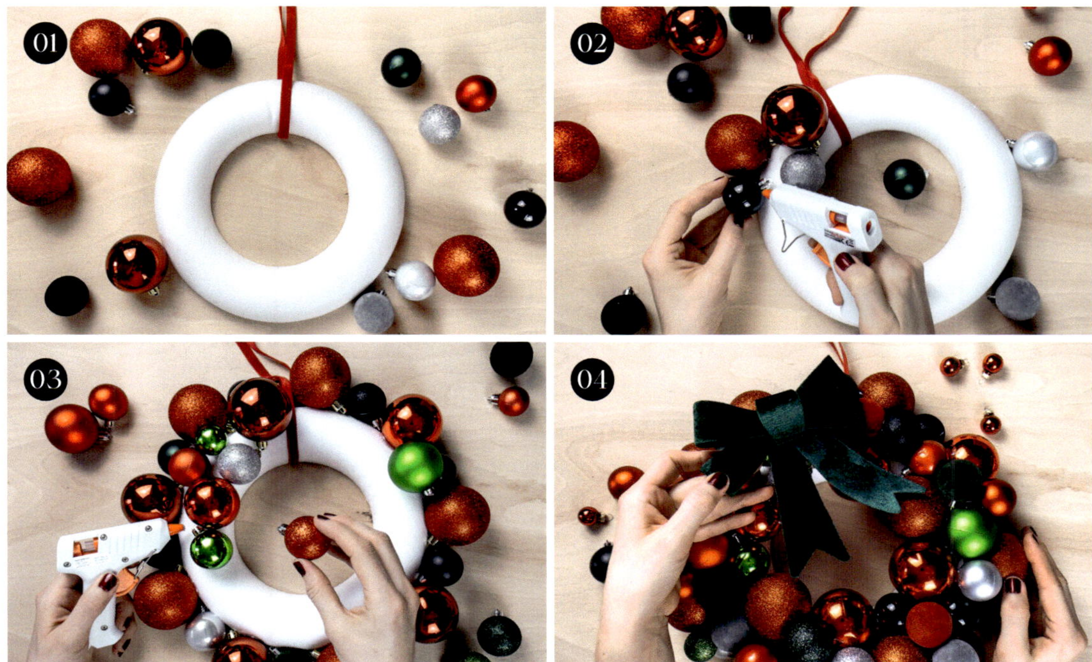

Material

- Styroporkranz
- Satinband
- Weihnachtskugeln aus Kunststoff in unterschiedlichen Größen und Farben
- Heißkleber
- Schleife zum Aufkleben

Step by Step

1 Ein Satinband in der passenden Farbe um den Styroporkranz binden und dabei mit etwas Heißkleber befestigen.

2 Nach und nach mit einer Heißklebepistole unterschiedlich große Weihnachtskugeln aus Kunststoff auf dem Kranz anbringen.

3 Am einfachsten klappt das, wenn ihr euch von außen nach innen vorarbeitet. Für zusätzlichen Halt könnt ihr die Kugeln zwischendurch aneinander festkleben.

4 Zum Schluss noch eine Schleife am Kranz befestigen und das Band verknoten.

Tipp

Wer möchte, kann auch Holzkugeln oder einfarbige Weihnachtskugeln verwenden.

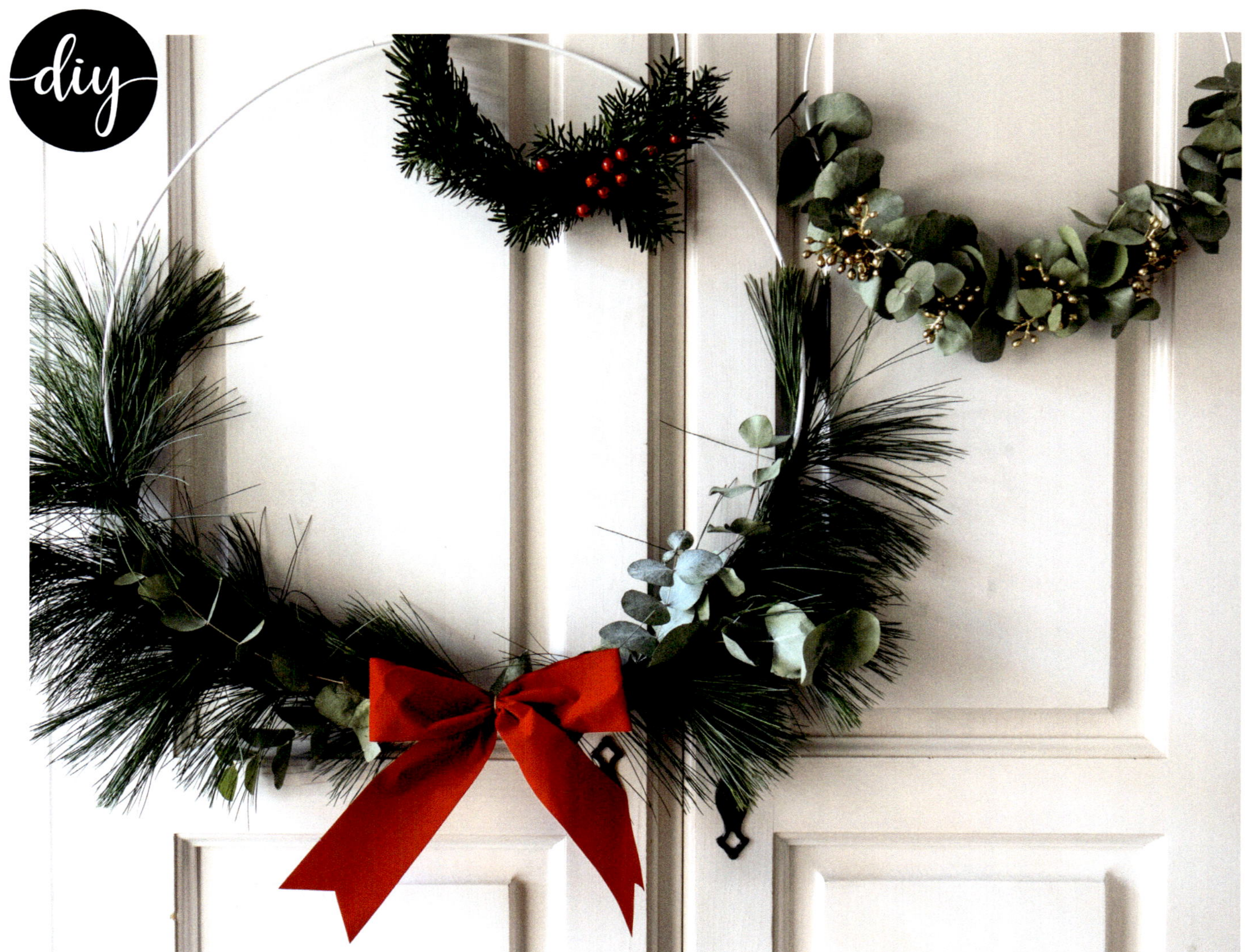

DEKOR-KRÄNZE ZUM AUFHÄNGEN

Zur Weihnachtszeit könnt ihr nicht nur Adventskränze binden, sondern auch Dekor-Kränze zum Aufhängen. Mit den fertigen Kränzen können Wände, eine Vorhangstange oder auch eure Haustür geschmückt werden.

so geht's

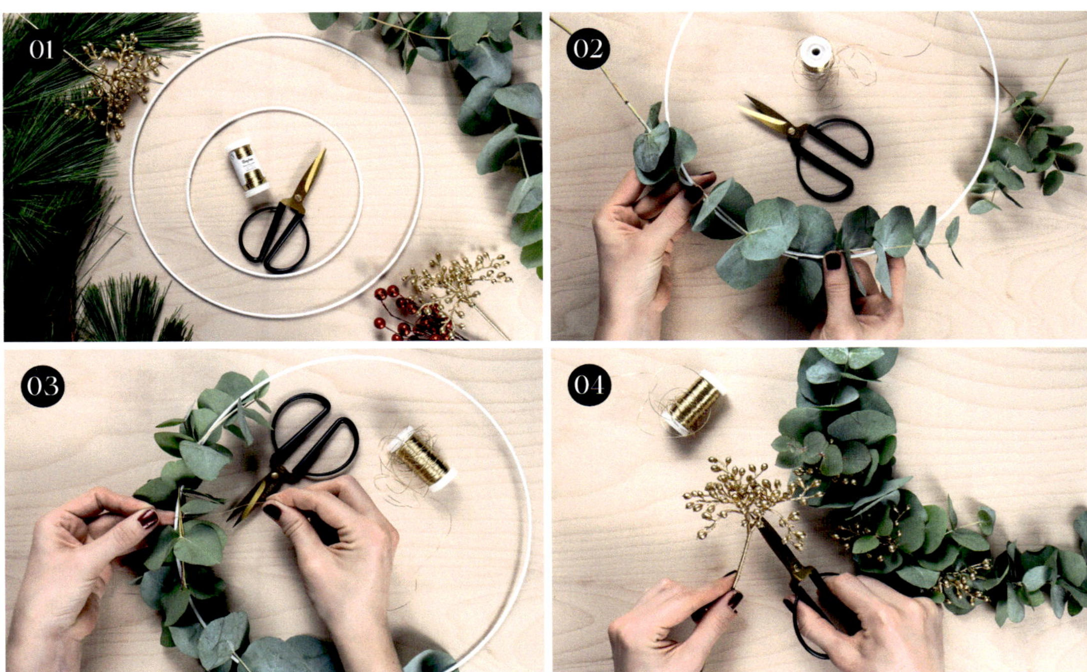

Material

- Metallringe, z. B. von Rayher in den Größen 15 cm, 30 cm oder 50 cm
- Basteldraht, z. B. von Rayher
- Schere
- Eukalyptus, Seidenföhre oder Tannengrün
- Dekorzweige
- Satinbänder

Step by Step | Variante 1

1 Legt euch alle Bastelmaterialien zurecht und schneidet diese entsprechend zu.

2 Zunächst wickelt ihr einen Eukalyptuszweig um den Metallring. Ich achte dabei immer darauf, dass ich den Zweig 2–3x um den Ring lege, damit dieser mehr Halt bekommt.

3 Bindet jeden Zweig direkt am Metallring fest. Den Draht zwirbelt ihr anschließend an den Enden zusammen oder macht einen Knoten.

4 Nun könnt ihr weitere Dekorzweige festbinden. Zum Schluss ein Satinband zur Befestigung um den Ring am oberen Ende wickeln und aufhängen. →

so geht's

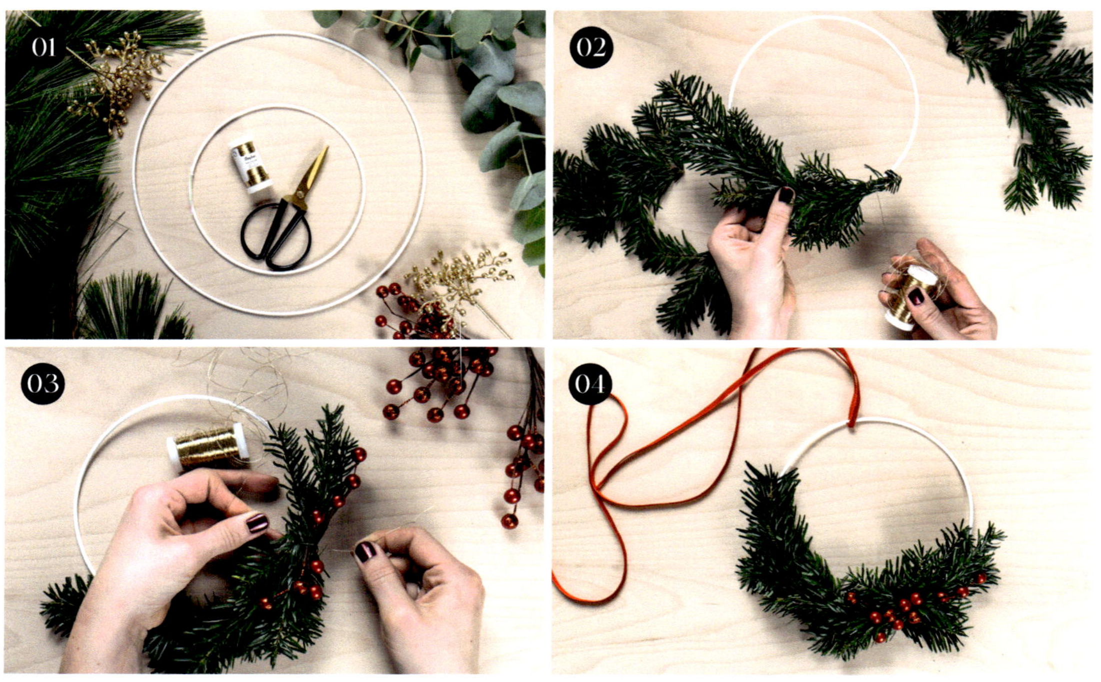

Step by Step | Variante 2

1 Für die zweite Variante schneidet ihr euch ebenfalls eure benötigten Materialien zurecht.

2 Legt euch Tannengrün in kleinen Bündchen zusammen und bindet diese mit dem Bindedraht am Metallring fest.

3 Kleine rote Beeren (künstliche Zweige) oder frischer Ilex passen besonders gut zu Tannenzweigen und können ergänzend darin festgesteckt werden.

4 Wickelt ein Satinband um den Kranz, macht einen Knoten und hängt den Dekor-Kranz in entsprechender Höhe auf.

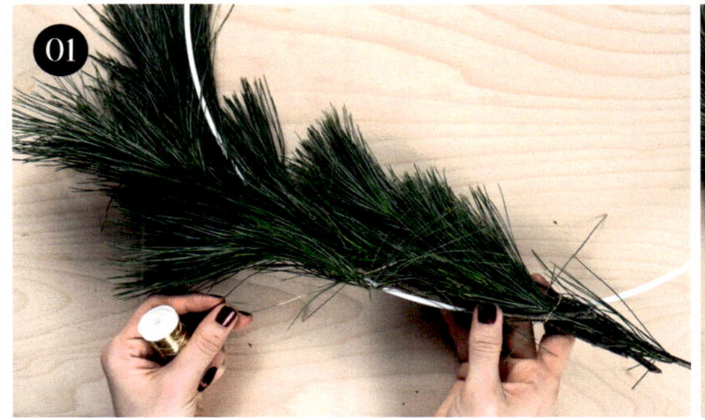

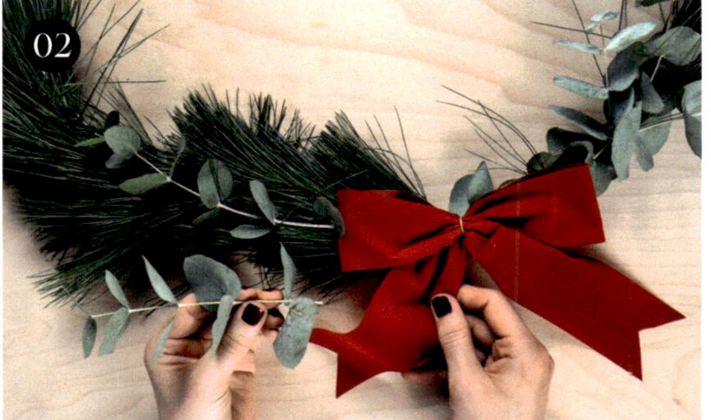

Tipp

Wenn ihr Dekorkränze mit Naturmaterialien bindet, trocknen diese mit der Zeit und verlieren an Farbe. Für mehr Farbkraft könnt ihr künstliche Tannenzweige oder Eukalyptuszweige nutzen. Euren Dekorkranz könnt ihr auch als Adventskalender verwenden. Schnappt euch einen Metallring (dieser sollte in etwa einen Durchmesser von 50 cm haben) und bindet kleine Stoffsäcken fest. Anschließend könnt ihr den Kranz wie in Step 1 mit Eukalyptus oder anderem Grünzeug schmücken.

Step by Step | Variante 3

1. Eine weitere Möglichkeit ist, Dekor-Kränze mit Seidenföhren zu binden. Die Äste sind ein echter Hingucker und vertrocknen nicht so schnell. Bindet die einzelnen Zweige, wie bei Variante 1 und 2, mit dem Bindedraht um den Metallring.
2. Ergänzt die Zweige mit Eukalyptus und einer festlichen Schleife – fertig ist euer Dekorkranz.

CANDY CANE CHOCOLATE HEARTS

Liebe geht durch den Magen, auch an Weihnachten. Deshalb sind diese zuckersüßen Candy Cane Chocolate Hearts das perfekte Geschenk für Freunde, Arbeitskollegen und -kolleginnen oder die liebsten Mitmenschen.

Für 6 Stück

- 100 g weiße Schokolade
- 100 g Zartbitter-Schokolade
- 12 Zuckerstangen
- Streusel nach Wahl
- Backpapier
- Cakepop-Stiel

Zubereitung

1. Schokolade über dem Wasserbad schmelzen lassen.
2. Die Zuckerstangen so auf einem Bogen Backpapier auslegen, dass sie ein Herz bilden. Wer möchte, kann einen Cakepop-Stiel am unteren Ende platzieren und so einen süßen Schoko-Schlecker kreieren.
3. Jetzt wird die Schokolade in die Herzform der Zuckerstangen gefüllt. Dazu sollte die Schokolade aber nicht zu flüssig sein, damit diese nicht an den Stangen vorbeiläuft.
4. Sobald die Schokolade fester wird, diese mit beliebig vielen Zuckerstreuseln garnieren und verzieren.
5. Wenn die Schokolade vollständig ausgehärtet ist, können die Candy Cane Chocolate Hearts vorsichtig mit einem Buttermesser oder einem Backspatel vom Backpapier gelöst werden.

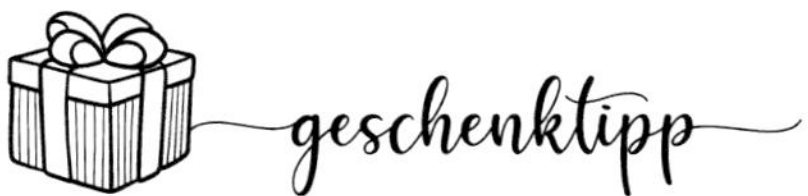

In Cellophan oder Butterbrot-Tüten verpackt, könnt ihr die Candy Cane Chocolate Hearts ganz einfach verschenken.

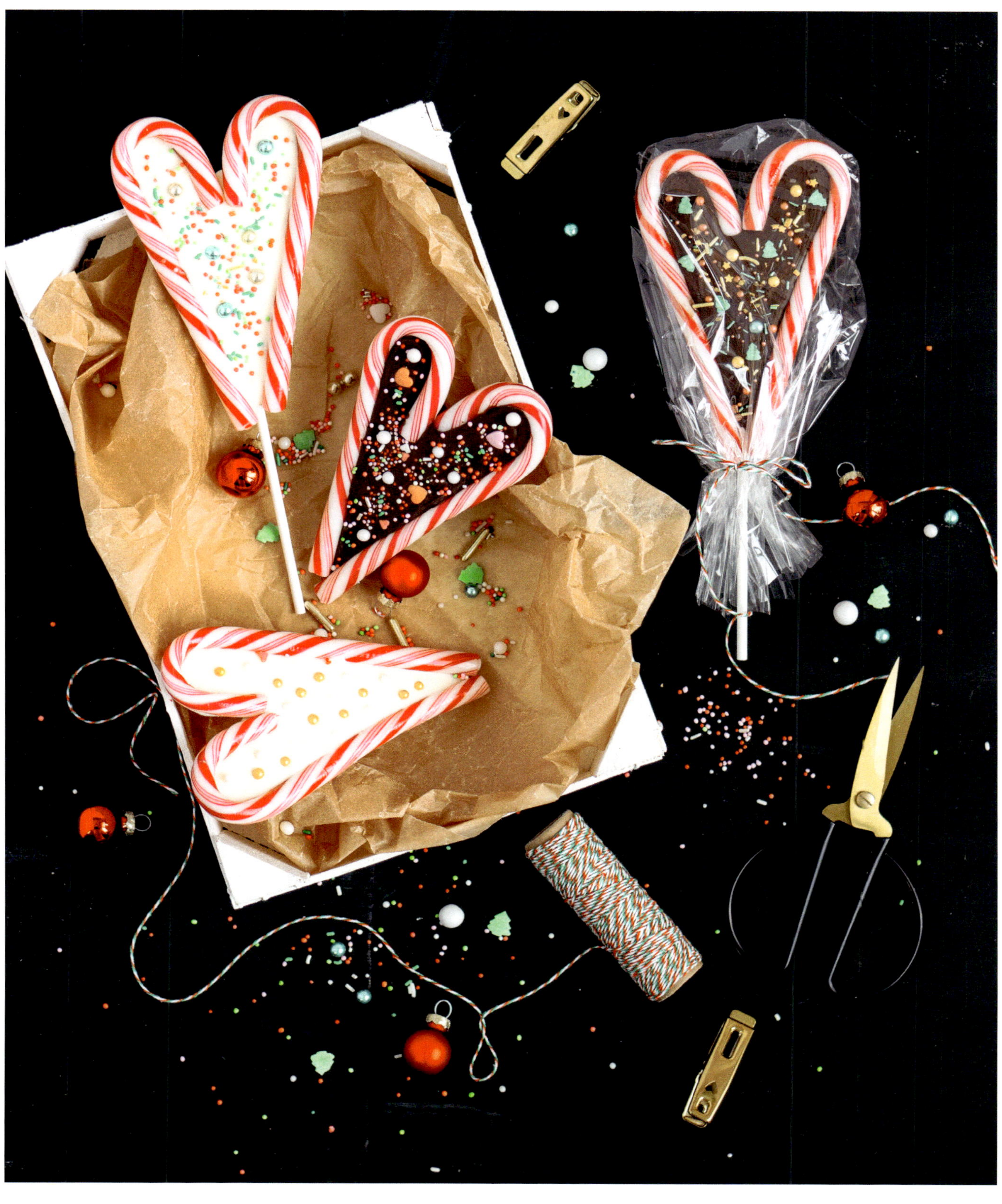

LEBKUCHEN-CUPCAKES MIT BUTTERCREME

Ich will ehrlich sein: ich liebe Lebkuchen, aber mir ist das Backen etwas zu mühsam. Deshalb greife ich gerne auf diese Alternative zurück. Diese Cupcakes haben den unverkennbaren Geschmack süßer Lebkuchen, sind aber viel schneller zubereitet.

Für 12 Stück

Für den Teig

- 120 g weiche Butter
- 150 g Puderzucker
- 2 Eier (mittelgroß)
- 120 ml Milch
- 50 g Haselnüsse, gemahlen
- 150 g Mehl
- 1½ TL Backpulver
- 1½ TL Lebkuchengewürz
- 12 Muffinförmchen

Für das Frosting

- 100 g weiche Butter
- 150 g Puderzucker
- 1 TL Zimt
- Zimt zum Garnieren
- 12 Zucker-Lebkuchenmännchen

Zubereitung

1. Den Backofen auf 180°C Ober-/Unterhitze vorheizen.
2. Die weiche Butter mit dem Puderzucker dick aufschlagen. Eier zugeben und gut verrühren.
3. Milch, Haselnüsse Mehl und Backpulver unter den Teig rühren. Mit Lebkuchengewürz verfeinern.
4. Die Muffinförmchen in ein Muffinbackblech stellen und jeweils 2 EL vom Teig in die Papierförmchen füllen.
5. Die Muffins im vorgeheizten Backofen für 18–22 Minuten backen. Herausnehmen und abkühlen lassen.
6. Butter mit Puderzucker cremig rühren und auf die Muffins streichen oder mit einem Spritzsack spritzen.
7. Cupcakes mit Zimt bestreuen, jeweils ein Zucker-Lebkuchenmännchen auf den Cupcakes verteilen und im Kühlschrank abgedeckt bis zum Servieren kaltstellen.

Tipp

Wer noch Lebkuchenreste hat, kann diese zerkrümeln und auf die Zimt-Creme streuen.

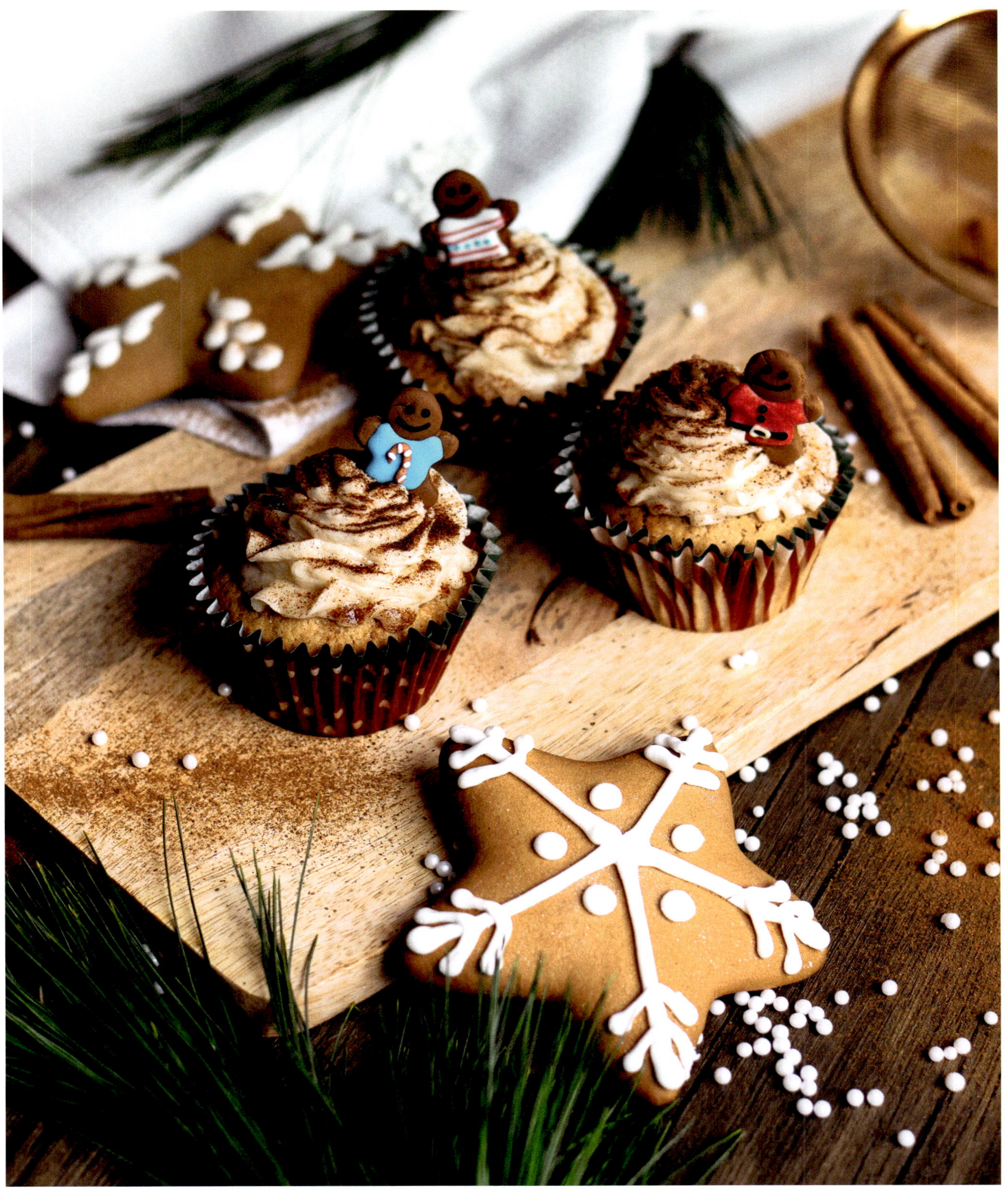

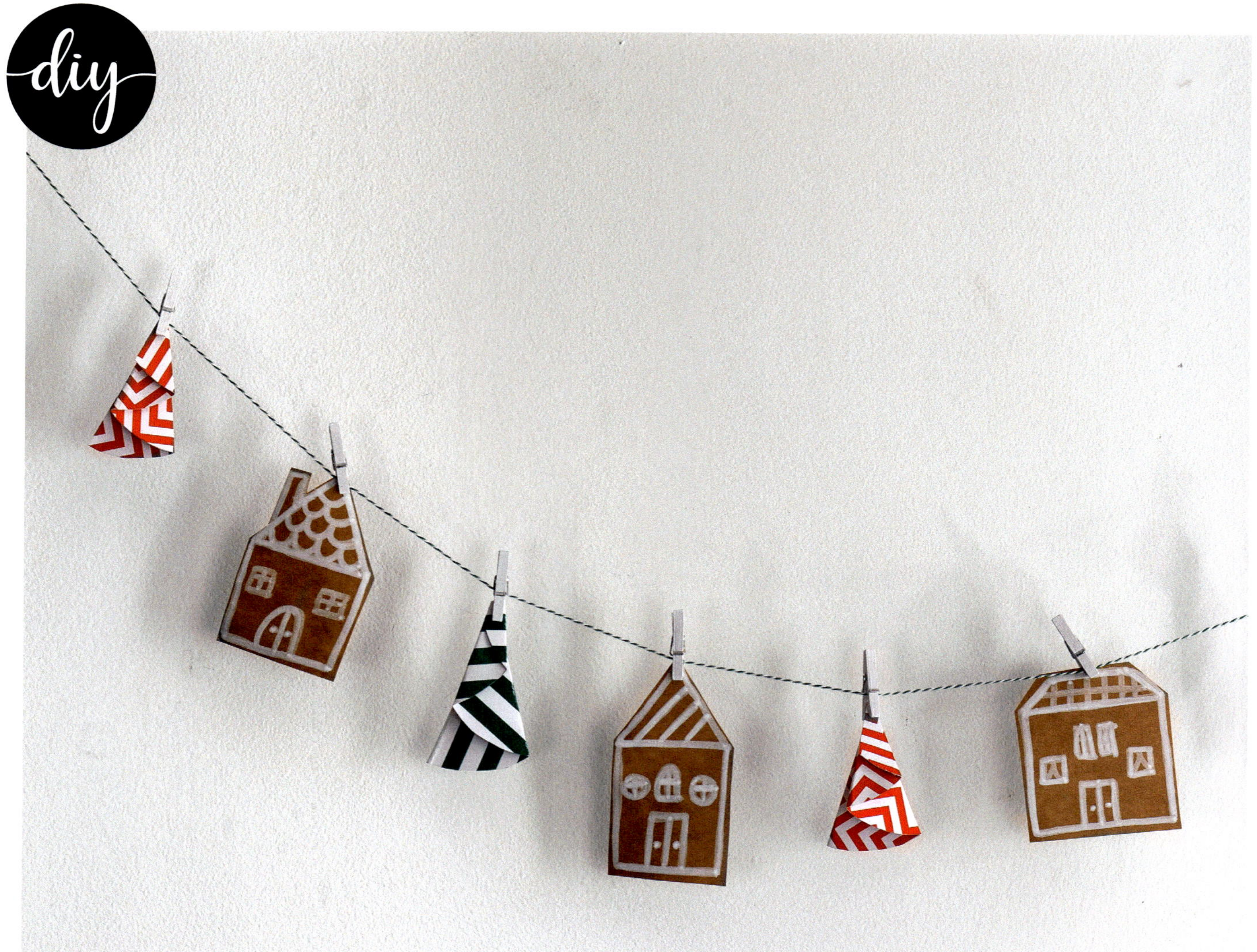

GIRLANDE AUS PAPIER

In meinem Haus dekoriere ich zu Weihnachten immer sehr gerne mit Girlanden, zum Beispiel mit selbstgebastelten Papiergirlanden. So eine Girlande ist schnell gebastelt, schnell aufgehängt, und somit ist das ganze Haus auch fix dekoriert.

so geht's

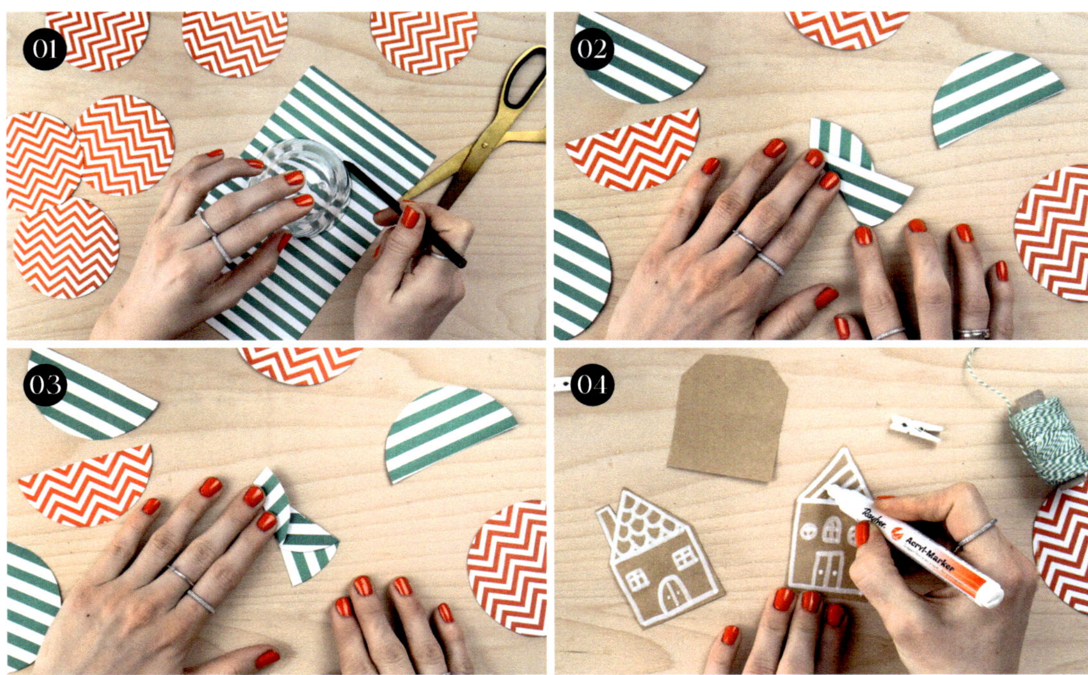

Material

- Scrapbook-Paper
- Kraftpapier oder Karton
- Glas, Bleistift und Schere
- Acryl-Marker, z. B. von Rayher
- Kleine Wäscheklammern, z. B. von Rayher
- Garn

Benutze gerne für die bunten Anhänger das beigelegte Bastelpapier.

Step by Step

1 Mit einem Glas auf einem Scrapbook-Paper einen runden Umriss zeichnen. Den Kreis anschließend halbieren. Ihr könnt auch normales Buntpapier verwenden, je dicker, desto besser.

2 Danach den halben Kreis einmal schräg nach rechts falten.

3 Umdrehen und nach links falten. So lange fortfahren, bis ihr einen Tannenbaum gefaltet habt.

4 Zusätzlich könnt ihr mit Kraftpapier oder dünnem Karton ein paar Häuser anfertigen. Dazu entsprechend die Form ausschneiden und mit einem Acryl-Marker in Weiß Umrisse zeichnen. Häuser und gefaltete Tannenbäume mit kleinen Holzklammern auf einem Garn befestigen – fertig ist eure weihnachtliche Papiergirlande.

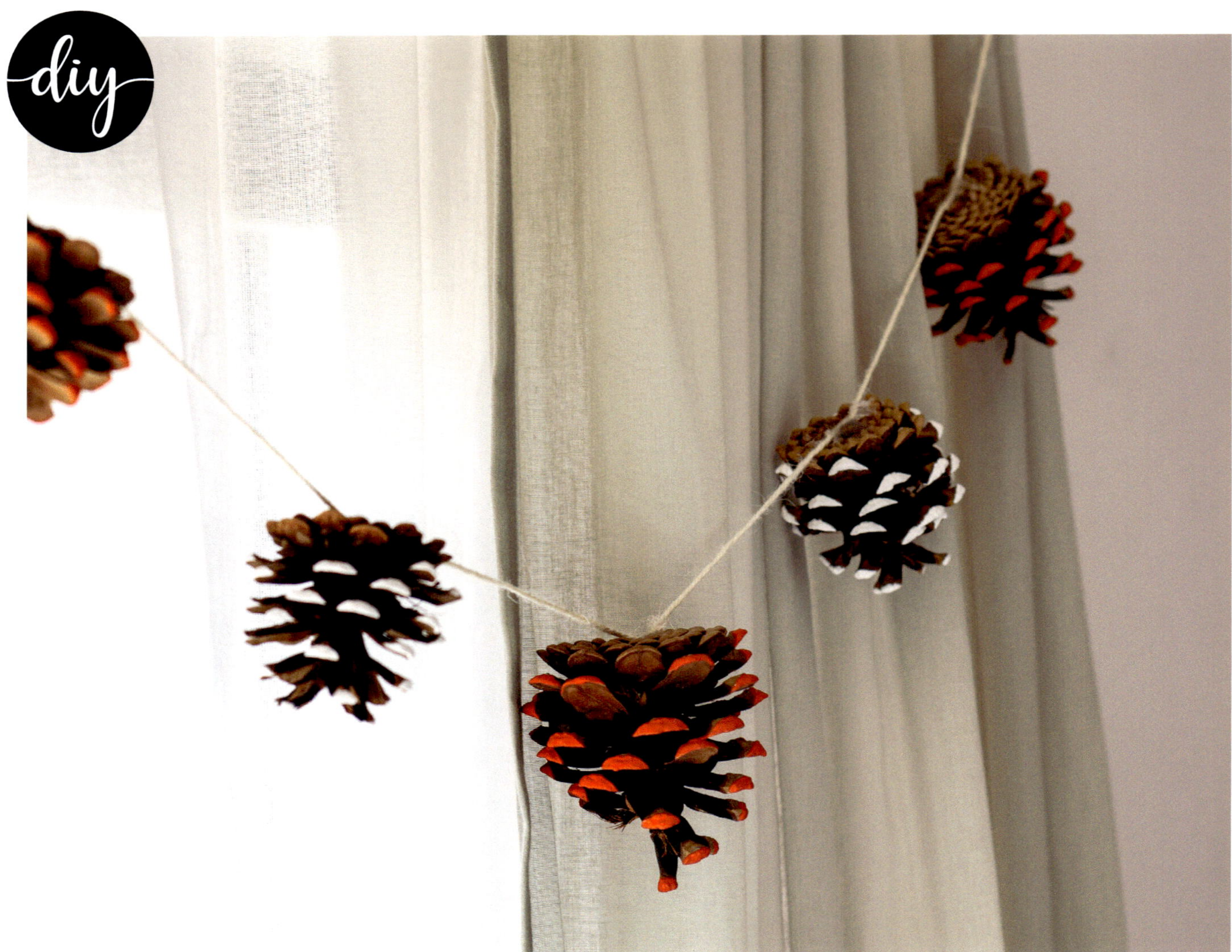

RUSTIKALE WEIHNACHTSGIRLANDE

Basteln mit Kiefernzapfen ist kinderleicht, und solche Girlanden eignen sich perfekt als Dekorationselement für Weihnachten. Sie lassen sich super an Vorhangstangen, unter Spiegeln oder an Bilderrahmen anbringen.

so geht's

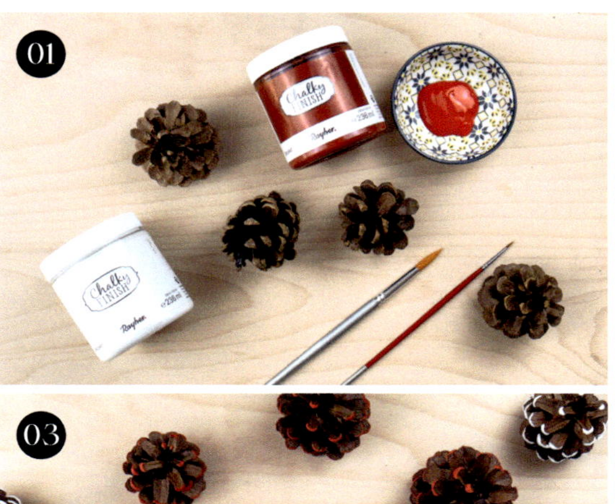

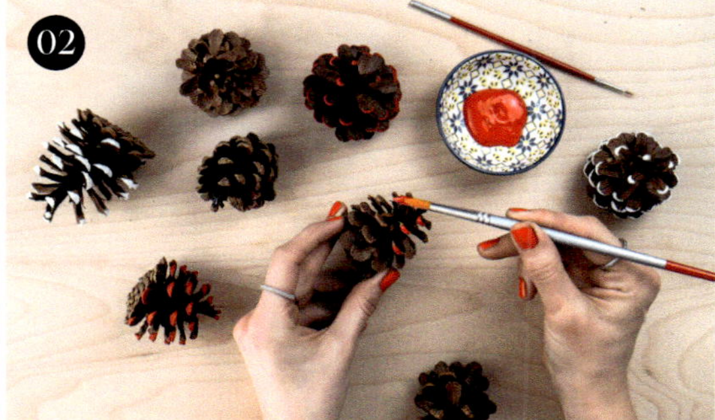

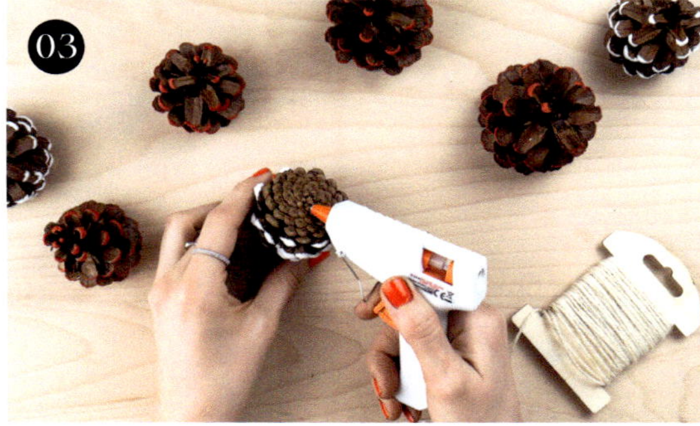

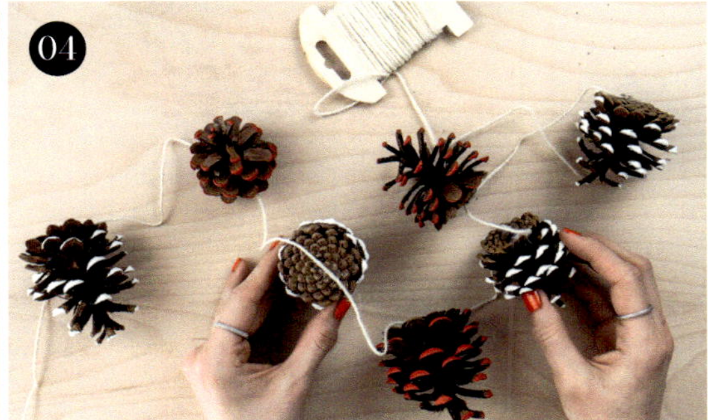

Material

- Kiefernzapfen
- Chalky Finish, rot und weiß, z. B. von Rayher
- Pinsel und Schälchen
- Heißkleber
- Garn

Step by Step

1 Kiefernzapfen lassen sich ganz einfach mit Acrylfarbe bzw. Lacken bemalen. Dazu braucht ihr nur einen Pinsel, eine Schüssel und eine geeignete Farbe.

2 Die Kiefernzapfen an den Zapfenenden bemalen und gut trocknen lassen.

3 Anschließend einen Klecks Heißkleber auf die Unterseite der Zapfen kleben.

4 Die Zapfen nacheinander im gleichen Abstand mit Kleber am Garn befestigen. Gut trocknen lassen und aufhängen.

Tipp

Ihr könnt die Girlande auch vertikal aufhängen, z. B. an einer Dekoleiter oder einem Türrahmen.

diy

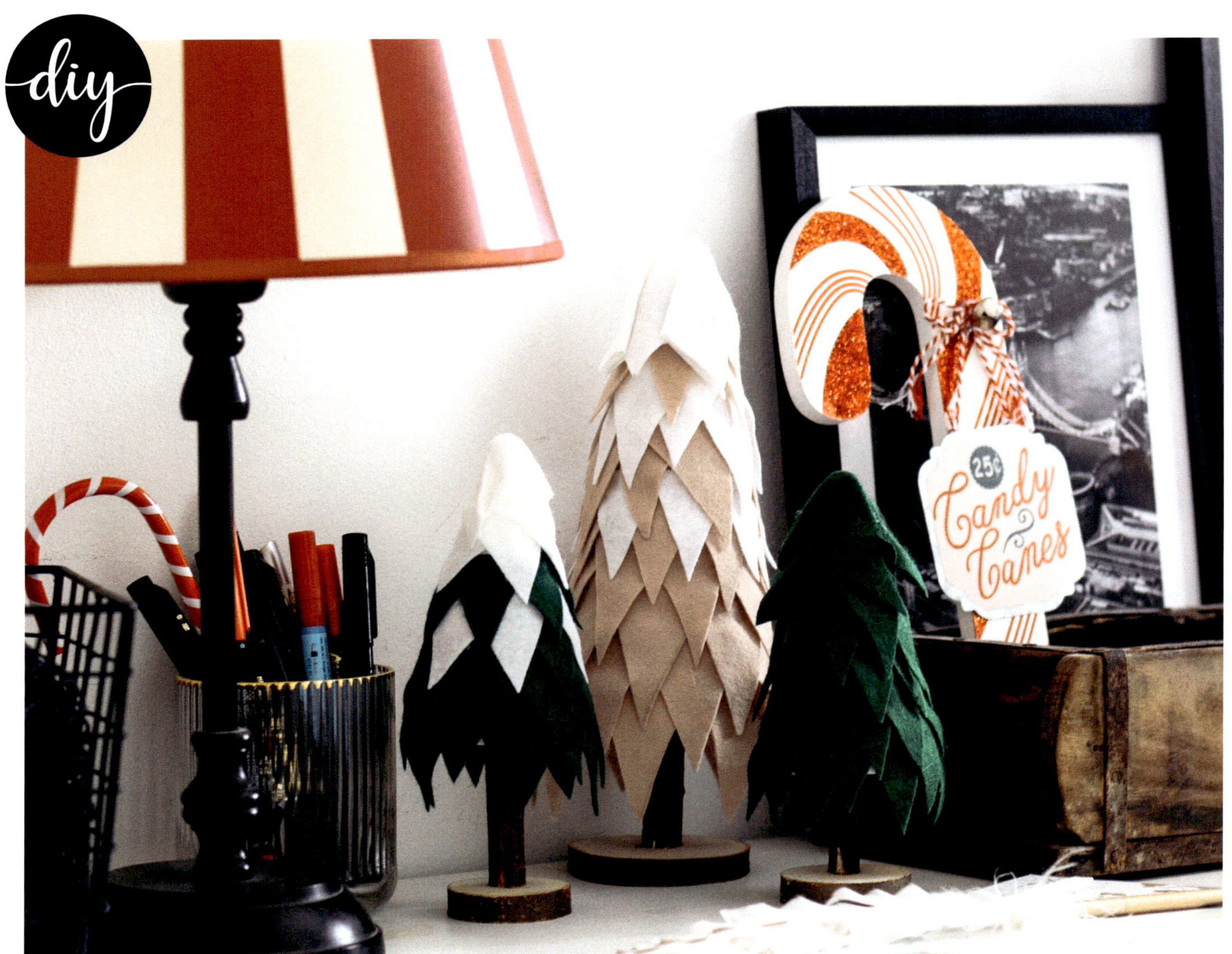

TANNENBÄUMCHEN AUS FILZ

Kleine Tannenbäumchen könnt ihr mit etwas Filz, Styroporkegeln und Holzständern selber basteln. Sie passen perfekt zu skandinavischer Weihnachtsdeko und können ganz nach euren Vorlieben in euren Lieblingsfarben gestaltet werden.

so geht's

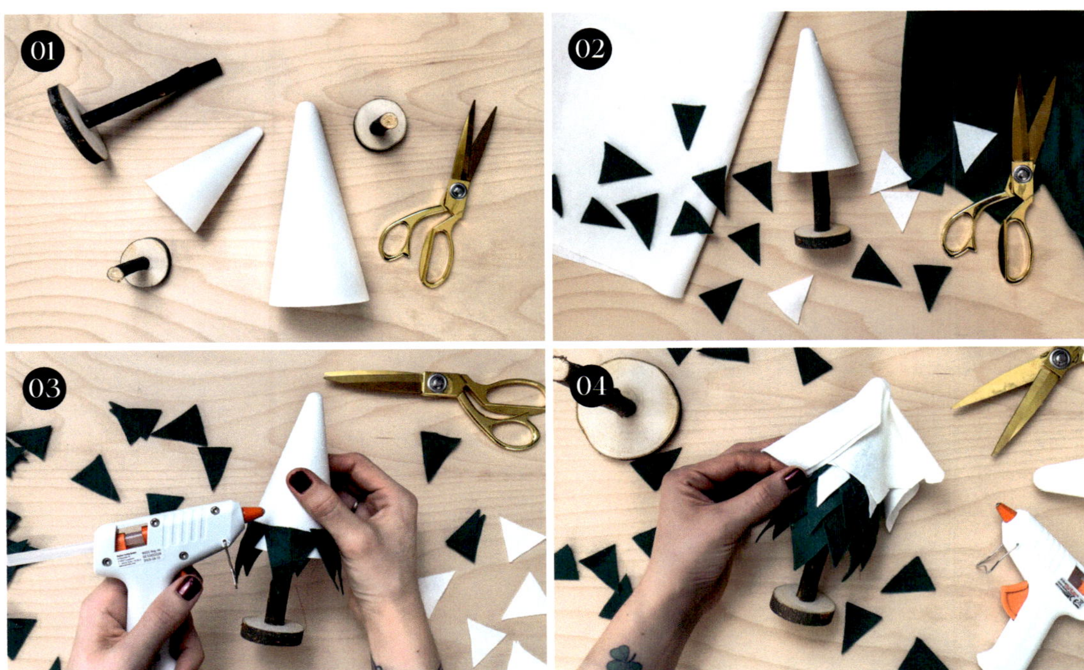

Material

- Styropor-Kegel 12 cm und 21 cm, z. B. von Rayher
- Deko-Holzständer 5 cm und 7 cm, z. B. von Rayher
- Filz in diversen Farben, z. B. von Rayher
- Bleistift, Lineal und Schere
- Heißkleber

Step by Step

1 Für den Holzständer an der Unterseite des Styrcpor-Kegels vorsichtig ein Loch mit einem Bleistift oder einem spitzen Gegenstand formen.

2 Um den Styroporkegel als Tannenbaum zu deko-ie-ren, werden jeweils gleichgroße Dreiecke aus einem Filzstoff ausgeschnitten. Ihr könnt euch mit Papier eine Schablone anfertigen oder ihr zeichnet die Form direkt mit Bleistift und Lineal auf dem Filz auf.

3 Die einzelnen Filzdreiecke mit einer Heißklebepistole auf den Styroporkegel aufkleben. Dabei sollen sich die Dreiecke unterschiedlich überlappen.

4 Jetzt könnt ihr an der Oberseite als schneebedeckte Baumspitze ein großes Stück Filz aufkleben und dieses zurechtschneiden. Die abstehenden spitzen Enden erneut mit Heißkleber festkleben.

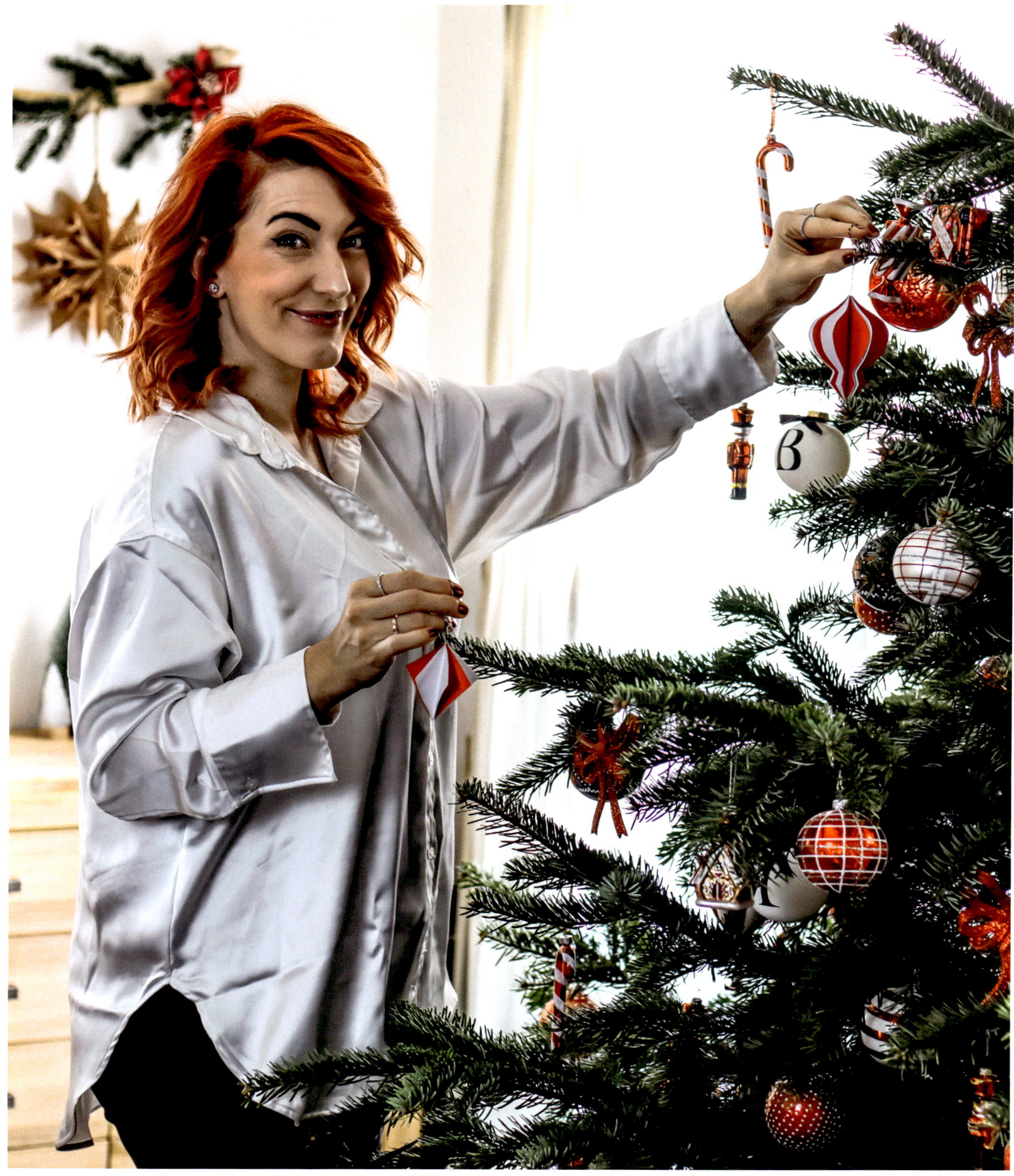

– KAPITEL 02 –

BESINNLICH *durch* DEN ADVENT

Sämtliche Vorbereitungen wurden getroffen, jetzt geht es mit schnellen Schritten in den Advent. Und das heißt, dass die ersten Geschenke gebastelt und süße Kekse gebacken werden. Der Dezember wird nun so richtig mit viel Weihnachtszauber zelebriert. Einige Geschenkideen zum Selbermachen und Verschenken sowie süße Überraschungen habe ich euch auf den nächsten Seiten zusammengefasst.

MEINE WEIHNACHTLICHE BUCKET LIST

Hier zeige ich euch die Dinge meiner alljährlichen Weihnachts-Bucket List. Ich hoffe, meine Ideen bieten euch Inspiration für eure eigenen Projekte, und ihr feiert die kommende Weihnachtszeit mit besonders viel Freude und Gemütlichkeit.

01 Adventskranz binden oder basteln

Alle Jahre wieder binde ich meine Adventskränze selbst. Eine Anleitung dazu findet ihr auf den Seiten 26 und 30. Wenn ihr bis jetzt Kränze gekauft habt, dann möchtet ihr zum kommenden Weihnachtsfest vielleicht etwas Neues ausprobieren.

02 Adventskalender basteln und verschenken

Kein Dezember ohne Adventskalender. Ob gekauft oder selbstgemacht, wir alle lieben diese Vorfreude an einem kalten Dezembermorgen, wenn wir unsere Kalendertürchen öffnen können.

03 Weihnachtsdeko

Die Wohnung oder das Haus weihnachtlich zu dekorieren, damit starte ich meistens schon Mitte November. Dieses Buch ist den gemütlichen Adventsstunden in den eigenen vier Wänden gewidmet, und dementsprechend findet ihr hier überall reichlich Ideen zum Ausprobieren. Viel Spaß!

04 Kekse oder Lebkuchen backen

Was wäre Weihnachten ohne Kekse? Ganz egal ob selber backen oder einfach kaufen, süße Naschereien gehören an Weihnachten einfach dazu. Einige Rezepte zum Nachmachen zeige ich euch in diesem Buch.

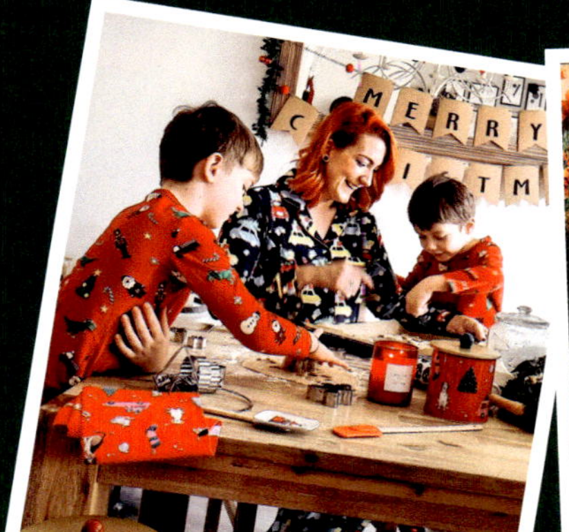

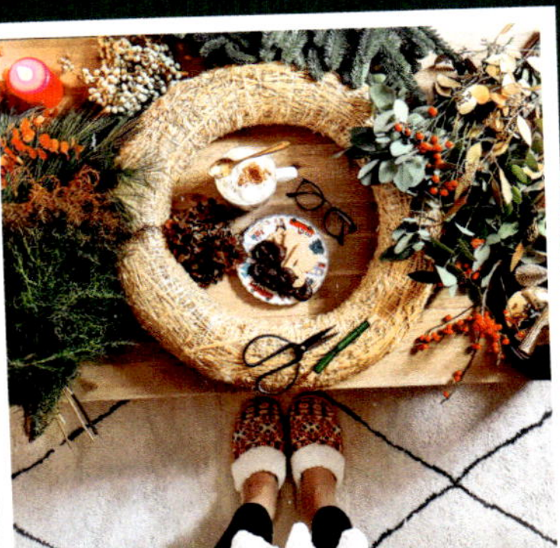

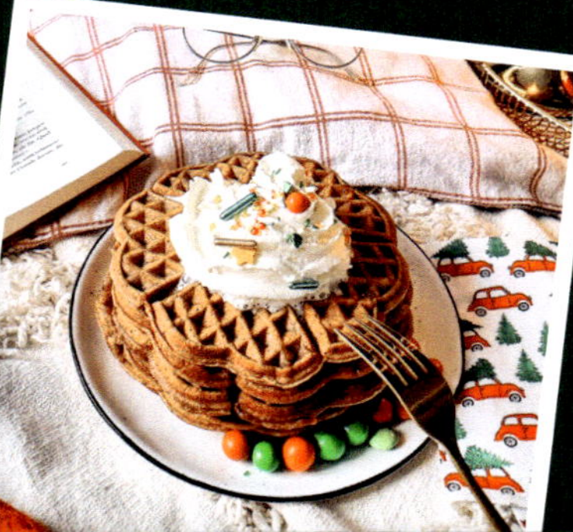

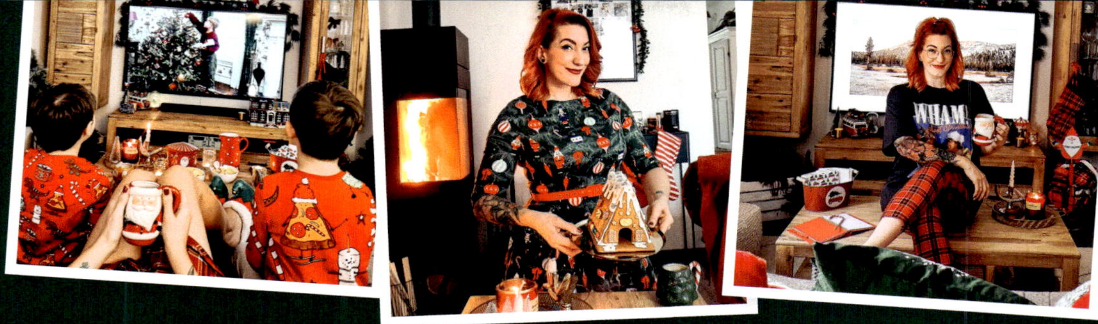

05 Weihnachtsfilme

Die dürfen für mich in der Adventszeit nicht fehlen. Besonders gerne schauen wir als Familie am Sonntagnachmittag einen Film auf dem Sofa, eingekuschelt in warme Decken, mit einer heißen Tasse Kakao, vor dem Kaminfeuer. Ihr sucht noch nach passenden Filmen? Dann schaut mal auf Seite 84 vorbei, dort könnt ihr meine Weihnachtsfilmempfehlungen nachlesen.

06 Glühwein und Punsch trinken

Eine heiße Tasse Punsch solltet ihr zumindest einmal im Advent trinken. Ob alkoholfreie Variante, Punsch mit ordentlich Schuss oder Glühwein, das entscheidet ihr. Meine Lieblingsrezepte stelle ich euch auf Seite 38 und Seite 40 vor.

07 Weihnachtsplaylist hören

Falls ihr neue Ideen und Inspiration sucht, könnt ihr auf Seite 79 vorbeischauen, denn dort findet ihr meine Tipps für Gute-Laune-Weihnachtsmusik.

08 Weihnachtspyjamas tragen

Besonders gerne tragen wir als Familie kitschige Weihnachtspyjamas, und deshalb gehört dieses Ritual auf meine alljährliche Weihnachts-Bucket List. Probiert es doch auch einmal aus und kauft euch zu Weihnachten passende Schlafoutfits. Mit denen könnt ihr dann auch schöne Weihnachtsfotos für die Familie knipsen.

09 Lebkuchenhaus bauen

Eine Tradition, die meine Kinder und ich ganz neu eingeführt haben, ist das Bauen und Dekorieren eines Lebkuchenhauses. Dabei wird gekleckert und genascht, aber vor allem viel gelacht. Heraus kommt eine Deko, die nicht nur schick aussieht, sondern auch gut schmeckt.

10 Brief ans Christkind oder den Weihnachtsmann schreiben

In meiner Familie glauben (noch) alle Kinder ans Christkind, weshalb meine Kinder alle Jahre wieder Anfang Dezember einen Brief mit Wünschen schreiben und diesen aufs Fensterbrett legen. Auf einem Zettel werden Geschenkwünsche, wie Spielsachen oder Bücher notiert. Zusätzlich bekommt das Christkind ein paar selbstgemachte Kekse auf einem Teller dazugelegt. Als Stärkung versteht sich, schließlich arbeitet das Christkind im Dezember unermüdlich und erfüllt Kindern überall allerlei schöne Weih-

11 Christbaum aussuchen

Am liebsten hole ich mit meiner Familie den Christbaum direkt aus dem Wald, also vom Biobauern. Gemeinsam suchen wir den Baum aus, der dann kurz vor Heiligabend bei uns einzieht. Alle Jahre wieder freue ich mich auf diesen Familienausflug und unsere Tradition, die wir noch lange fortführen werden.

12 Weihnachtsmärkte besuchen

Christkindlmärkte bzw. Adventmärkte besuche ich richtig gerne im Dezember, weil dort für mich eine ganz besondere Magie in der Luft liegt.

13 Spielzeug, Bücher und Co. sammeln und spenden

Im Advent nutze ich die Zeit auch immer, um Spielsachen, Bücher, Hobbyartikel, Sportausrüstung sowie Kleidung, die wir nicht mehr verwenden, weiterzugeben, zum Beispiel als Spende an Kinderhäuser oder Menschen in Not.

14 Weihnachtsbücher (vor)lesen

Im Advent lese ich meinen Kindern gerne aus Weihnachtsbüchern vor. Weil bei uns das Christkind kommt, lesen wir hier einige Geschichten dazu. Das schürt die Vorfreude und ist ein schönes Ritual. Probiert es unbedingt einmal aus.

15 Maroni und Bratkartoffeln zuhause zubereiten

Maroni und Bratkartoffeln, die lieb ich ja heiß! Besonders gerne bereite ich sie zu Hause selber zu. Inspiration dazu findet ihr auf Seite 106, denn dort habe ich euch eine DIY-Anleitung für Spitztüten abfotografiert.

16 Weihnachtskarten basteln und verschicken

Wenn ihr gerne Weihnachtskarten an Familie oder Freunde versenden möchtet, dann bastelt diese rechtzeitig. Bei Bedarf auch das Weihnachtsfamilienfoto nicht vergessen!

17 Familienfoto knipsen

Schnappt euch einen Ugly-Christmas-Sweater oder eine lustige Weihnachtsmütze, geht hinaus in den Wald oder sucht euch einen geeigneten Platz in eurem Wohnzimmer und knipst ein lustiges Familienfoto, als Erinnerung an die Weihnachtszeit.

18 Weihnachtsgeschenke einkaufen oder basteln

Früher habe ich immer erst kurz vor Weihnachten Geschenke besorgt, mittlerweile bin ich früher dran. Anfang Dezember überlege ich mir, wie ich Freunden, Verwandten und der Familie eine Freude bereiten kann und besorge alles rechtzeitig. Solltet ihr gerne Selbstgemachtes verschenken, dann findet ihr in diesem Buch bestimmt die passenden Anregungen.

19 Eislaufen gehen oder Schlitten fahren

Eislaufen und Schlittenfahren, zwei Beschäftigungen, die in der Adventszeit für reichlich Spaß sorgen.

20 Schneemann bauen oder Schneeballschlacht machen

Sobald die ersten Schneeflocken in unserem Garten zu Boden fallen, sind meine Kinder ganz eifrig dabei, Schneemänner zu bauen und die eine oder andere Schneeballschlacht wird sogleich geschlagen: kurzweilig, kostenlos, aber mit großem Spaßfaktor.

21 Weihnachtswichteln

Eine besonders schöne Tradition ist auch das Weihnachtswichteln, z. B. unter Arbeitskollegen- und kolleginnen oder Freunden. Als Gruppe zieht man jeweils einen Namen, muss diesen geheimhalten und darf dann ein individuelles Geschenk kaufen und zu einem ausgemachten Zeitpunkt an den Beschenkten überreichen. Probiert es mal aus.

22 Weihnachtsbrunch

Ich liebe es, zu brunchen und gesellig mit Freunden über Stunden hinweg am Tisch zu sitzen. Besonders gerne veranstalten wir unter Freunden einen Brunch im Advent. Dabei zaubere ich gerne ein Charcuterie-Board (Inspiration dazu findet ihr auf Seite 150) oder backe etwas Süßes.

23 Christbaum schmücken

Kein Weihnachten ohne geschmückten Christbaum. Besorgt rechtzeitig Schmuck und überprüft eure Deko-Vorräte. Tipps fürs Weihnachtsbaumschmücken findet ihr auf Seite 116.

24 Menü & Fest planen

Schließlich rückt das große Fest immer näher, und ich plane gut eine Woche vorher unsere Weihnachtsessen. Das heißt ich notiere mir eine Einkaufsliste, besorge passende Dekomaterialien für die Tafel oder bastle noch etwas. Ideen für den gedeckten Tisch findet ihr auf Seite 138.

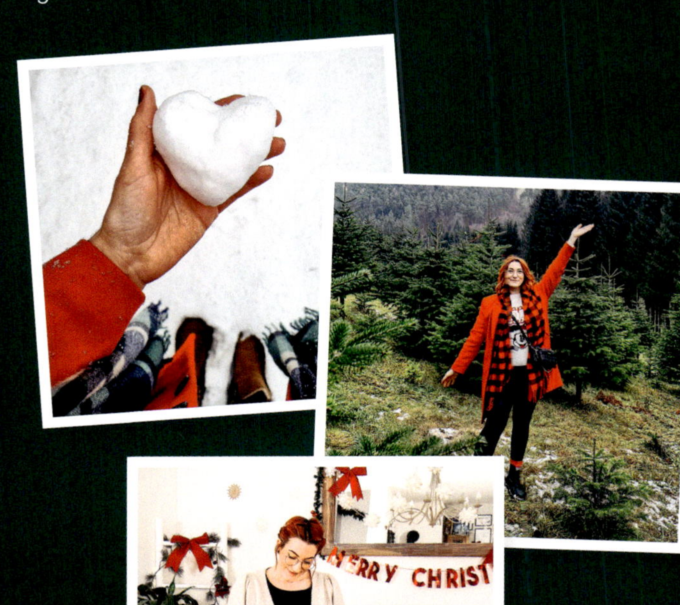

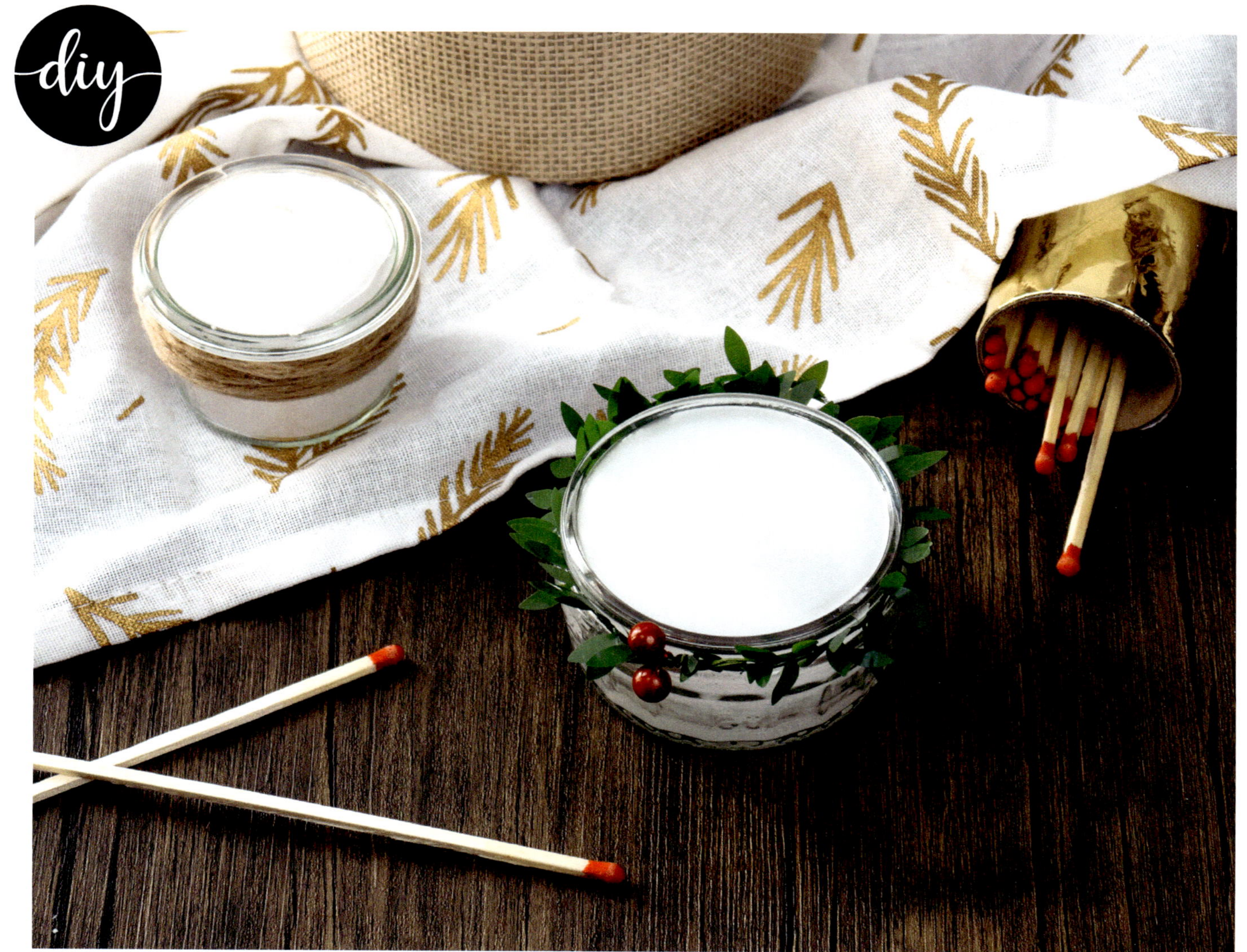

DUFTKERZE GIESSEN

Als großer Kerzenfan zünde ich in der Weihnachtszeit bestimmt mehr als ein Dutzend Kerzen an. Besonders gerne mag ich Duftkerzen. Mit nur wenigen Handgriffen könnt ihr eigene Kreationen gießen und an eure Lieben verschenken.

so geht's

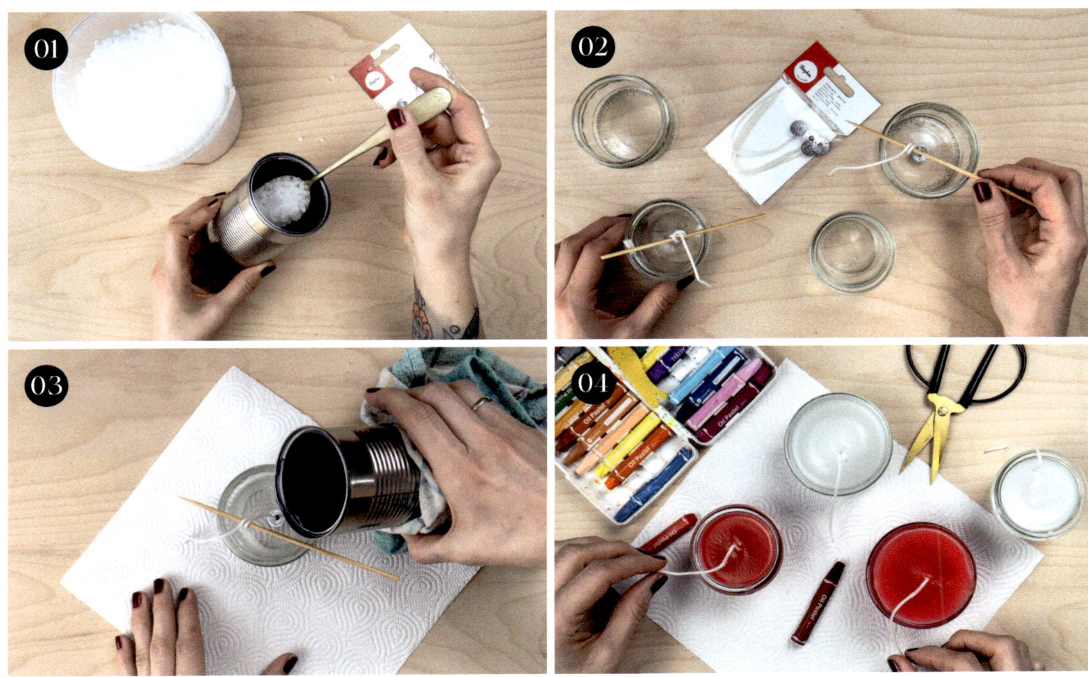

Material

Für 1 Glas

- Kerzenwachs oder zerkleinerte alte Kerzen
- Leere Konservendose
- Löffel
- Topf mit Wasser
- Leeres Glas
- Flachdocht mit Halter, z. B. von Rayher
- Holzspieß
- Küchenrolle als Unterlage
- Ätherische Öle
- Wachsmalkreiden

Step by Step

1 Das Kerzenwachs in eine leere und saubere Konservendose füllen. Einen Topf zu ⅓ mit Wasser füllen, die Dose hineinstellen und auf dem Herd bei mittlerer Stufe erhitzen. Das Wachs wird dabei flüssig.

2 Den Flachdocht mit dem Plättchen voran ins Glas stellen und das obere Ende des Dochts in passender Länge um einen Holzspieß wickeln, damit der Docht beim Gießen des Wachses nicht verrutscht.

3 Gebt nun 10–15 Tropfen eines ätherischen Öls in das flüssige Wachs und rührt mit einem Holzstäbchen um. Füllt nun das heiße Wachs in das Glas.

4 Zum Einfärben nehmt ihr eine farbige Wachsmalkreide, gebt je nach gewünschter Intensität etwas von der Farbe in das flüssige Kerzenwachs und verteilt es mit dem Holzspieß.

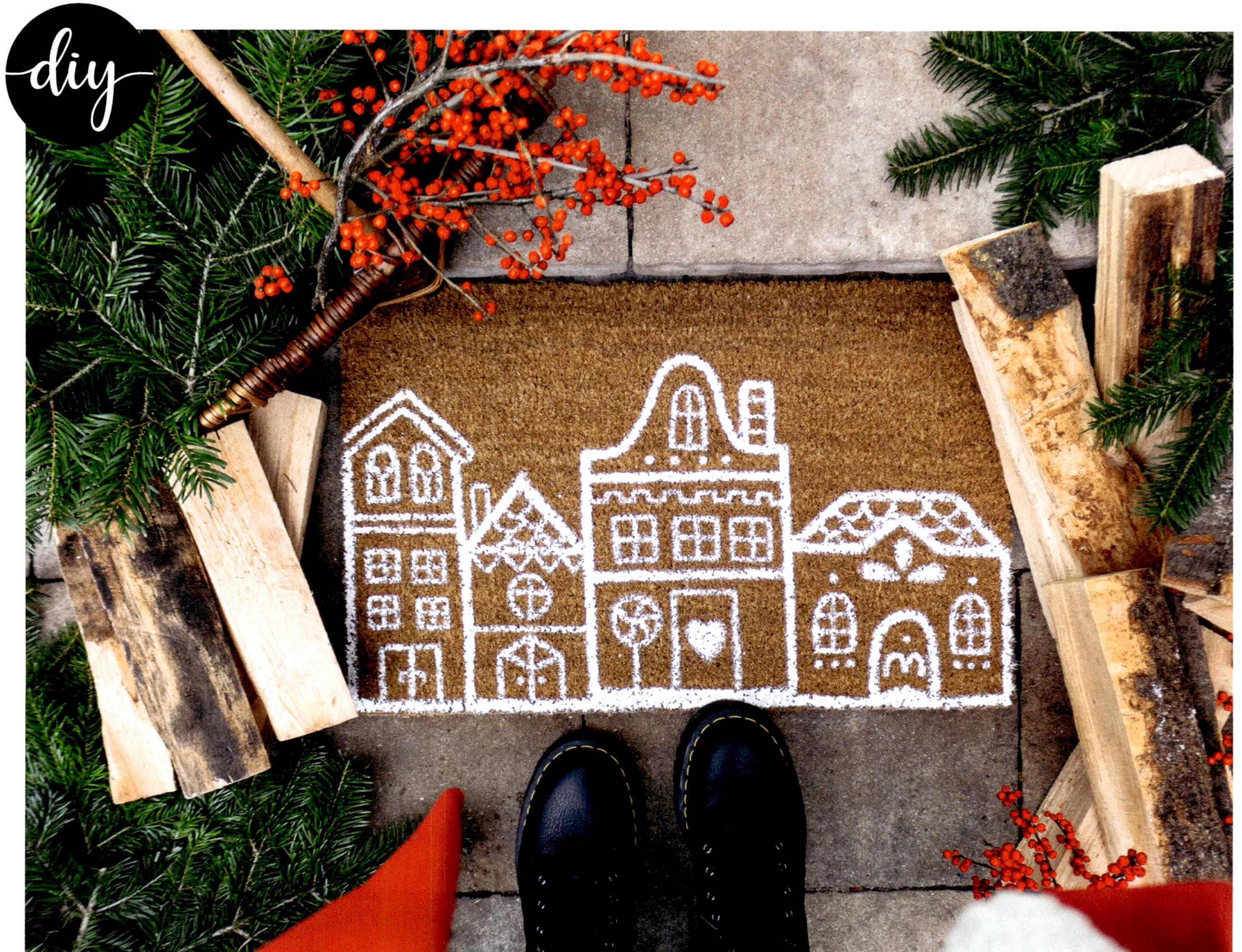

WEIHNACHTLICHE TÜRMATTE

An Weihnachten dekoriere ich nicht nur gerne unser Haus, sondern auch den Eingangsbereich oder den Garten. Besonders gut eignet sich hierbei eine selbst bemalte Türmatte, die nicht nur gut aussieht, sondern auch praktisch als Schuhabstreifer genutzt werden kann.

so geht's

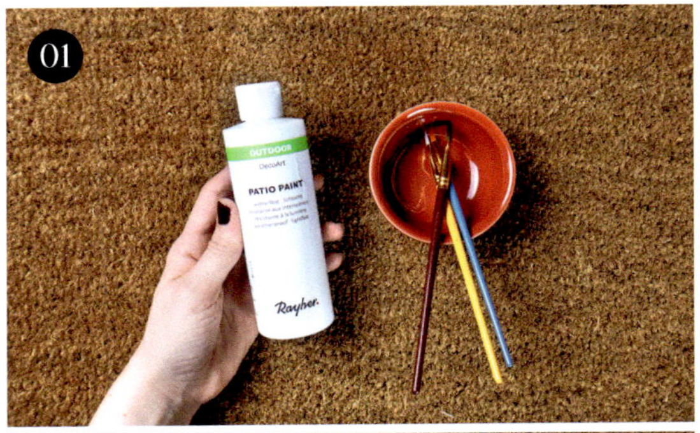

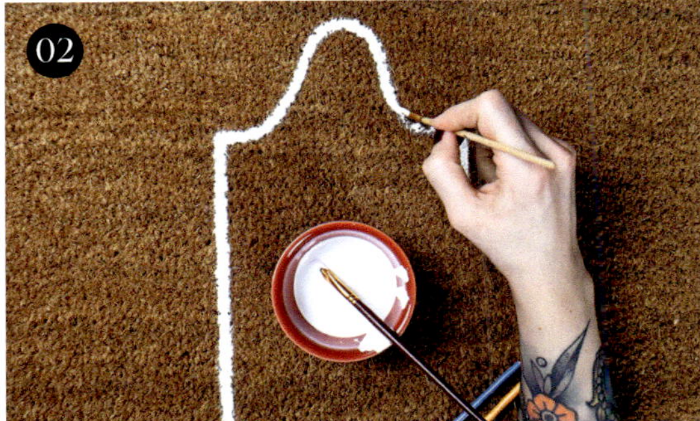

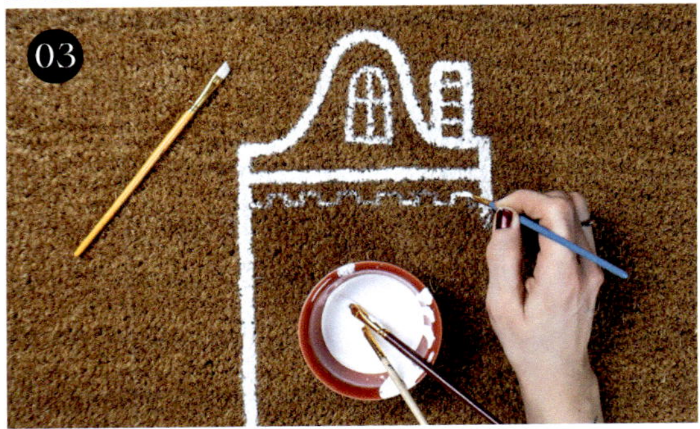

Tipp

Auch Formen und Schriftzüge lassen sich mit einem weißen oder schwarzen Lackmalstift leicht vorzeichnen. Für die passenden Vorlagen einfach bei Pinterest vorbeischauen.

Material

- Kokosfasermatte
- Outdoorfarbe, z. B. Patio-Paint von Rayher
- Kleine Schüssel
- Pinsel in verschiedenen Stärken

Step by Step

1 Outdoor-Farbe in eine kleine Schüssel füllen und mit einem Pinsel gut anrühren.

2 Das gewünschte Motiv direkt mit einem Pinsel auf die Türmatte malen. Die Farbe dabei mit tupfenden Bewegungen auftragen, damit diese tief in die Kokosfasern eingearbeitet wird. Bei Bedarf zweimal über die gewünschten Konturen malen.

3 Die Kokosfasermatte nach Belieben bemalen und mindestens 24 Stunden trocknen lassen. Die Türmatte kann indoor oder outdoor genutzt werden.

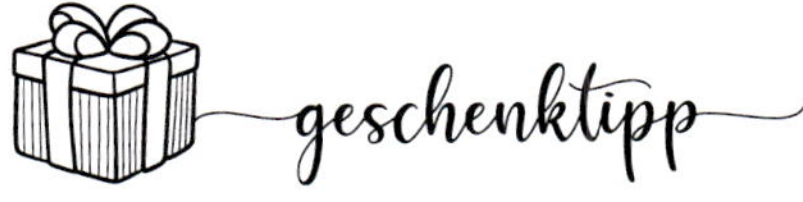

geschenktipp

Ein besonders schönes Geschenk ist eine personalisierte Türmatte. Wie wäre es mit einem schönen Spruch oder dem Familiennamen der glücklich beschenkten Person?

diy

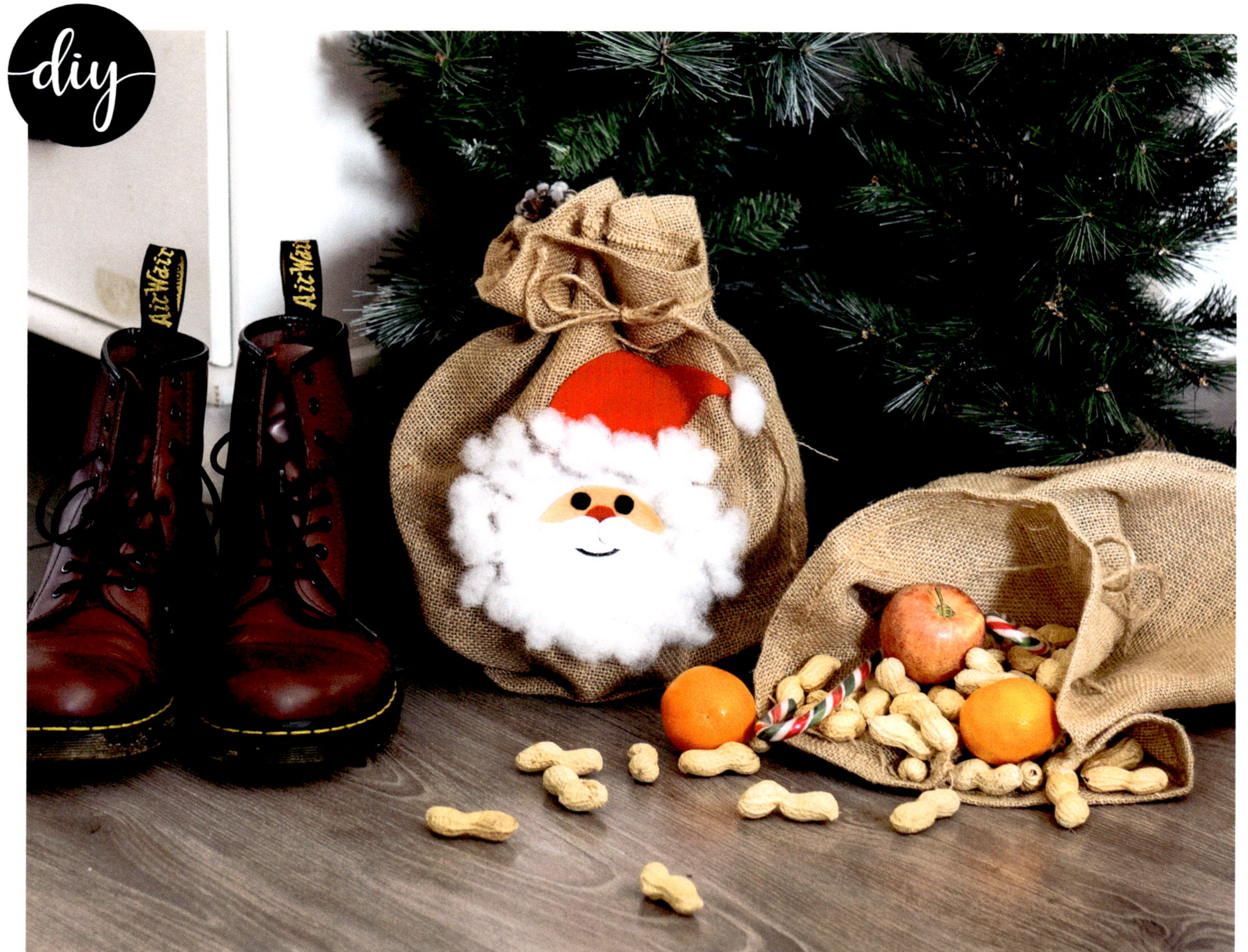

NIKOLO-SÄCKCHEN AUS JUTE

Die Vorfreude auf den Nikolo ist bei meinen Kindern alle Jahre groß, denn so wird die Zeit bis zum Heiligen Abend nicht nur verkürzt, sondern auch versüßt. Um dem Nikolo ein bisschen unter die Arme zu greifen, basteln wir die Säckchen einfach selbst.

so geht's

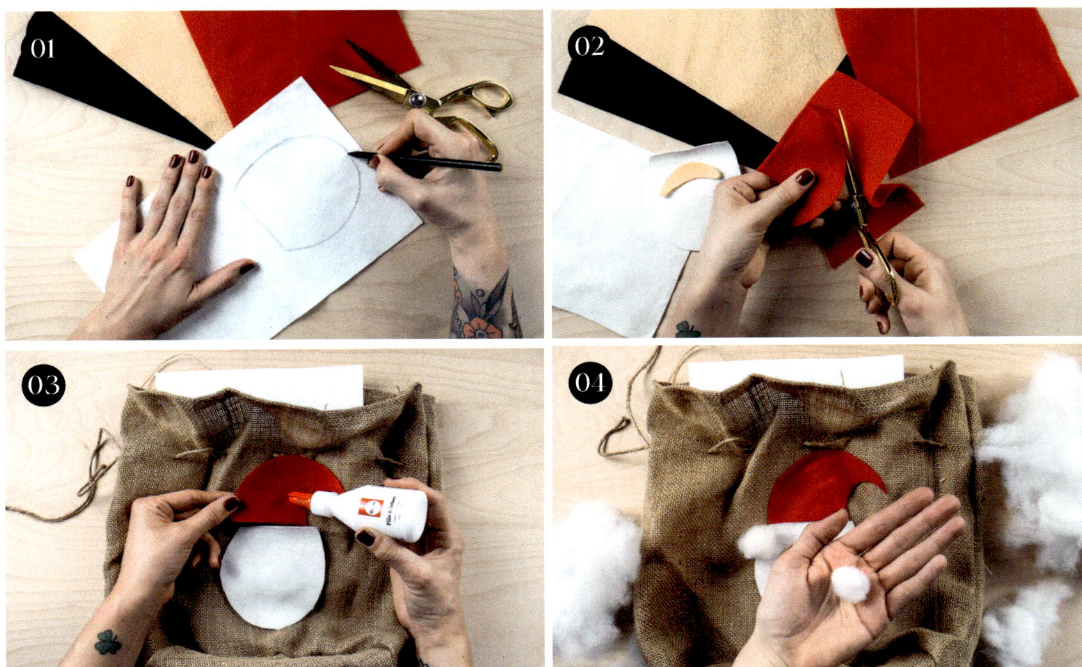

Material

- Mittelgroße Jutesäcke
- Filz 1 mm dick in Rot, Weiß, hellem Rosa oder Orange und Schwarz
- Füllwatte
- Bleistift
- Schere
- Filz-Kleber
- Bastelkleber
- Ein Stück Papier oder Karton
- Schwarzer Lackstift

Step by Step

1. Die Kopfform sowie einen Schnurrbart für den Nikolo mit Bleistift auf dem weißen Filz aufmalen. Die Mütze sowie eine Nase auf dem roten Filz aufmalen. Ebenso kleine runde Äuglein auf dem schwarzen Filz skizzieren und den Bereich um die Augen auf dem hellrosa Filz aufmalen.
2. Die vorgemalten Konturen am Filz mit einer scharfen Schere zurechtschneiden.
3. Nun die zurechtgeschnittenen Filzteile mit einem Filz-Kleber auf den Jutesack aufkleben. Dazu ein Stück Karton oder ein Papier in den Jutesack schieben, damit der Sack nicht verklebt.
4. Aus der Füllwatte kleine Kügelchen zwischen den Handflächen formen. →

weiter geht's

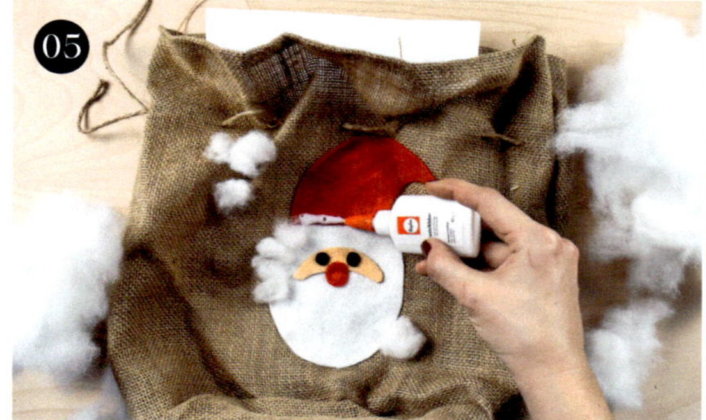

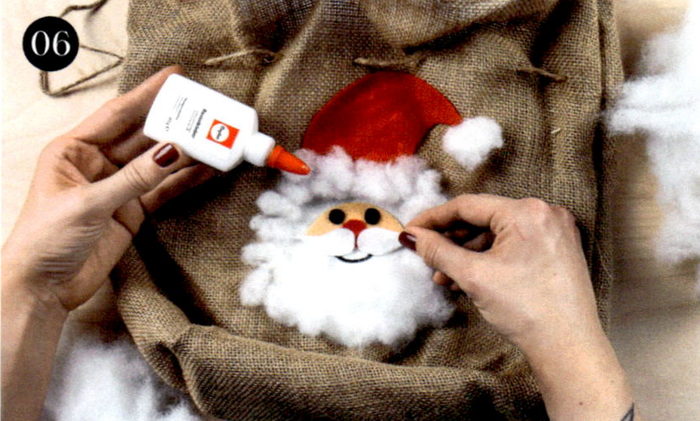

5 Die kleinen Wattekügelchen nun auf die Nikolo-Mütze kleben, ebenso wie rund um das Gesicht, um so einen weißen Vollbart zu formen.

6 Im letzten Schritt mit Bastelkleber einen Schnurrbart aufkleben und mit schwarzem Lackstift einen Mund auf den weißen Filz malen. Den Kleber am besten über Nacht trocknen lassen. Fertig ist eure Nikolotüte, die ihr nach Lust und Laune befüllen könnt.

Tipp

Am liebsten fülle ich meinen Kindern Süßigkeiten in ihre Nikolo-Säckchen, aber auch Früchte und Nüsse dürfen nicht fehlen. Kleinigkeiten zum Spielen, Badezusätze oder etwas zum Rätselraten fülle ich ebenso mit in die Säckchen.

CHRISTMAS MUSIC
MEINE WEIHNACHTS-PLAYLIST

Weihnachten ohne passende Weihnachtslieder macht nur halb so viel Spaß. Dabei singe ich auch gerne einmal völlig schief und total übertrieben mit und backe gemeinsam mit Mariah Carey Kekse in der Küche, und bei „Jingle Bell Rock" gibt es sowieso kein Halten mehr. Welche Weihnachtssongs für mich zur Adventzeit dazugehören und welche Tipps ich abseits des Klassikers „Last Christmas" für euch habe, das lest ihr hier in meiner Christmas Playlist.

Meine Top 10 Christmas Songs

1. Christmas Lights – Coldplay
2. Merry Christmas Everyone – Shakin' Stevens
3. Jingle Bell Rock – Daryl Hall & John Oates
4. Step Into Christmas – Elton John
5. Run Rudolph Run – Chuck Berry
6. Christmas All Over Again – Tom Petty and the Heartbreakers
7. Sleigh Ride – Miley Cyrus
8. All Alone on Christmas – Darlene Love
9. Can't Stop Christmas – Robbie Williams
10. Rockin' Around the Christmas Tree – Brenda Lee

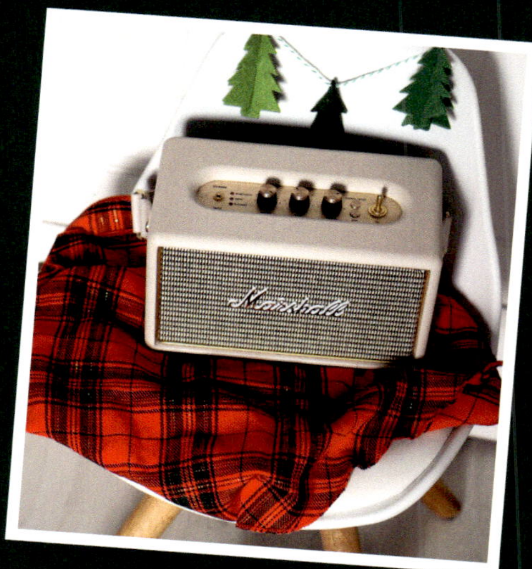

Tipp

Ihr könnt euch bei YouTube oder Spotify die passenden Songs raussuchen und eine Playlist erstellen, oder aber ihr schaut bei „Sabrina Sterntals Weihnachtszauber – Christmas Playlist" vorbei, dort sind diese und weitere Songs für euch gespeichert.

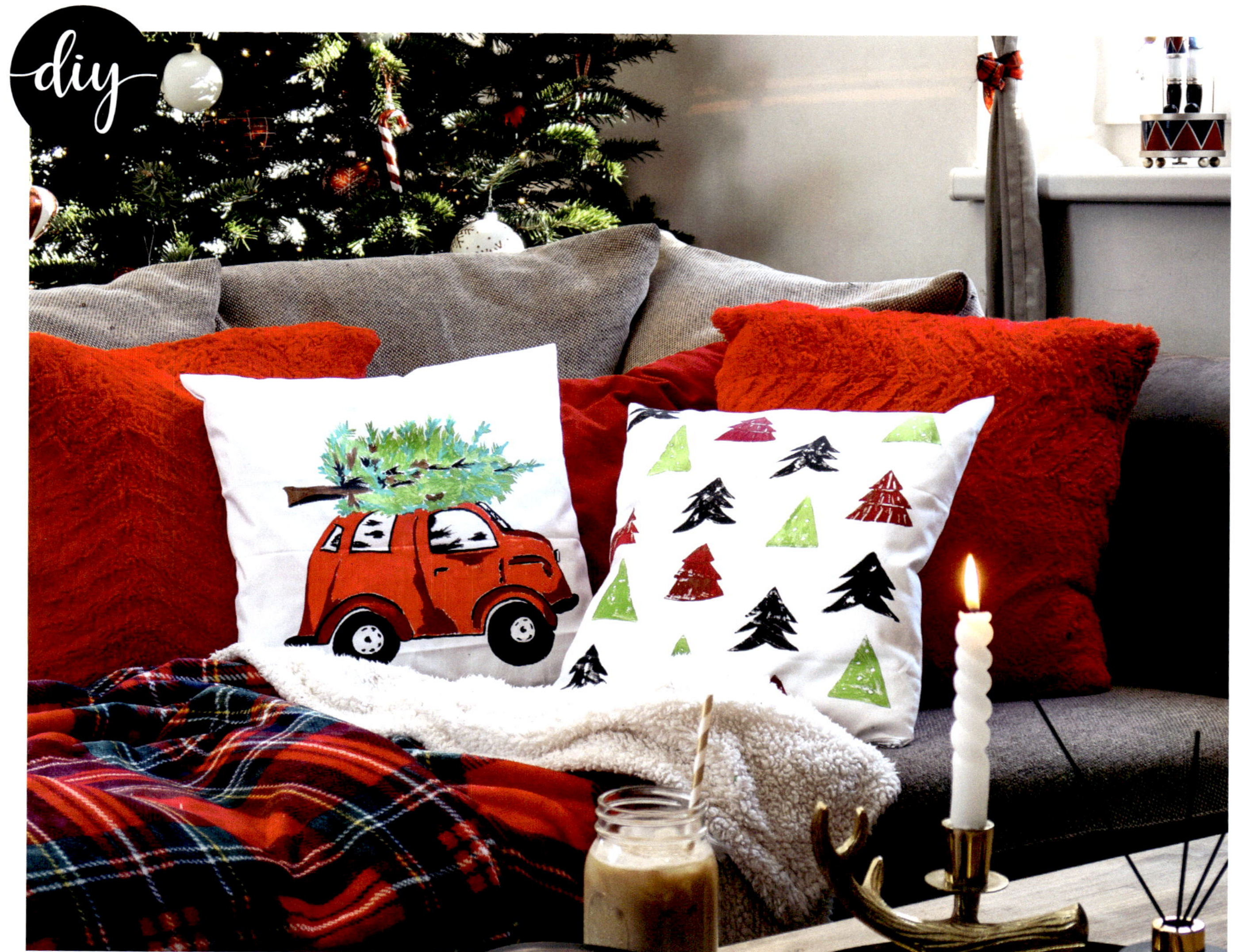

WEIHNACHTLICHE KISSENHÜLLEN

Diese selbst gestalteten Kissenhüllen bringen reichlich Gemütlichkeit in die eigenen vier Wände. Die Motive und Farben können frei gewählt werden und passen sich so der restlichen Weihnachtsdekoration an.

so geht's

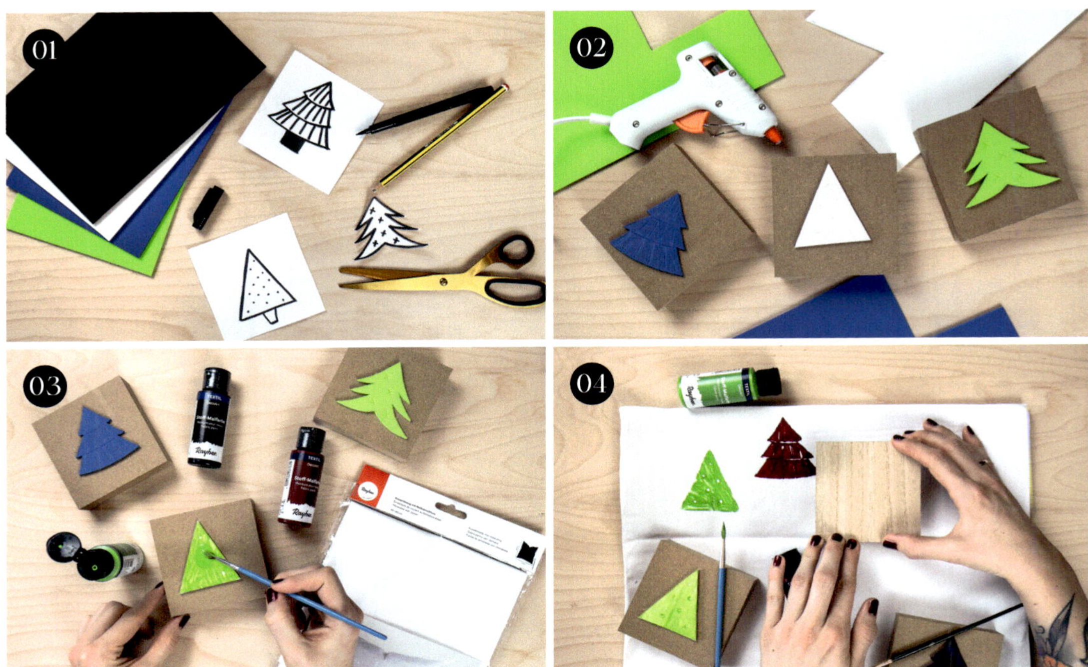

Material

- Papier
- Bleistift
- Schwarzer Lackmalstift
- Schere
- Moosgummi
- Heißklebepistole
- Kleine Holzstücke oder Korken
- Stoffmalfarbe
- Pinsel
- Textilmarker
- Kissenbezug aus Baumwolle
- Pappe zum Unterlegen
- Füllwatte

Step by Step | Variante 1: Bedrucken

1 Das gewünschte Motiv, zum Beispiel verschiedene Tannenbaumformen, auf einem Papier skizzieren und ausschneiden.

2 Im nächsten Schritt das zurechtgeschnittene Motiv mit einem Bleistift auf die Moosgummiplatten übertragen. Den Moosgummi zuschneiden und mit Heißkleber auf die Holzstücke aufkleben. Alternativ könnt ihr auch ein Stück dicken Karton nehmen oder Korken, die als Träger des Stempels dienen.

3 Die Stoff-Malfarbe mit einem Pinsel möglichst deckend auftragen.

4 Ein Stück Pappe in die zu bedruckende Kissenhülle legen, damit die Farbe nicht durchläuft. Anschließend den Stempel fest und mit gleichmäßigem Druck auf den Stoff pressen. →

weiter geht's

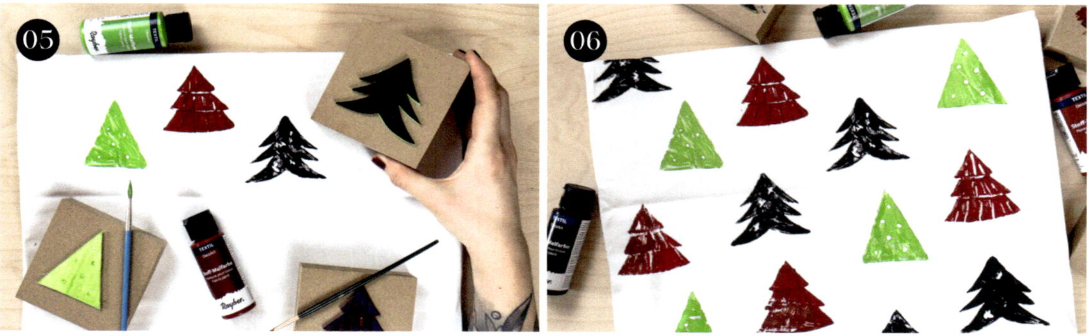

5 Nach jedem Stempeldruck erneut Farbe auf den Stempel auftragen und das Kissen fertig bedrucken.

6 Durch die Stoffmalfarbe von Rayher ist kein Fixieren durch ein Bügeleisen notwendig. Nach dem Trocknen der Farbe das Kissen mit Füllwatte ausfüllen – fertig.

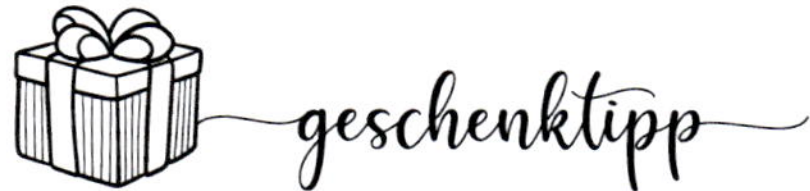

geschenktipp

Um Freunde oder Verwandte zu überraschen, könnt ihr personalisierte Weihnachtskissen bedrucken oder bemalen. Damit hat man ein langlebiges Geschenk, das alle Jahre wieder an Weihnachten zum Einsatz kommen kann. Superkuschelig ist es obendrein.

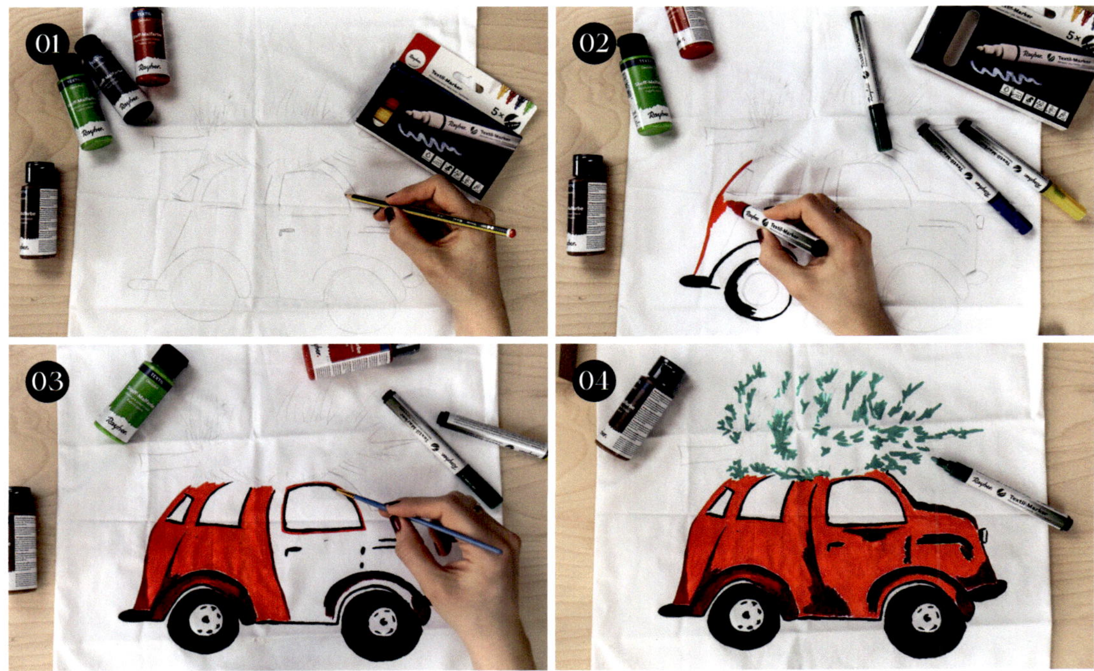

Material

- Kissenbezug aus Baumwolle
- Bleistift und Vorlage
- Stoffmalfarbe in Grün, Rot oder Schwarz
- Pinsel in verschiedenen Stärken
- Textilmarker
- Pappe zum Unterlegen
- Füllwatte
- Bügeleisen

Step by Step | Variante 2: Bemalen

1. Mit Textilmarkern kann dein Kissen ähnlich gestaltet werden. Dazu das gewünschte Motiv mit einem Bleistift direkt auf dem Kissen vorzeichnen.
2. Ein Stück Pappe unter die Kissenhülle legen. Die Konturen des Motivs mit Textilmarker nachmalen.
3. Die großen Flächen mit Pinseln in unterschiedlichen Größen und Stoffmalfarbe in tupfenden Bewegungen auftragen.
4. Um die Farbe der Textilmarker zu fixieren, das Motiv nach dem Trocknen 3 Minuten lang ohne Dampf bügeln. Die fertig getrocknete Kissenhülle mit Füllwatte befüllen – fertig ist das selbst bemalte Weihnachtskissen.

CHRISTMAS MOVIE
MEINE FILMEMPFEHLUNGEN

Meine Kinder, mein Mann und ich, wir lieben es, die Adventwochenenden den Abend gemütlich im Pyjama zu verbringen, und schauen dabei besonders gerne Weihnachtsfilme. Es gibt Klassiker, die wir uns alle Jahre wieder ansehen. Wenn ihr ebenso große Filmfans seid, gibt es hier meine ganz persönlichen Filmempfehlungen.

Weihnachtsklassiker

1 Buddy – der Weihnachtself
2 Das Wunder von Manhattan
3 Die Geister, die ich rief…
4 Kevin – Allein zu Haus
5 Kevin – Allein in New York
6 Liebe braucht keine Ferien
7 Tatsächlich… Liebe
8 Schöne Bescherung
9 Single Bells & O Palmenbaum
10 Verrückte Weihnachten

Weihnachtsfilme für die Familie

1 Arthur Weihnachtsmann
2 Christmas Chronicles
3 Der Grinch (Neuverfilmung)

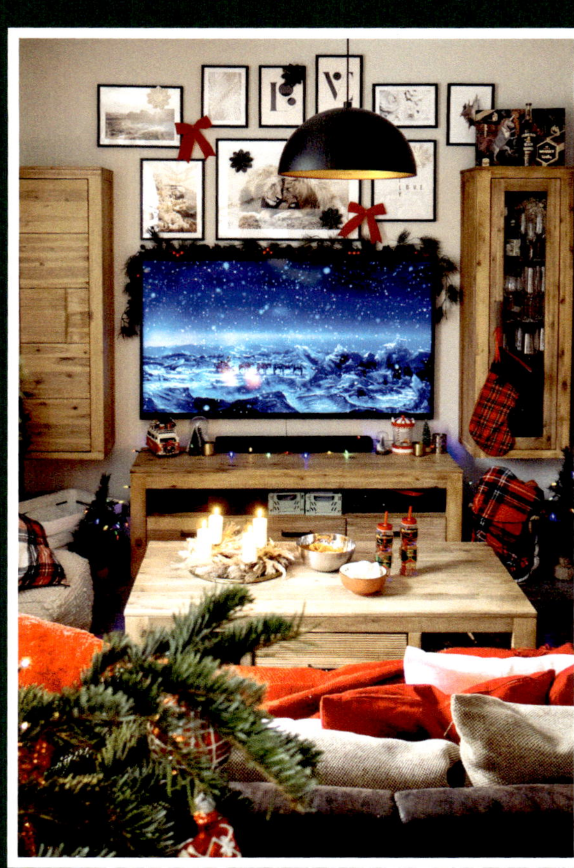

4 Die Muppets – Weihnachtsgeschichte
5 Die Peanuts – Fröhliche Weihnachten
6 Der Polarexpress
7 Eine zauberhafte Nanny
8 Jack Frost
9 Klaus
10 Petterson und Findus – Das schönste Weihnachten überhaupt
11 Santa Clause 1–3
12 Versprochen ist versprochen

Weihnachtsfilme mit Romantik und Kitsch

1 Bridget Jones – Schokolade zum Frühstück
2 Christmas Prince 1–3
3 Die Weihnachtskarte
4 Holidate
5 Last Christmas
6 Midnight at the Magnolia
7 Noëlle
8 Prinzessinnentausch 1–3
9 The Knight Before Christmas
10 Während du schliefst

Action, Comedy und Fantasy-Filme, die wir an Weihnachten lieben

1 Bad Moms 2
2 Bad Santa
3 Harry Potter 1–7.2
4 Office Christmas Party
5 Mr. Bean Weihnachtsfolgen
6 Schon wieder Weihnachten
7 Stirb Langsam 1+2
8 Und täglich grüsst das Murmeltier
9 Tödliche Weihnachten
10 Wild X-Mas

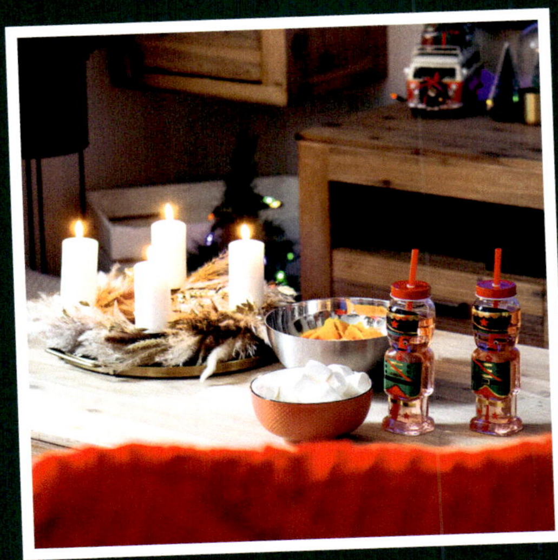

Auf den nachfolgenden Seiten findet ihr dann auch noch die passenden Bastelanleitungen und Rezepte, um leckere Snacks und Drinks für eure eigene Movie Night vorzubereiten, zum Beispiel selbstgemachte Popcorntüten, Salted-Caramel-Popcorn und zwei Variationen heißer Schokolade.

WEIHNACHTLICHES POPCORN

Was darf beim weihnachtlichen Filmabend auf keinen Fall fehlen? POPCORN! Und deshalb gebe ich jetzt eine runde Salted-Caramel-Popcorn mit Zimt aus. Ihr könnt dieses super einfach zubereiten und sogar als süße Weihnachtsüberraschung verschenken.

3-4 Portionen

- 2 EL Sonnenblumenöl
- 50 g Popcornmais
- 40 g Butter
- 1 EL Salz
- 100 g brauner Zucker
- 3 EL Ahornsirup
- ½ TL Zimt

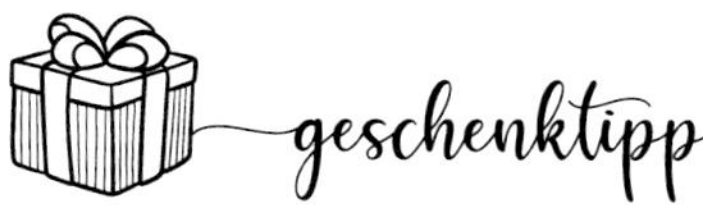

Das weihnachtliche Popcorn in Popcorn-Tüten füllen (eine Anleitung zum Selbstbasteln findet ihr auf Seite 88) und als süße Weihnachtsüberraschung verschenken.

Zubereitung

1. Ein Backblech mit Backpapier auslegen.
2. Sonnenblumenöl in einem Topf erhitzen. Sobald das Öl heiß geworden ist, die Maiskörner zugeben, den Topf einmal schwenken und mit einem Deckel verschließen. Nach 2–3 Minuten poppen die ersten Körner auf, nun die Hitze reduzieren und den Topf schwenken und rütteln, bis der Popcornmais gänzlich aufgepoppt ist.
3. Das fertige Popcorn auf dem Backblech verteilen. Nicht aufgepoppte Körner entfernen. Popcorn mit dem Backblech im Backofen bei 30–40°C warmhalten.
4. Für das Karamell die Butter in einem Topf erhitzen. Salz, braunen Zucker und Ahornsirup sowie Zimt zugeben und unter Rühren bei mittlerer Hitze zum Kochen bringen, bis sich der Zucker aufgelöst hat. Anschließend noch weitere 5–10 Minuten bei schwacher Hitze köcheln lassen, bis sich ausreichend Karamell gebildet hat. Den Topf vom Herd nehmen.
5. Das Karamell über das Popcorn gießen, dabei mit einem Kochlöffel oder einer Gabel so verrühren, dass möglichst viel Popcorn mit Karamell überzogen wird, und nicht alles zusammenklebt. Abkühlen lassen.

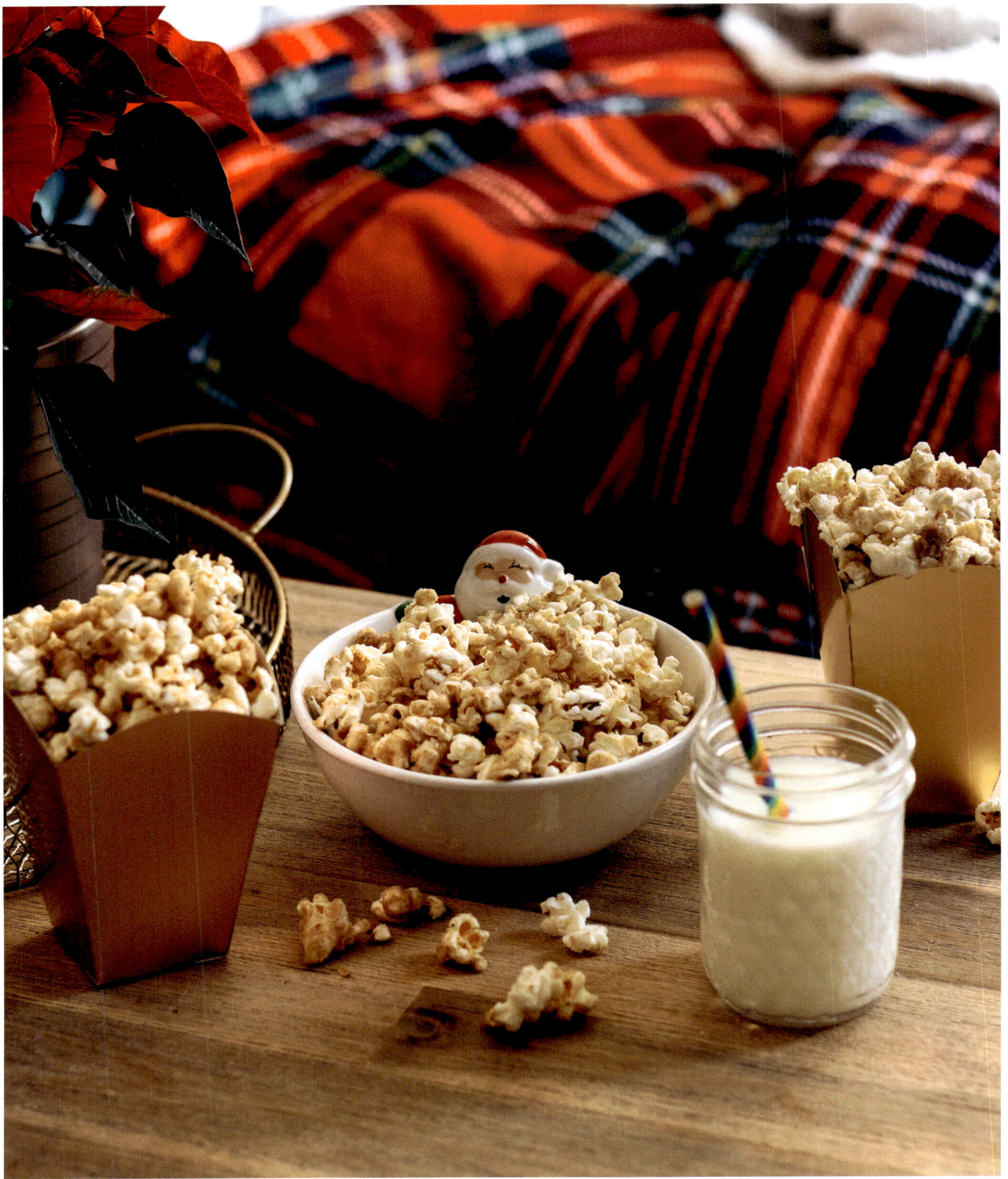

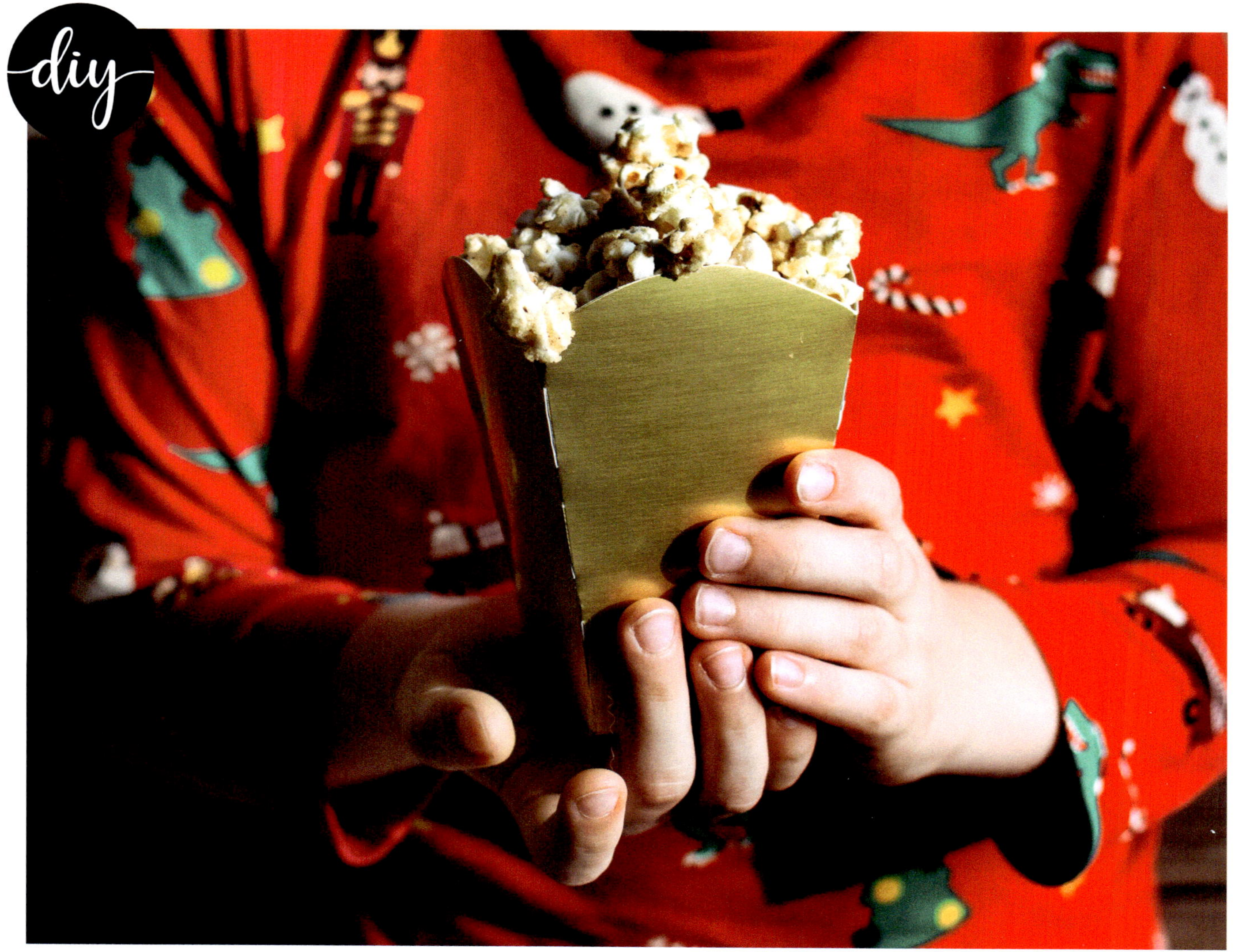

POPCORN-TÜTEN BASTELN

Für unser selbstgemachtes Popcorn basteln wir unsere eigenen Tüten, denn ich finde, damit bekommt man auch zuhause dieses besondere Kino-Feeling. Sie eignen sich zudem hervorragend zum Verschenken von kleinen Backwaren oder Süßigkeiten.

so geht's

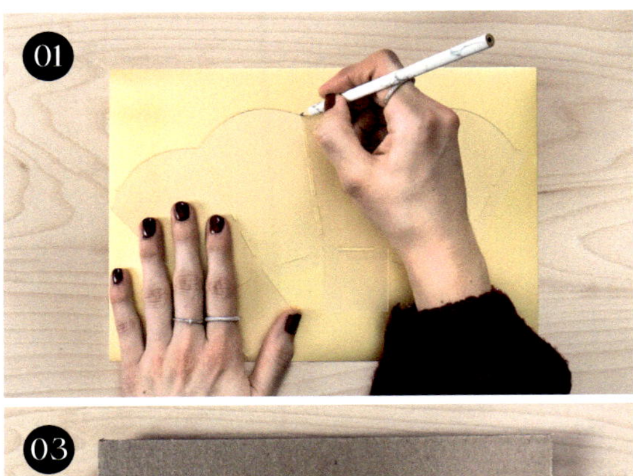
01

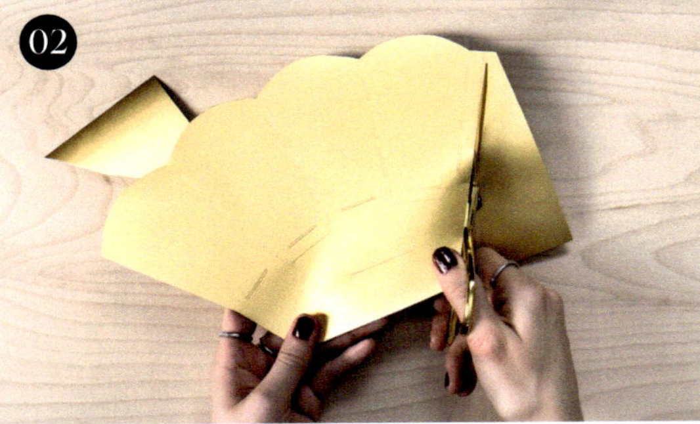
02

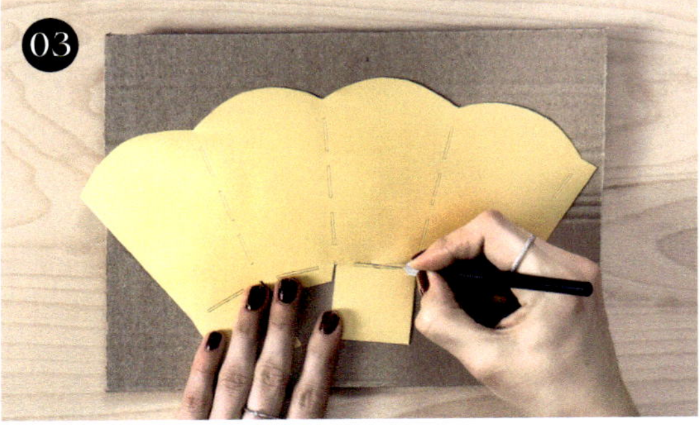
03

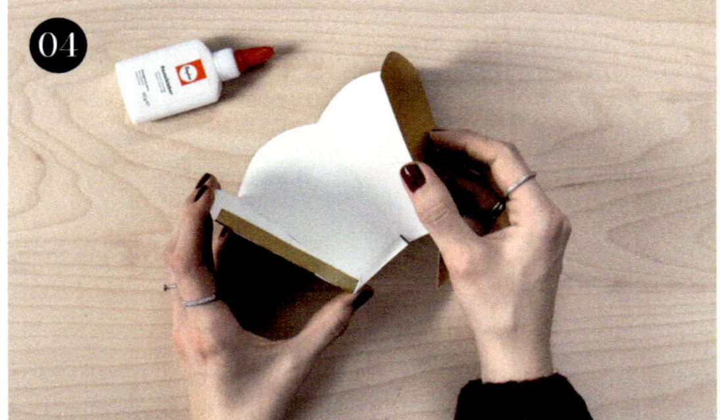
04

Material

- Effektpapier Metallic matt, z. B. von Rayher in Gold
- Schablone Popcorn-Tüte, z. B. von Rayher
- Bleistift
- Schere
- Bastelskalpell oder Teppichmesser
- Bastelkleber

Step by Step

1 Legt die Schablone auf das Effektpapier und zieht diese mit einem Bleistift nach.

2 Schneidet das Papier mit der Schere zurecht.

3 Anschließend das Papier an den entsprechenden Faltkanten einschneiden.

4 Klebt die überlappenden Kanten mit Bastelkleber oder alternativ mit doppelseitigem Klebeband aneinander. Fertig ist die Popcorntüte.

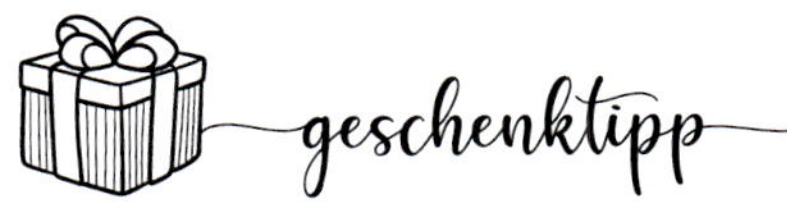

Zum Verschenken könnt ihr die Tüten auch mit Spekulatius-Pralinen (Seite 112) oder gebrannten Mandeln (Seite 104) befüllen. Mit Cellophan-Papier und einer Schleife umwickeln – fertig.

HEISSE SCHOKOLADE MIT SPEKULATIUS

Heiße Schokolade ist ein echter Klassiker. Egal ob mit einer großen Portion Schlagobers, extra viel Milchschaum oder einfach nur so als schneller Kakao zwischendurch – mit Zimt und Spekulatius schmeckt's noch mehr nach Weihnachten.

1 Tasse

- 250 ml Milch
- 75 g Vollmilch- oder Zartbitterschokolade
- 1 TL Zimt
- ½ TL Spekulatiusgewürz
- Schlagobers oder Sprühsahne

Zubereitung

1. Schokolade über dem Wasserbad schmelzen lassen.
2. In einem Topf oder einem Milchaufschäumer die Milch erhitzen.
3. Schokolade in ein geeignetes Glas oder in eine Tasse geben, Milch darüber gießen und vorsichtig verrühren, bis sich die Milch mit der Schokolade verbunden hat. Mit Zimt und Spekulatiusgewürz verfeinern.
4. Zum Schluss noch einen großen Klecks frisch aufgeschlagenen Schlagobers oder Sprühsahne ins Glas geben und mit gehackter Schokolade garnieren.

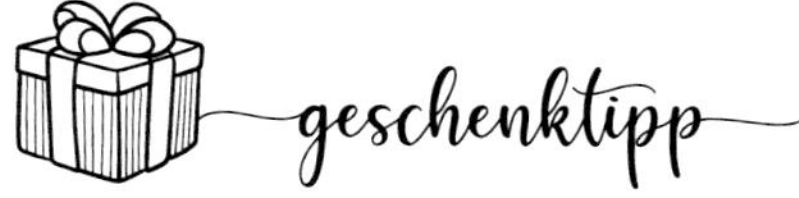

Einen Heiße-Schokolade-Mix könnt ihr auch zu Weihnachten verschenken. Dazu füllt ihr 2–3 EL Kakao mit 75 g gehackter Schokolade, sowie 1 TL Zimt und ½ TL Spekulatiusgewürz in eine Cellophantüte oder ein leeres Einmachglas, toppt es mit grob zerhackten Spekulatiuskeksen und verschließt das Glas oder die Cellophantüte.

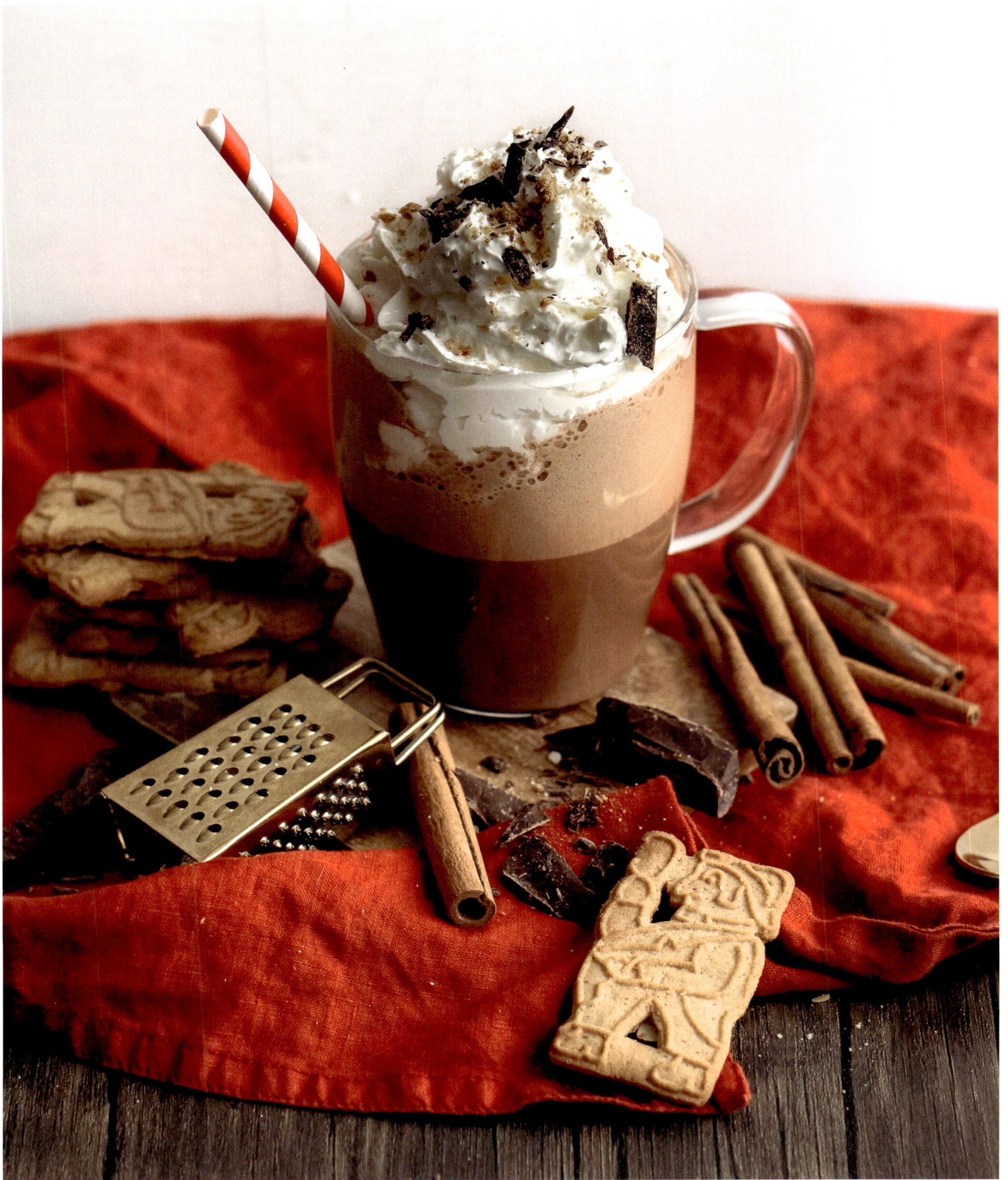

WEISSE HEISSE SCHOKOLADE

Weiße heiße Schokolade zuzubereiten, ist mit diesem Rezept ein Klacks. Mit Pfefferminzstangen und Marshmallows verfeinert, schmeckt das Heißgetränk zuckersüß und köstlich. Perfekt geeignet für einen gemütlichen Filmeabend!

1 Tasse

- 250 ml Milch
- 75 g weiße Kuvertüre
- 2–3 EL gehackte Zuckerstangen
- Schlagobers oder Sprühsahne
- Marshmallows

Zubereitung

1. Schokolade über dem Wasserbad schmelzen lassen.
2. Die Milch in einem Topf erhitzen und 1 EL gehackte Zuckerstangen zugeben. Gut verrühren, bis die Zuckerstangen in der Milch geschmolzen sind. Die Schokolade zugeben und unterrühren.
3. Den Milch-Mix in ein Glas oder eine Tasse füllen.
4. Zum Schluss noch einen großen Klecks frisch aufgeschlagenen Schlagobers oder Sprühsahne ins Glas geben, mit kleinen Marshmallows und den restlichen Zuckerstangen-Krümeln verfeinern. Lasst es euch schmecken!

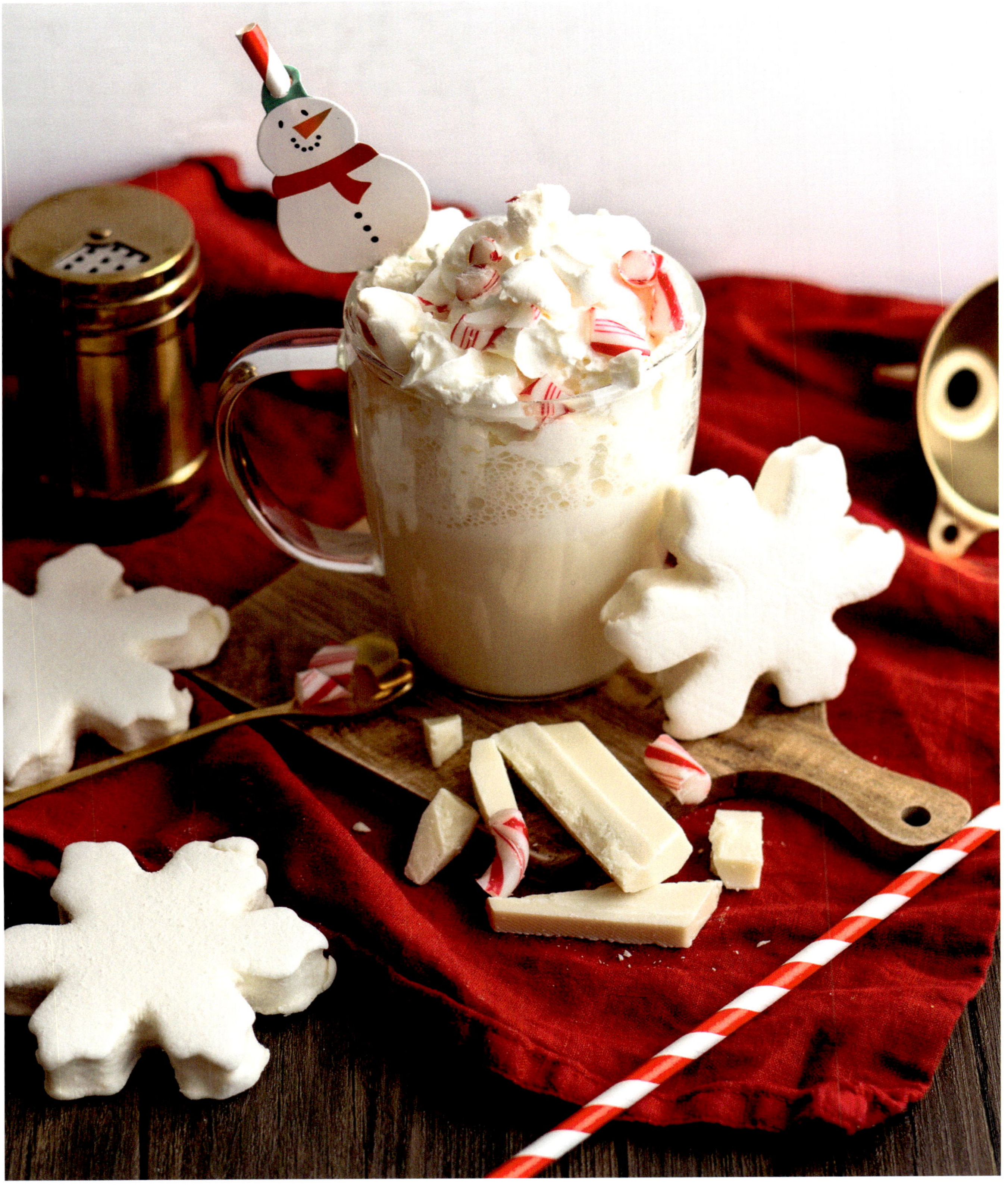

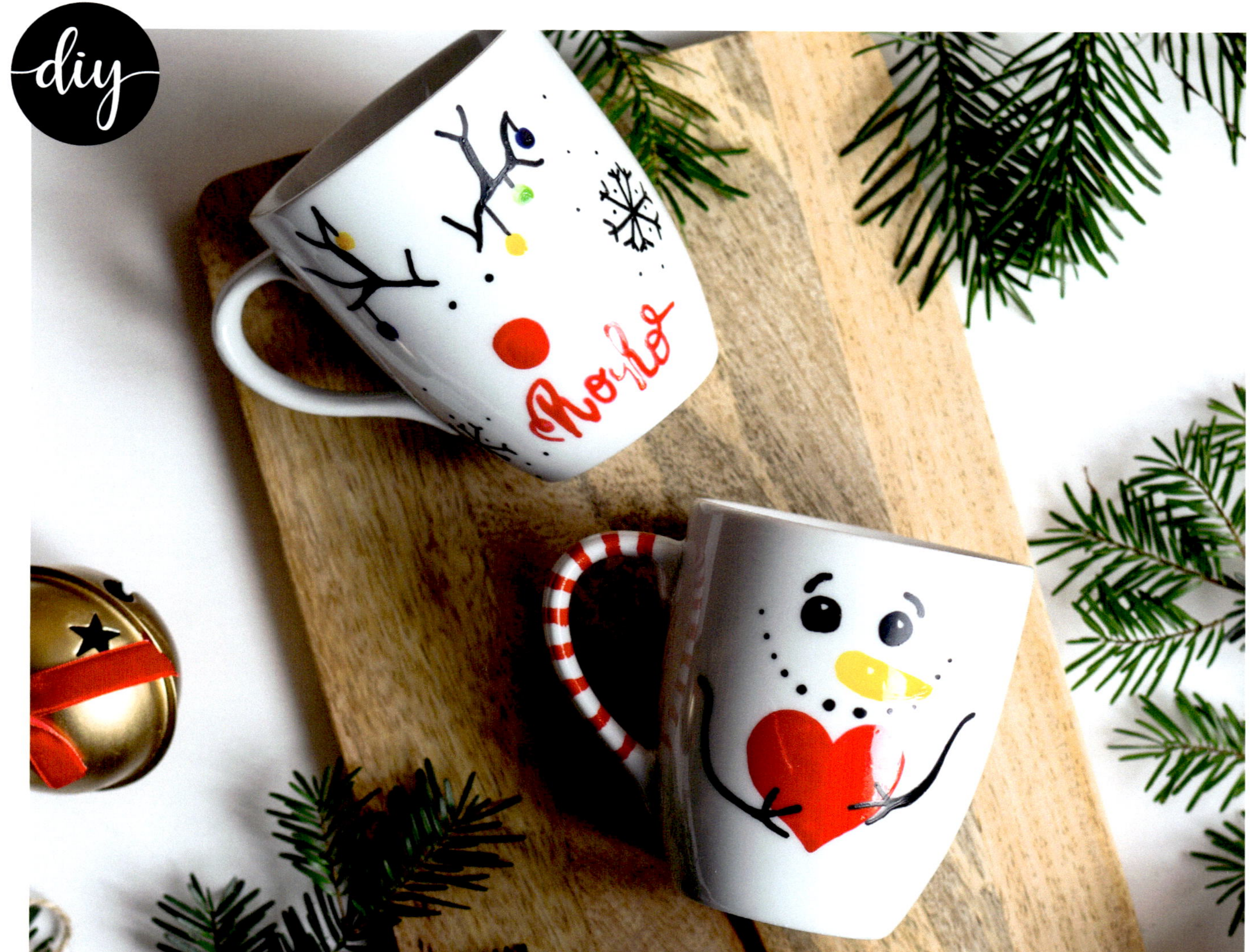

WEIHNACHTSTASSEN BEMALEN

Heiße Getränke an einem kalten Winterabend aus einer besonders schön bemalten Weihnachtstasse zu trinken – das klingt fantastisch, oder? Dann nehmt euch am besten gleich ein paar passende Porzellan- & Glas-Marker und bemalt ein paar Tassen.

so geht's

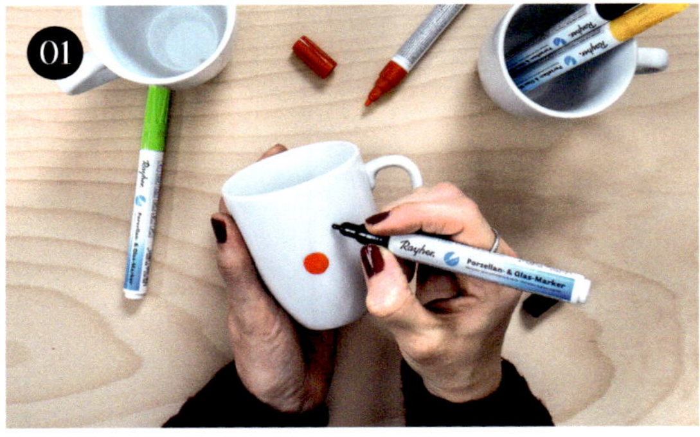

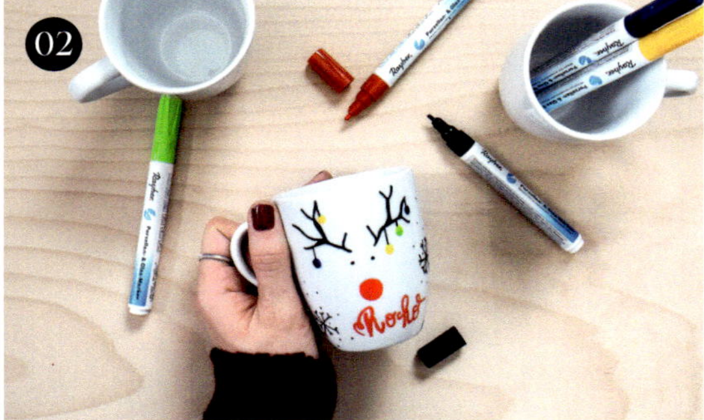

Material

- Tassen
- Porzellan- & Glas-Marker, z.B. von Rayher

Step by Step

1. Die staub- und fettfreien Tassen nach Lust und Laune mit Porzellan- & Glas-Markern bemalen. Am besten wascht ihr die Tasse vorher im Geschirrspüler, oder ihr reinigt sie mit Spiritus und einem Küchentuch.
2. Die Farbe auf den Tassen für 4 Stunden trocknen lassen und anschließend im vorgeheizten Backofen bei 160°C für 30 Minuten einbrennen. Die Bemalung auf den Tassen ist nach dem Brennvorgang spülmaschinenfest.

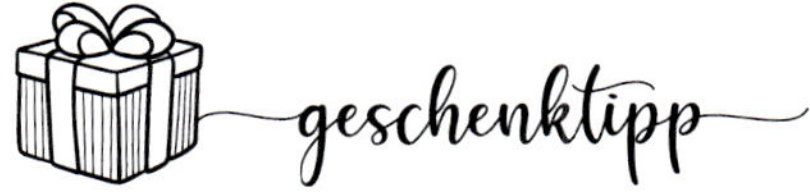

Wenn ihr bemalte Weihnachtstassen verschenkt, könnt ihr dazu auch noch einen Heiße-Schokolade-Mix (siehe Seite 90 und 92) packen und habt so eine besonders süße Überraschung für den oder die Beschenkte/n.

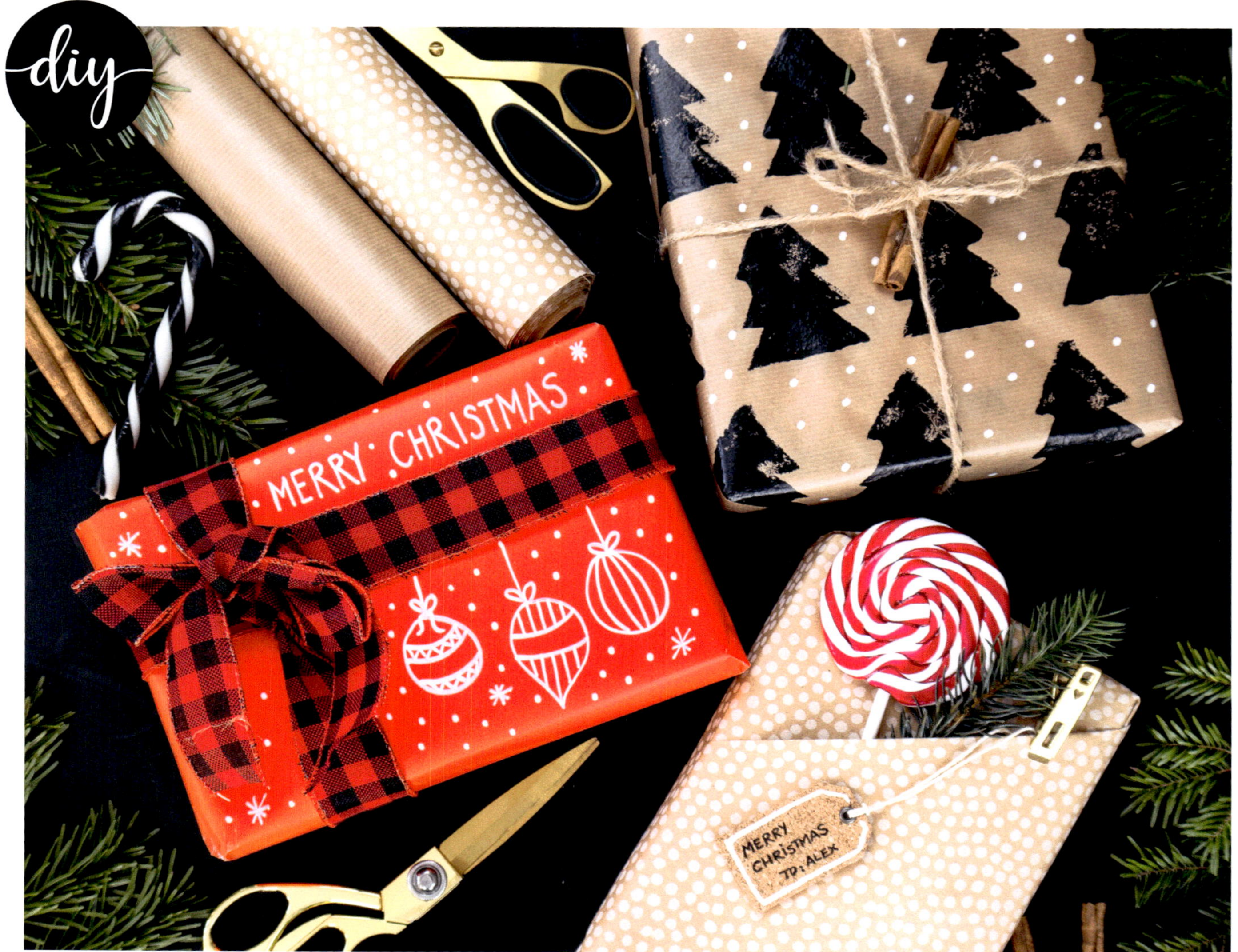

EIGENES GESCHENKPAPIER

Ich liebe Schenken, aber das Verpacken raubt mir manchmal den letzten Nerv, wenn das dünne Geschenkpapier an allen Ecken reißt. Anders mit selbstgemachtem Geschenkpapier aus Kraftpapier: Dieses ist viel widerstandsfähiger und lässt sich kreativ verzieren.

so geht's

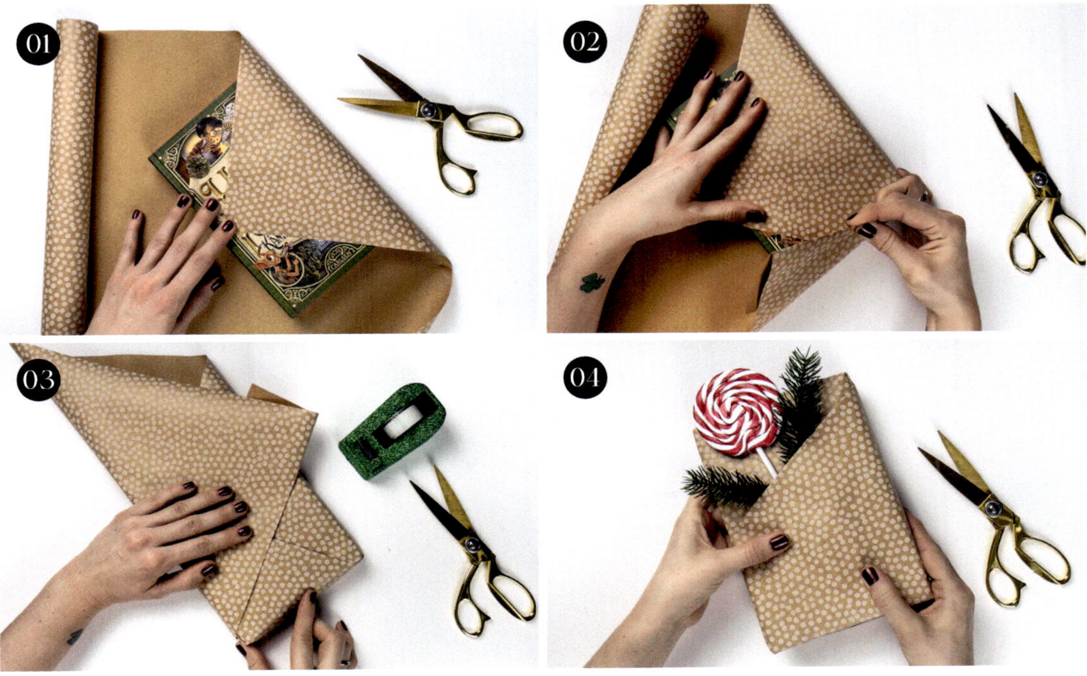

Material

- Geschenkpapier eurer Wahl
- Schere
- Klebestreifen, z. B. doppelseitiges Klebeband
- Deko

Step by Step | Variante 1: Mit Lasche

1 Schnappt euch ein Buch oder einen anderen rechteckigen Gegenstand, den ihr verschenken möchtet, und legt diesen schräg auf das Geschenkpapier. Schlagt nun eine Seite um.

2 Klappt den unteren Teil des Geschenkpapiers nach oben. Wenn ihr möchtet, könnt ihr das Papier mit einem Klebestreifen fixieren, damit nichts verrutscht.

3 Nun wird die andere Seite möglichst straff zusammen geschlagen und dann an der Seite festgeklebt. Schneidet das überstehende Papier weg und verschließt die offene Lasche (hier an der Oberseite), mit einem Klebestreifen.

4 Einmal herumdrehen, schon habt ihr eine Lasche im Papier geformt, in die ihr eine Karte, Deko oder Süßigkeiten stecken könnt. →

weiter geht's

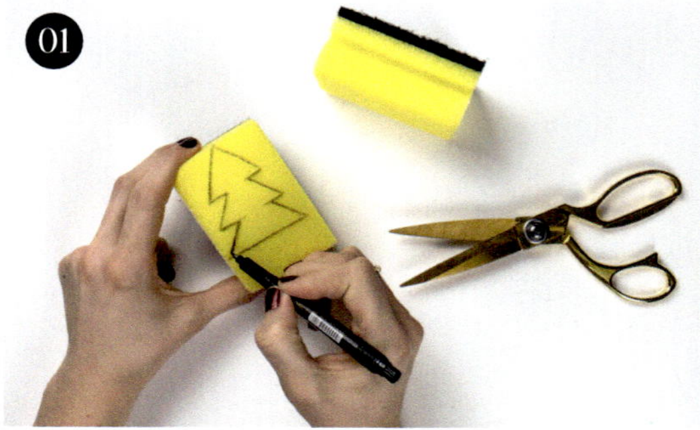

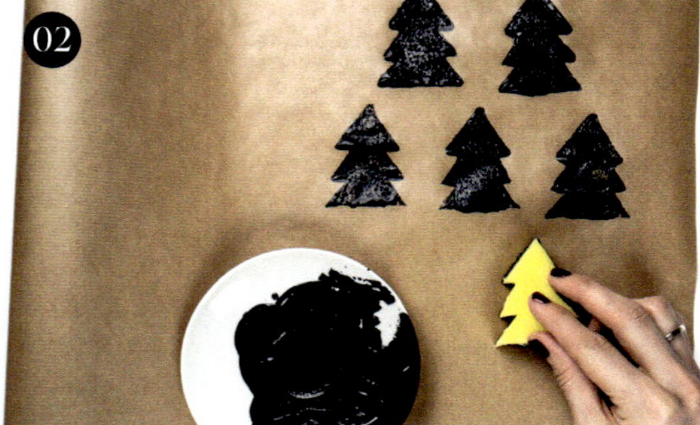

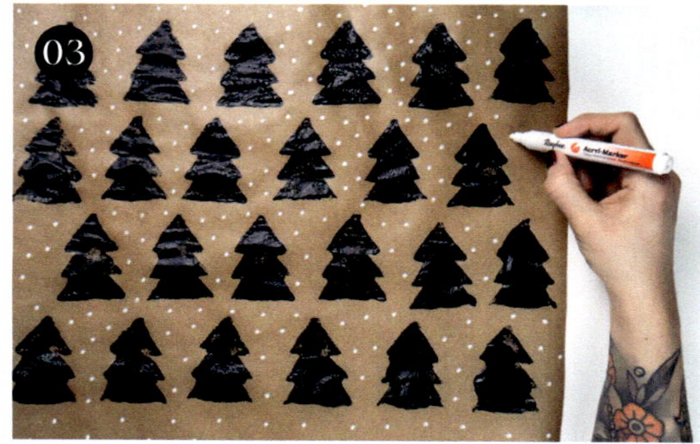

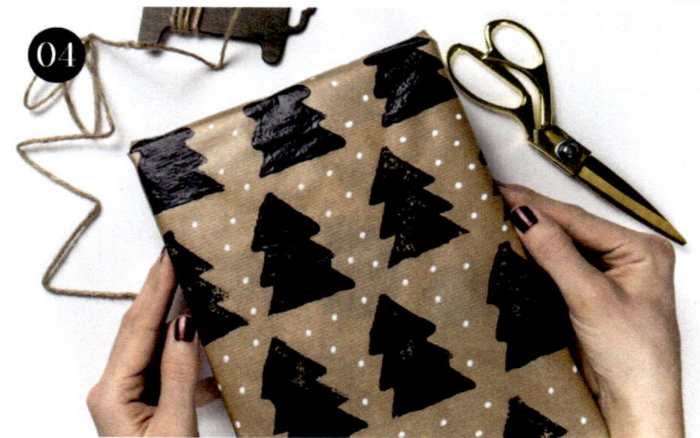

Material

- Packpapier
- Küchenschwamm
- Lackmalstift schwarz
- Schere
- Acrylfarbe schwarz, z. B. von Rayher
- Lackmalstift weiß

Step by Step | Variante 2: Bedruckt

1 Zeichnet euch zunächst die gewünschte Druckform auf dem Küchenschwamm vor und schneidet diesen anschließend mit einer Schere zurecht.

2 Macht euch etwas schwarze Acrylfarbe auf einen Teller oder in eine Schüssel, die groß genug ist, dass ihr den Schwamm eintunken könnt. Dann druckt ihr das Motiv im gewünschten Abstand auf das Papier auf.

3 Lasst das Packpapier mindestens 2–3 Stunden trocknen und bemalt es anschließend zusätzlich mit einem weißen Lackmalstift.

4 Nachdem das Papier erneut 2–3 Stunden Zeit zum Trocknen hatte, könnt ihr es als Geschenkpapier verwenden.

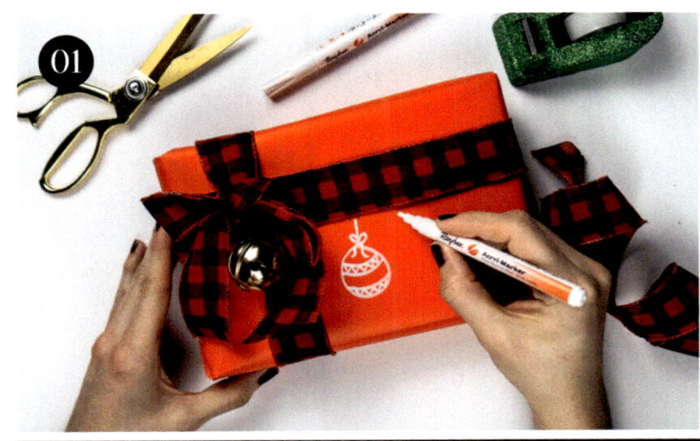

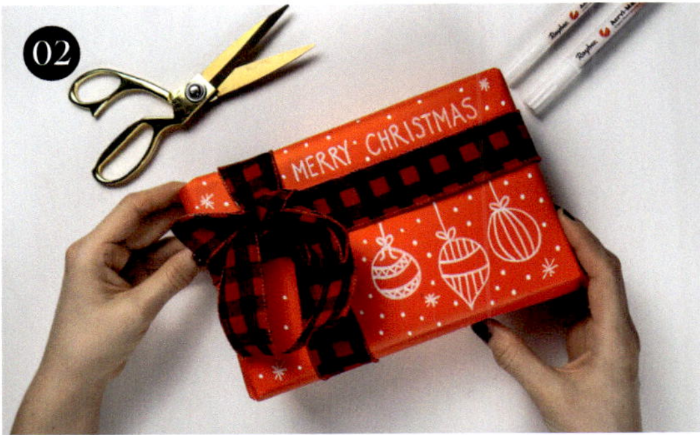

Nachhaltige Geschenkverpackungen

- Altes Zeitungspapier
- Keksdosen, Kaffeebüchsen, Creme- oder Kosmetikdosen
- Recycelter Stoff, zum Beispiel Jutesäcke
- Baumwolltücher oder Stoffreste
- Einmachgläser oder Aludosen
- Bienenwachstücher

Seid kreativ und habt vor allem Spaß am Verpacken und Verschenken!

Material

- Geschenkpapier eurer Wahl
- Kreidestift weiß, z.B. von Rayher
- Schleifen und Bänder
- Schere

Step by Step | Variante 3: Bemalt

1. Die einfachste Methode für selbstgemachtes Geschenkpapier ist, das Papier direkt zu bemalen. Ihr könnt hier auch mit Bändern kreativ werden und beispielsweise Weihnachtskugeln darunter zeichnen.
2. Ein weiterer Vorteil ist, dass ihr direkt Namen und Glückwünsche auf das Papier schreiben könnt.

Viel Spaß beim Ausprobieren!

DIY-GESCHENKANHÄNGER

Was darf bei Geschenken unterm Weihnachtsbaum nicht fehlen? Natürlich Geschenkanhänger! Ich habe drei einfache Ideen für DIY-Geschenkanhänger für euch, die ihr im Nu nachmachen und auf euren Weihnachtspäckchen anbringen könnt.

Material

- Bastelpapier
- Motivstanzer
- Korkanhänger
- Papieranhänger
- Locher
- Fineliner
- Lackstift
- Garn
- Schere
- Rote Filzkügelchen
- Kulleraugen
- Kleber

Du kannst für bunte Anhänger das beigelegte Bastelpapier verwenden.

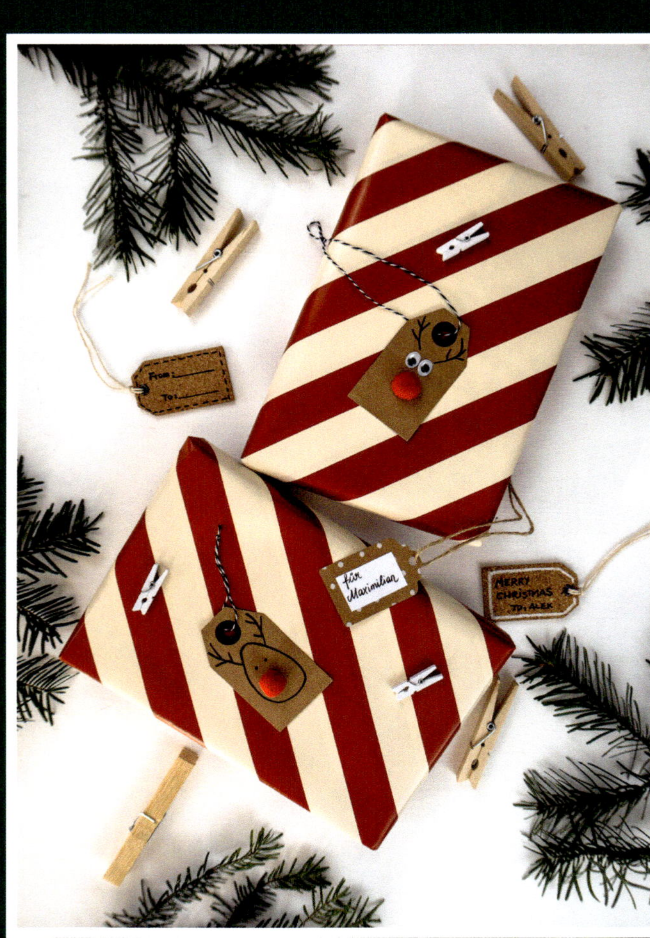

Anhänger mit dem Motivstanzer basteln

Mit einem Motivstanzer könnt ihr ganz einfach Geschenkanhänger aus Bastelpapier herstellen. Einfach das Papier ausstanzen, anschließend direkt beschriften. Mit einem Locher ein Loch stanzen, Garn durchziehen und fertig ist euer Geschenkanhänger.

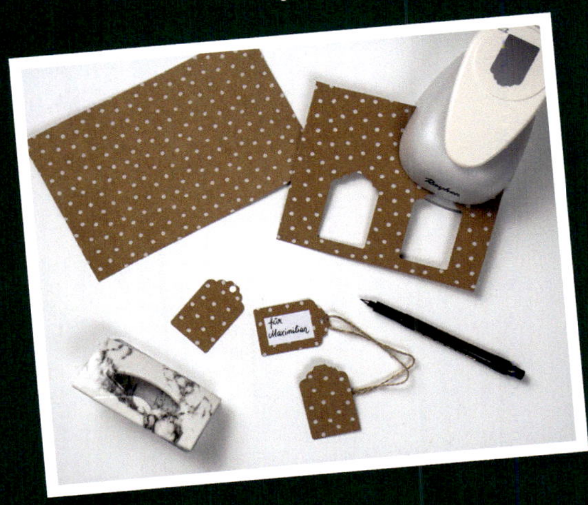

Korkanhänger

Eine weitere tolle Möglichkeit ist das Basteln von Geschenkanhängern aus Kork. Entweder ihr besorgt euch dünne Korkplatten und schneidet eure gewünschte Form aus, oder ihr greift auf fertige Korkanhänger zurück. Mit einem Lackstift könnt ihr anschließend Umrahmungen zeichnen und die Beschriftung zufügen.

Rentieranhänger aus Papier

Besonders gerne bastle ich Geschenkanhänger mit Motiven, wie z.B. Rentiere. Dazu klebt ihr rote Filzkügelchen und Kulleraugen auf blanko Geschenkanhänger, bemalt diese passend, und schon habt ihr ein paar süße Anhänger, die ihr auf der Rückseite beschriften könnt. Viel Spaß beim Nachbasteln.

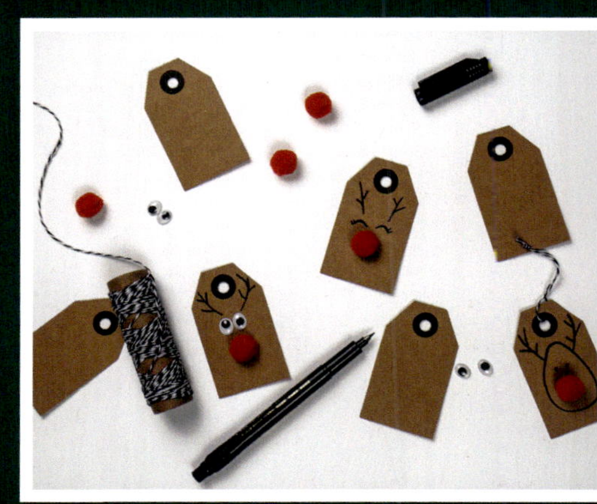

BRATAPFELMUS MIT ZIMTCREME

Ich bin ein großer Fan von Desserts in Gläsern. Zum einen können die Süßspeisen einfach am Vortag zubereitet werden, zum anderen hat man so gleich die passende Portion für seine Gäste. Zum Beispiel dieses leckere Bratapfelmus mit Zimtcreme.

4 kleine Gläser

Für die Bratäpfel

- 5 Äpfel
- 70 g Zucker
- 1 EL Vanillezucker
- Saft ½ Zitrone
- 50 ml Apfelsaft
- ½ TL Zimt

Für die Creme

- 250 g Topfen
- 150 g Joghurt (griechisch)
- 1 TL Zimt
- 40 g Staubzucker
- Mandelsplitter oder Nüsse zum Garnieren

Zubereitung

1. Die Äpfel waschen, vierteln, das Kerngehäuse entfernen und in kleine Würfel schneiden. Zusammen mit dem Zucker, dem Saft einer halben Zitrone sowie dem Apfelsaft und Zimt in einem Topf auf mittlerer Hitze weich kochen.
2. Die fertig gekochte Apfelmischung auskühlen lassen.
3. Topfen mit Joghurt, Zimt und Zucker in einer Rührschüssel vermengen.
4. Gläser abwechselnd mit Joghurtcreme und Bratapfelmus befüllen.
5. Die Gläser gut abgedeckt im Kühlschrank kaltstellen.
6. Vor dem Servieren mit Mandelsplittern oder geriebenen Nüssen garnieren.

Tipp

Cantuccini oder Amarettini bzw. zerstoßene Weihnachtskekse wie Spekulatius eignen sich ebenfalls zum Garnieren oder können als Schichtdessert zwischen Creme und Bratapfelmus ins Glas gefüllt werden.

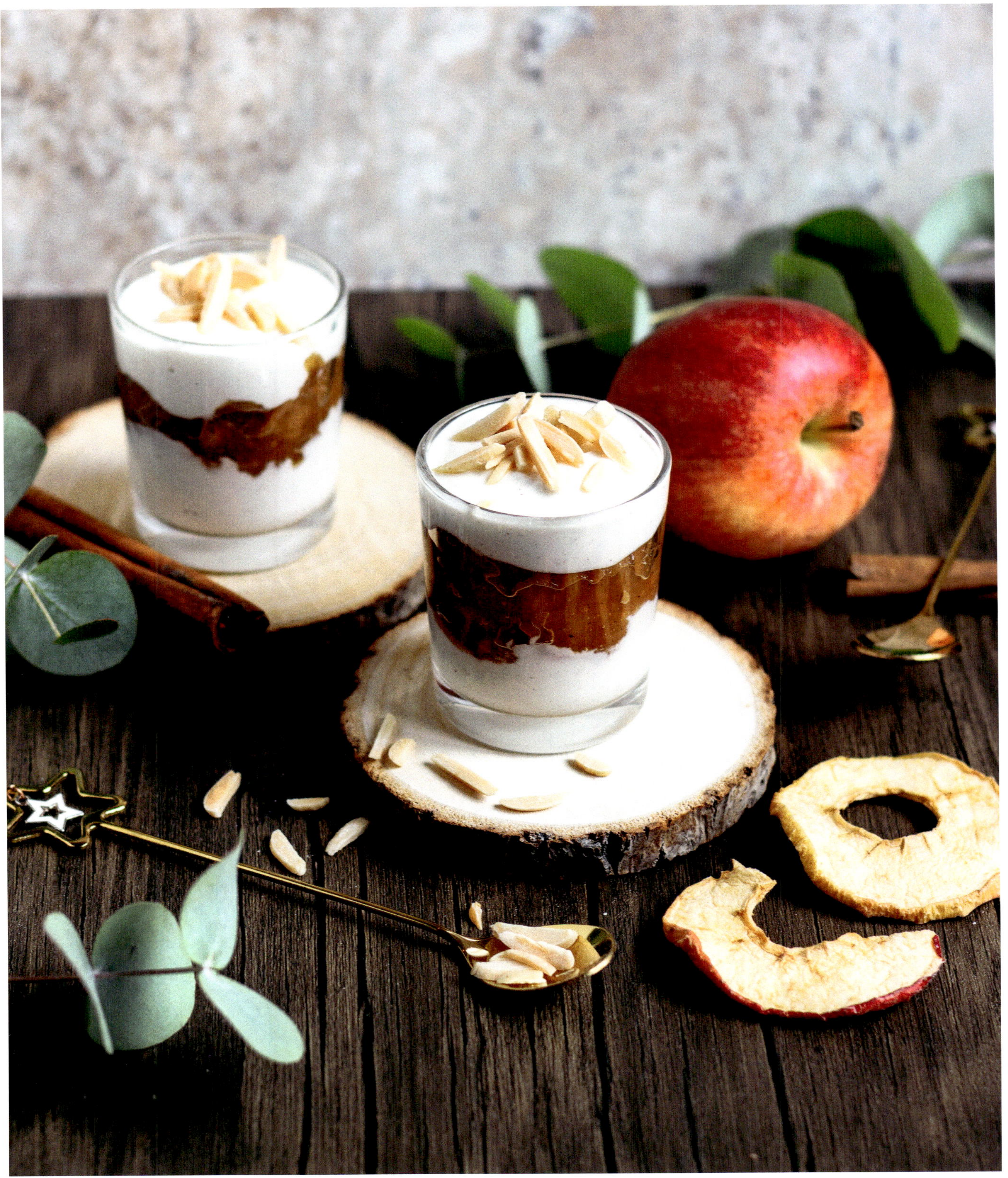

GEBRANNTE MANDELN

Der Duft von süßen gebrannten Mandeln versetzt mich immer schlagartig zurück in meine Kindheit und deshalb darf der Klassiker vom Christkindlmarkt einfach nicht fehlen. Schnappt euch eine Pfanne, etwas Zucker und Zimt sowie einen Kochlöffel.

Für 4 Portionen

- 150 g Kristallzucker
- 80 ml Wasser
- 1 TL Zimt
- 200 g ungeschälte Mandeln
- 1 TL Bourbon Vanillezucker

Tipp

Ihr könnt eure gebrannten Mandeln auch mit 30 ml Rum oder 30 ml Irish Cream verfeinern. Den Alkohol erst in die Pfanne geben, wenn die Flüssigkeit bereits zu einem Sirup eingekocht ist (Schritt 3) und dann mit Schritt 4 fortfahren.

Zubereitung

1. Zucker, Wasser und Zimt in eine beschichtete Pfanne geben und unter Rühren bei mittlerer Stufe erhitzen.
2. Sobald sich der Zucker aufgelöst hat, die Mandeln zugeben und unter Rühren einkochen.
3. Wenn das Wasser verkocht ist und der Zucker zu karamellisieren beginnt, legt sich die Zuckermischung um die Mandeln.
4. Der Zucker wird nach und nach fester und klebt sich am Pfannenboden fest. Das ist der richtige Zeitpunkt, um die gebrannten Mandeln auf ein mit Backpapier ausgelegtes Backblech zu legen. Die Mandeln großzügig mit einer Gabel verteilen, damit diese nicht zusammen kleben. Auskühlen und trocknen lassen.
5. Die Pfanne am besten gleich reinigen, indem ihr den festgesetzten Zucker mit Wasser aufkocht.
6. Die gebrannten Mandeln noch warm oder abgekühlt vernaschen. Damit sie lange knackig bleiben, am besten in einem fest verschlossenen Vorratsglas aufbewahren.

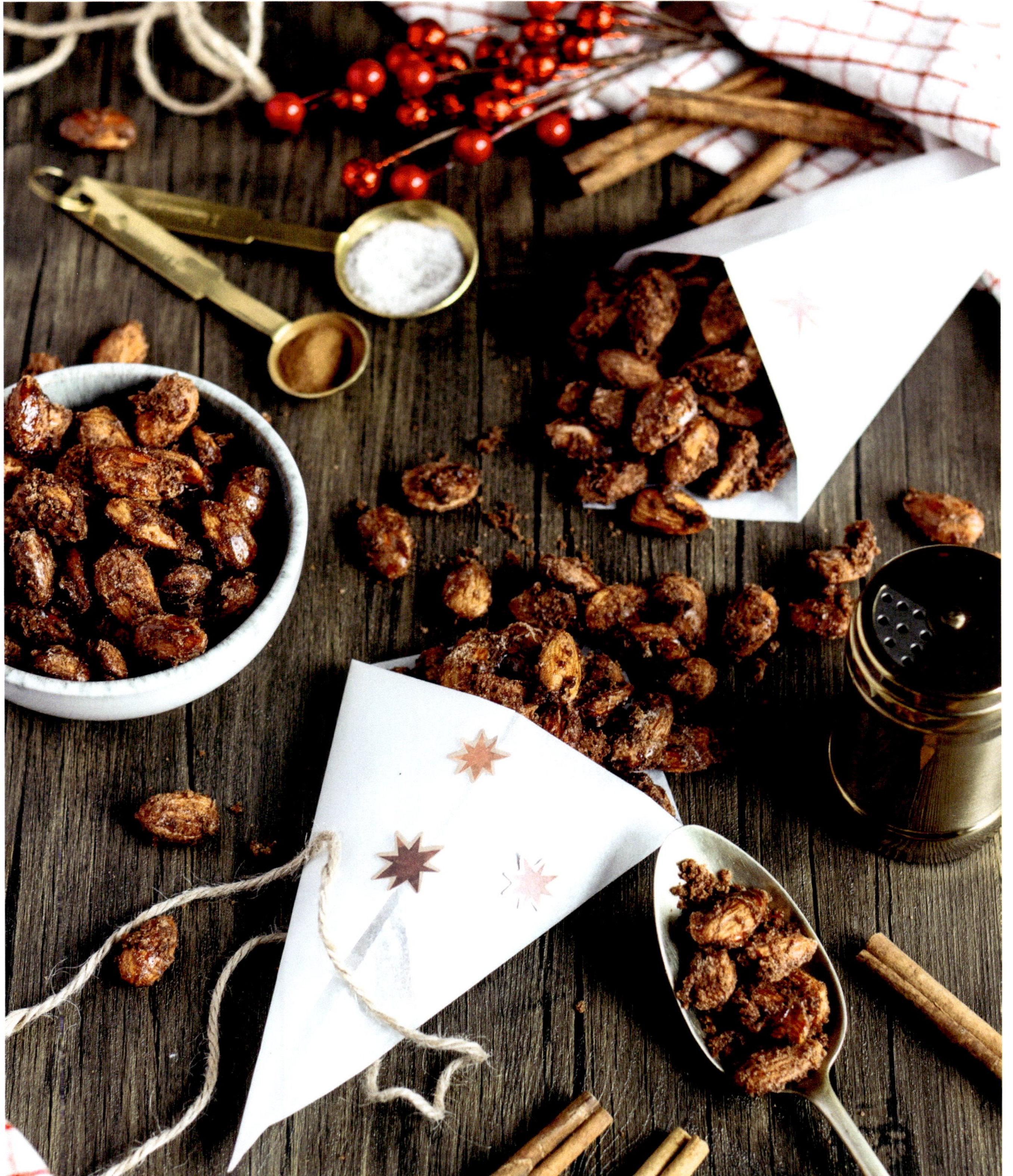

diy

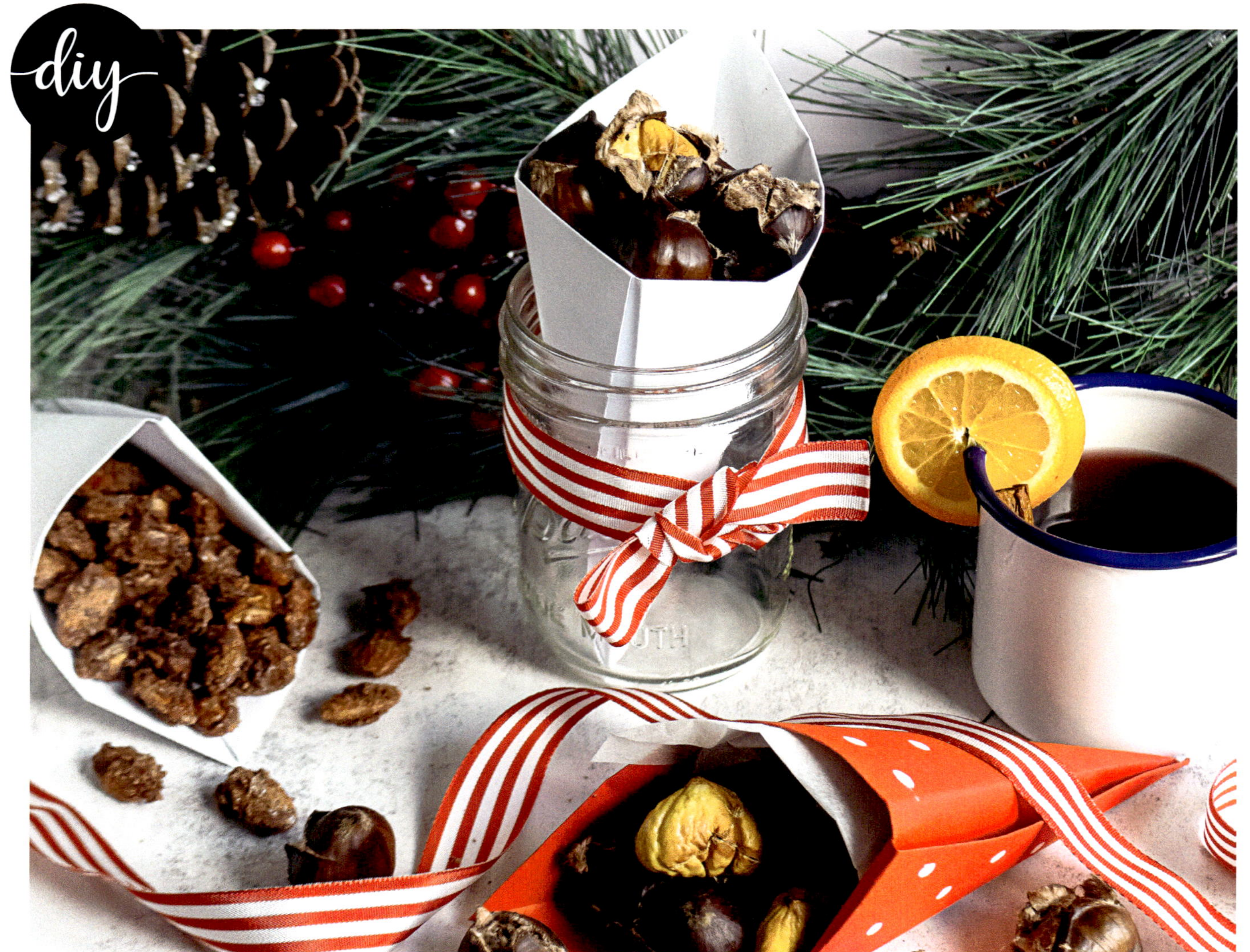

SCHNELLE SPITZTÜTE BASTELN

In der Adventszeit bereite ich Maroni auch gerne zuhause zu. Diese verpacke ich dann, wie der Maronibrater am Christkindlmarkt, in selbst gebastelten Spitztüten aus Papier. Damit geht es ab in den Garten, wo wir sie am Lagerfeuer vernaschen.

so geht's

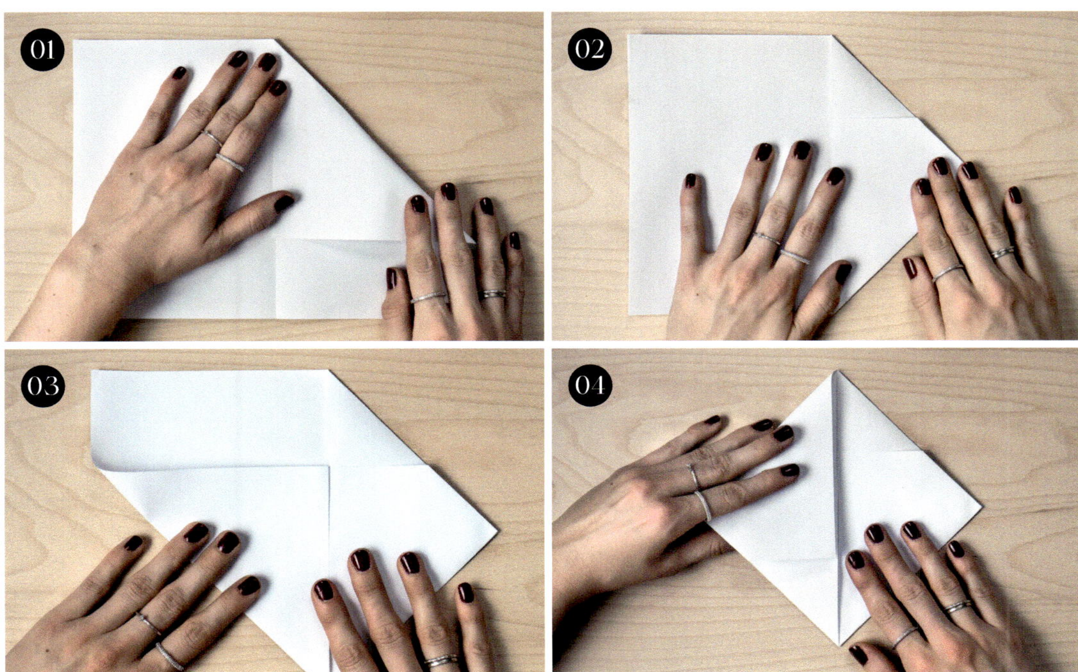

Material

- A4 Papier, z. B. in Weiß oder Rot
- Optional: Acrylmalstift in Weiß zum Bemalen

Du kannst für die Tüten auch das beigelegte Bastelpapier verwenden.

Step by Step

1. Ein Papier in der Größe A4 einmal zur Hälfte falten, öffnen und anschließend die rechte Ecke zur Mitte nach unten falten.
2. Die rechte untere Ecke nach oben falten, sodass diese gleichmäßig bis zur Mittellinie geht.
3. Nun die linke untere Ecke bis zur Mitte nach oben falten, wie in Schritt 2.
4. Die linke obere Ecke erneut nach unten falten, wie in Schritt 3. →

weiter geht's

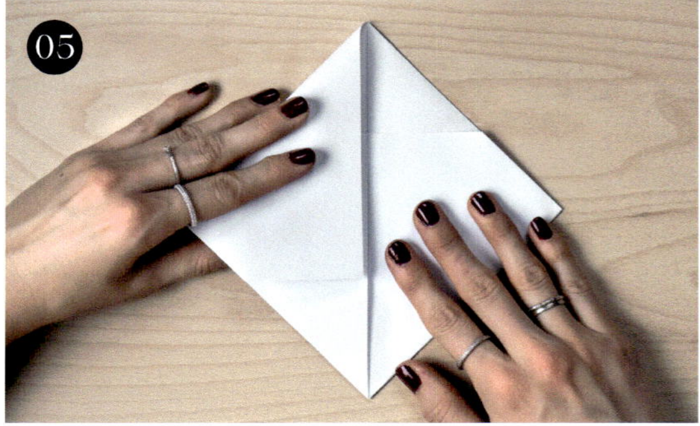

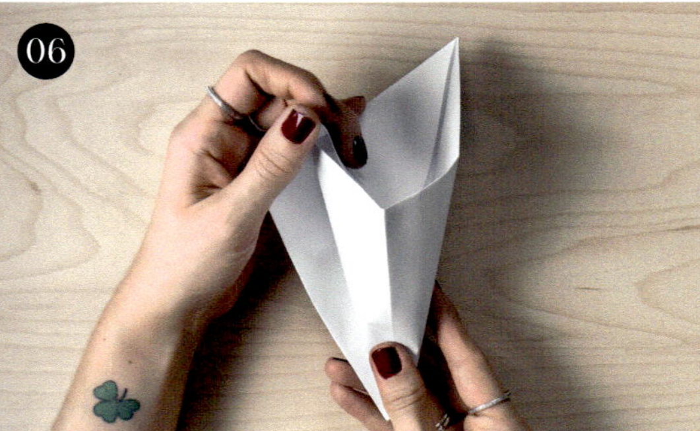

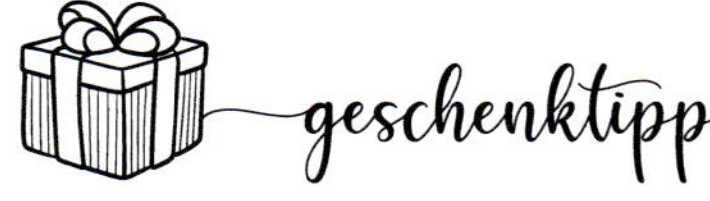

Spitztüten basteln, mit gebrannten Mandeln, Maroni oder Weihnachtskeksen befüllen und an Freunde und Familie verschenken.

5 Die gerade gefaltete Ecke wieder öffnen, die linke Seite zur Mitte drehen und das überstehende Stück von links nach rechts innen ziehen, sodass sich eine Spitztüte formt.

6 Die Tüte mit den Fingern zurecht zupfen, und schon könnt ihr diese nach Lust und Laune befüllen. Buntes Papier könnt ihr auch mit Lackmalstift bemalen, verzieren oder dekorieren.

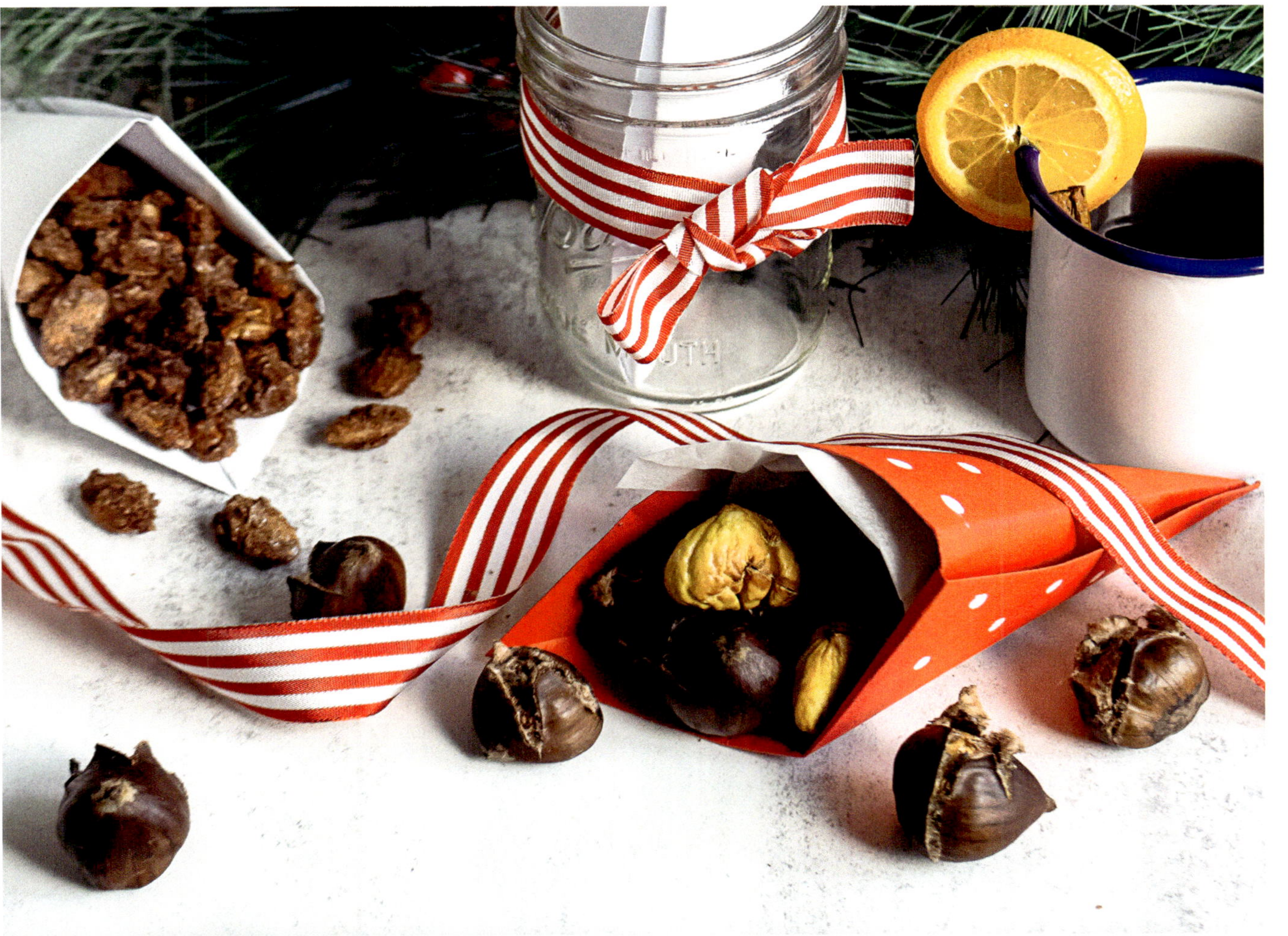

rezept

Wenn ihr Maroni selbst zubereiten möchtet, solltet ihr Folgendes beachten:

→ Maroni immer im Kühlschrank lagern.

→ Vor der Zubereitung die Edelkastanien für 30–60 Minuten in eine Schüssel mit Wasser einlegen: Maroni, die nach oben schwimmen, sind schlecht – alle anderen könnt ihr verarbeiten.

→ Schneidet die Schale mit einem Messer kreuzförmig ein und backt die Maroni im Backofen oder in der Heißluftfritteuse bei 180° für 25–30 Minuten.

→ Die Maroni nach dem Backen im leicht geöffneten Backofen noch etwas ruhen lassen.

→ Damit sich die fertig gebackenen Maroni leichter schälen lassen, könnt ihr sie in ein feuchtes Geschirrtuch wickeln.

GESCHENKE-GUIDE FÜR WEIHNACHTEN

Dieses Buch bietet euch allerlei Tipps für Selbstgemachtes. Zusätzlich möchte ich euch noch weitere Ideen mitgeben und habe daher einen Geschenke-Guide für Weihnachten erstellt. Mit dieser Checkliste kommt hoffentlich kein Weihnachtsstress auf.

Selbstgekauft – mit Liebe ausgewählt

Für den Freund, Verlobten, Ehemann, Papa, Kumpel oder Bruder

- Schlüsselfinder oder Schlüsselanhänger
- Rasurprodukte, z. B. Bartöl, Rasierer & Co.
- Lieblingsparfüm
- Schal oder Mütze
- Smartphone-Handschuhe
- Smartphone-Hülle
- Gewürzmischungen
- Steak-Besteck oder Kochschürze
- BBQ-Zubehör
- Schachspiel
- Gläser-Set, z. B. Whiskey-Gläser oder Weingläser
- Taschenkalender oder Notizbuch
- Kugelschreiber oder Füllfederhalter
- Kartenetui
- Aktentasche oder Crossbodybag
- Sonnenbrille
- Kopfhörer oder Bluetooth-Lautsprecher

Für die Freundin, Verlobte, Ehefrau, Mama, beste Freundin oder Schwester

- Duftkerze oder Diffusor
- Lieblingsparfüm
- Tasse oder To-Go-Becher
- Schmuck, z. B. Ohrringe oder Armbänder
- Tee-Set, z. B. Kanne und Tasse
- Sofortbildkamera
- Coffee Table Book
- Hautpflegeprodukte
- Make-Up-Kit
- Badezubehör
- Schlafmaske
- Bademantel
- Kuschelige Hausschuhe
- Kuscheldecke
- Reiseportemonnaie
- Bücher oder E-Books
- Smartphone-Drucker
- Powerbank

Selbstgemacht – Gebastelt oder gebacken

- Gesichtsmaske im Glas
- Peeling im Glas (Anleitung auf Seite 134)
- Festes Deo im Tiegel
- Lippenbalsam
- Badekugeln oder Badepralinen
- Seife
- Gehäkelte Seifensäckchen
- Duftkerze im Glas (Anleitung auf Seite 72)
- Körnerkissen nähen
- Lesezeichen aus Stoff oder Papier
- Marmelade
- Chutney (Anleitung auf Seite 156)
- Pastete
- Weihnachtstasse (Anleitung auf Seite 94)
- Bemalte Stofftaschen
- Genähte Stoffbeutel
- Geknüpfte Armbänder
- Gestricktes (Stirnband, Mütze, Schal oder Handschuhe)
- Gestrickte Wollsocken
- Makramee-Blumenampel
- Backmischung im Glas
- Kuchen im Glas
- Kräuteröl in der Flasche
- Süße Pralinen (Anleitung auf Seite 112)
- Bruchschokolade
- Schokolade am Stil
- Likör in der Flasche
- Erinnerungsalbum
- Fotokalender
- Türmatte (Anleitung auf Seite 74)
- Schneekugel (Anleitung auf Seite 114)

Sets für jeden Geschm

Neben Selbstgemachtem wie Ker
Peelings oder bemalten Weihnach
verschenke ich zudem gerne Sets
ich zu einem passenden Thema ar
Dazu verpacke ich alle Bestandtei
schöne Papiertüten, gebe noch Sü
ten dazu oder Keksausstecher, Ch
baumschmuck und lauter kleinen
schnack, den man sich meistens s
nicht kauft, über den man sich ab
sehr freut.

- **Cocktail-Mix-Set** mit Gläsern, Papierstrohhalmen, Cocktail-Pi Servietten und einer Spirituose
- **Beauty-Set** mit Badezusätzen, lacken, Handcreme oder Peelin
- **Sleep-Good-Set** mit einem Zier Überzug, Lavendelspray, Scrun Haarbändern und einem Buch
- **The-Little-Things-Set** mit Tage Journalen, Stiften oder Stickern
- **Foodie-Set** mit Küchenzubehör geschirrtüchern und Gewürzen

NO-BAKE-SPEKULATIUSPRALINEN

No-Bake-Rezepte sind schnell und einfach ohne Backofen zubereitet – genau wie diese süßen Spekulatiuspralinen. Die kleinen Kügelchen schmecken einfach fabelhaft, sind im Nu gezaubert und auch noch das perfekte Mitbringsel an Weihnachten.

Für 30 Stück

- 300 g Spekulatiuskekse
- 100 g gemahlene Mandeln
- 150 g Frischkäse
- 1 EL Vanilleextrakt
- ½ TL Lebkuchengewürz
- Abrieb einer Bio-Orange
- 150 g Kuvertüre weiß oder zartbitter
- Streusel nach Wahl

Tipp

Statt Spekulatius eignen sich auch Vanillekipferl oder Mürbteigkekse. Damit könnt ihr auch nach Weihnachten Keksreste verbrauchen und die Pralinen beispielsweise zu Silvester servieren.

Zubereitung

1. Die Spekulatius in einer Küchenmaschine oder mit dem Mörser möglichst fein zerkleinern.
2. Keksbrösel mit Mandeln, Frischkäse, Vanilleextrakt, Lebkuchengewürz und dem Abrieb einer Bio-Orange in einer Schüssel mit den Händen vermengen, sodass eine feste, nicht zu klebrige Masse entsteht.
3. Die Masse im Kühlschrank (gut abgedeckt) mindestens 2 Stunden kaltstellen.
4. Anschließend die Kügelchen zwischen den Handflächen rollen und formen. Erneut für eine Stunde in den Kühlschrank oder in das Gefrierfach stellen.
5. Kuvertüre im Wasserbad schmelzen, in einen tiefen Teller geben, etwas abkühlen lassen und dann die Kugeln mit einer Gabel darin wenden, bis die Pralinen völlig bedeckt sind. Die Pralinen mit einem Holzspieß von der Gabel auf ein mit Backpapier ausgelegtes Tablett legen und mit Streusel bestreuen.
6. Die Pralinen halten sich nach dem Trocknen der Schokolade luftdicht verpackt gut 1–2 Wochen im Kühlschrank.

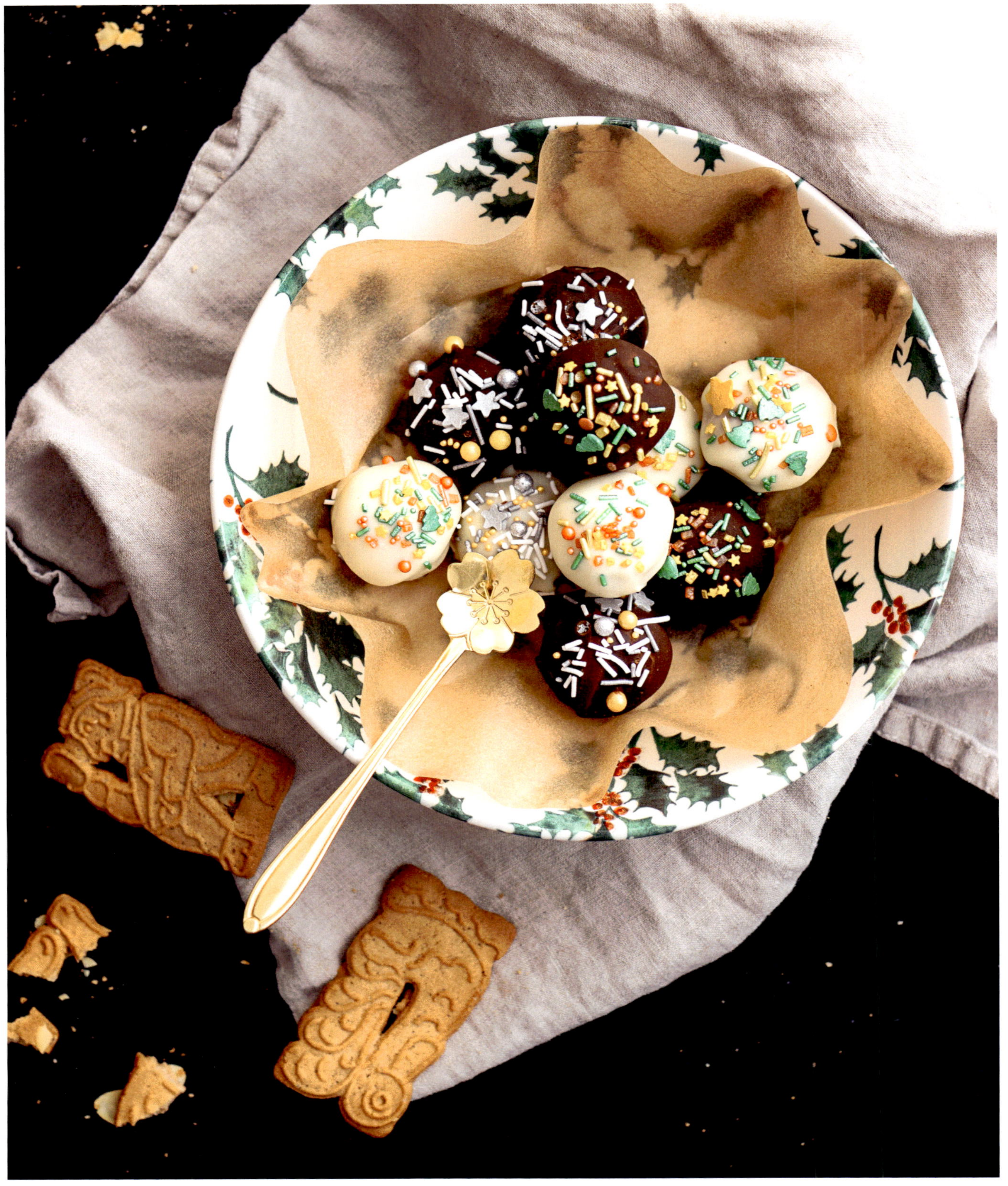

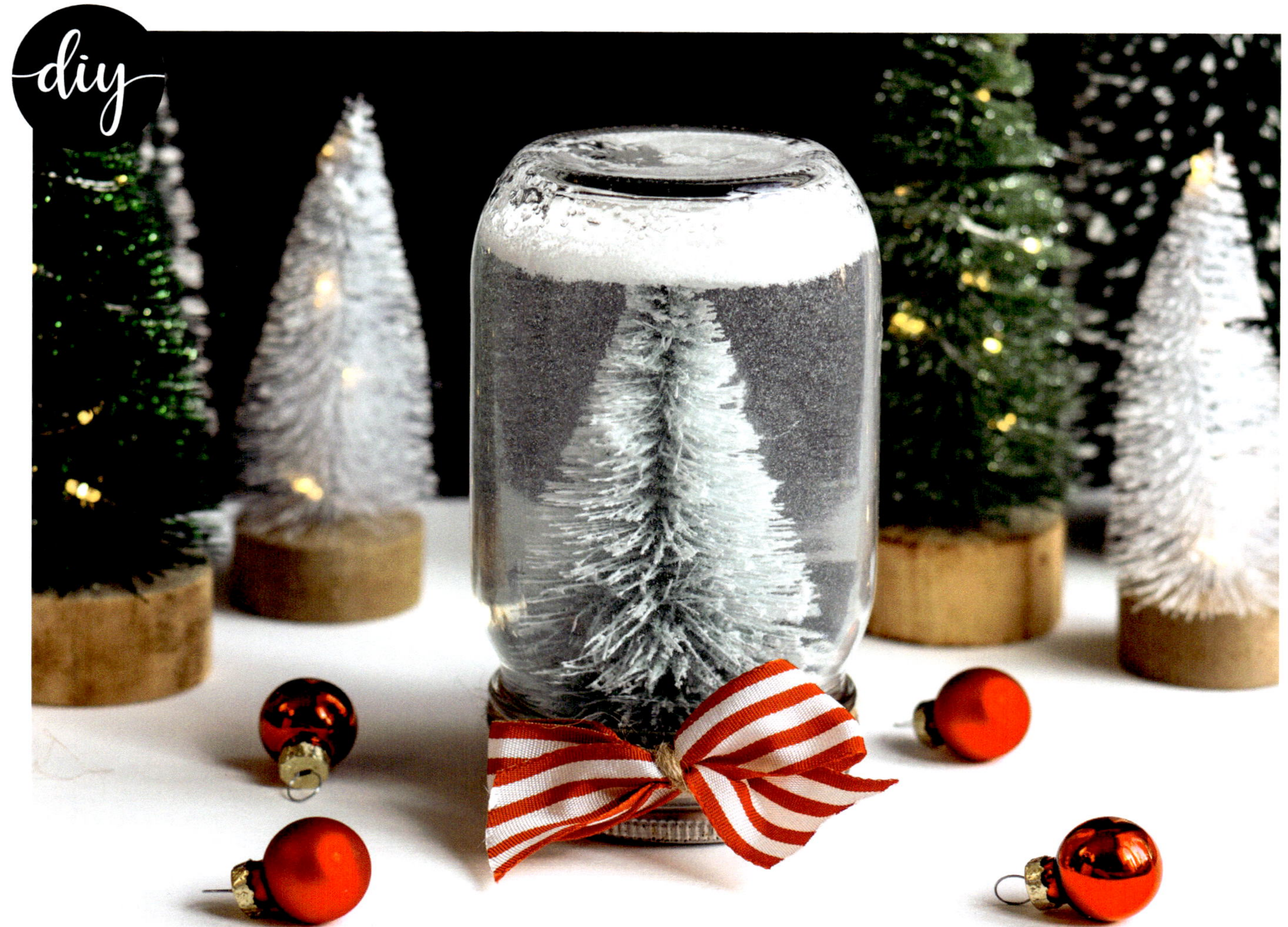

SCHNEE IM GLAS

Wenn es draußen nicht schneit, schüttelt man eine Schneekugel und schon hat man ein bisschen Weihnachtsfeeling im eigenen Wohnzimmer. Mit dieser Schneekugel setzen wir eine zauberhafte Geschenk- und Dekoidee um. Also dann: Let it Snow!

so geht's

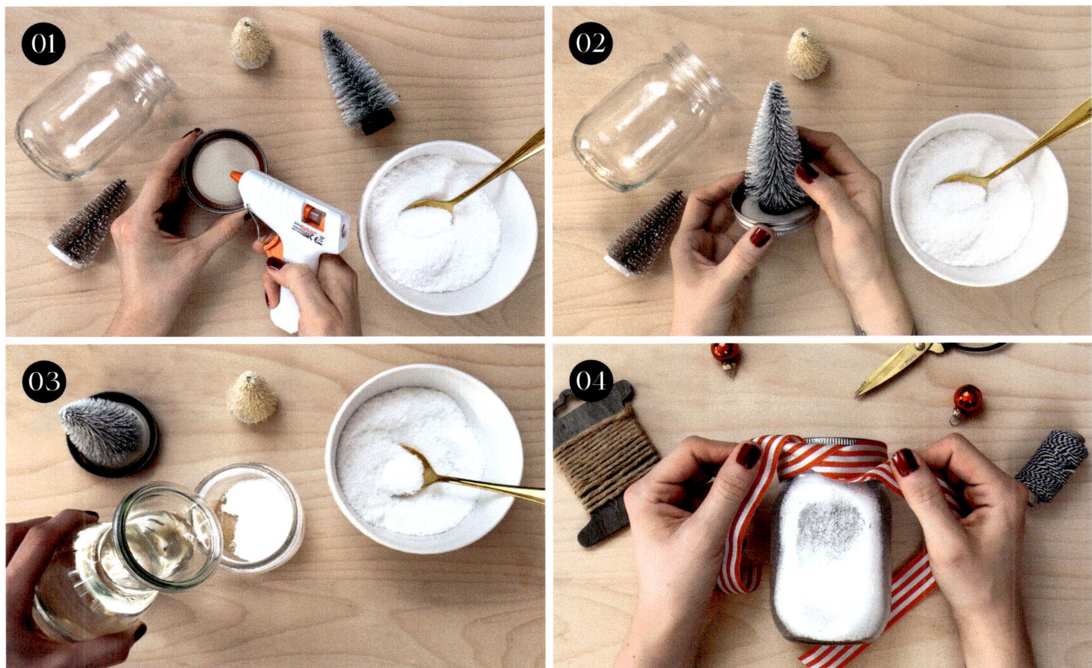

Material

- Leeres Einmachglas mit Deckel
- Deko-Tannenbaum
- Heißkleber
- Deko-Schneeflocken
- Destilliertes Wasser
- 1–2 EL Babyöl
- Bänder, Garn und Schere

Step by Step

1. Ein leeres Einmachglas heiß auswaschen, säubern und den Deckel gut abtrocknen. Einen Klecks Heißkleber am inneren des Deckels verteilen.

2. Das Deko-Tannenbäumchen auf den Deckel kleben. Achtet darauf, dass der Tannenbaum die geeignete Größe für das Glas hat. Den Kleber trocknen lassen.

3. 1–2 EL Deko-Schneeflocken im Glas verteilen und bis kurz unter dem Rand mit destilliertem Wasser auffüllen. 1–2 Tropfen Öl zugeben, damit der Schnee gleichmäßig zu Boden sinkt.

4. Das Glas verschließen, sodass das Bäumchen im Wasser mit den Schneeflocken steht. Den fest zugedrehten Deckel am Rand mit Bändern oder Garn verschönern. Das Glas leicht schütteln, schon habt ihr eine individuelle Schneekugel gebastelt.

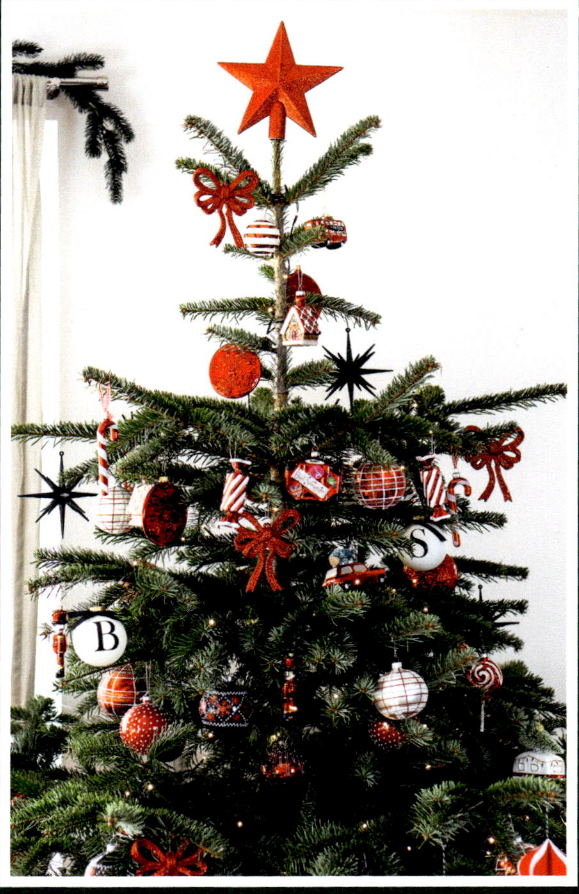

Den richtigen Christbaumständer wählen

Je nach Tannenbaumgröße empfehle ich unterschiedliche Ständer, die gerade bei sehr hohen und großen Bäumen das Gewicht des Baumes auch tragen können. Wenn der Ständer zu klein ist, kann es nämlich ganz schnell passieren, dass der Baum kippt… und ich weiß, wovon ich hier spreche. Deshalb solltet ihr den Baum auch erst schmücken, wenn er zumindest 24 Stunden sicher im passenden Ständer verweilt hat.

Am besten nutzt ihr einen Ständer mit einem Wassertank, damit euer Christbaum möglichst lange frisch bleibt und wenig Nadeln verliert. Zudem lohnt es sich täglich einen halben bis zwei Liter Wasser nachzufüllen.

Wir holen den Baum immer 1–2 Tage vor dem Schmücken ins Haus, damit sich Äste und Zweige entfalten können und der Baum in die richtige Position gebracht werden kann.

Farbe des Schmucks nach Tannenart auswählen

Je nachdem, ob ihr eine Nordmanntanne in klassischem Dunkelgrün als Christbaum ausgewählt habt, oder aber eine Blautanne, solltet ihr den Schmuck auf die Farbe der Tannenart abstimmen. Blautannen in Silber und Blau zu schmücken, könnte das Gesamtbild des Weihnachtsbaumes z. B. sehr kühl wirken lassen.

Ich ergänze jedes Jahr einen neuen Anhänger, der zum alten Schmuck passt. Das Dekorieren macht mir anschließend besonders viel Spaß, weil sich der Weihnachtsbaum jedes Jahr ein bisschen verändert, und die alten Kugeln trotzdem genutzt werden können.

Lichterketten-Hack

Bei Lichterketten gibt es eine große Auswahl an unterschiedlichen Lichtfarben, z. B. warmweiß, blauweiße oder auch bunt. Stimmt die Ketten aufeinander ab, damit der Weihnachtsbaum nicht zu überladen wirkt. Ich starte beim Schmücken immer an der Spitze des Baumes, was vielleicht etwas umständlich ist, weil ich dabei immer die Kette um den Baum wickeln muss, aber so habe ich am Ende das Kabel zum Anstecken da, wo ich es haben möchte, nämlich in Bodennähe.

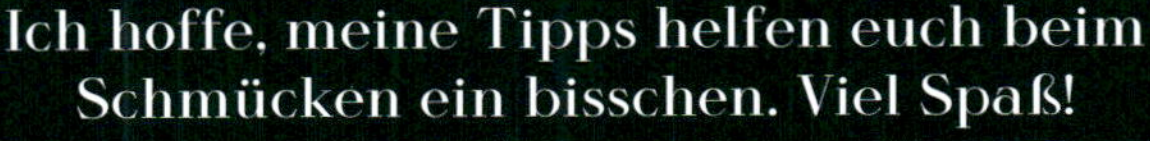

Ich hoffe, meine Tipps helfen euch beim Schmücken ein bisschen. Viel Spaß!

Reihenfolge beim Schmücken des Baumes

Wenn die Lichterkette angebracht ist, nicht spannt und an etwaigen Stellen etwas kaschiert wurde, kommt zunächst ein Stern oder eine Spitze auf den Baum. Dann verteile ich alle großen Kugeln (vor allem am unteren Bereich des Baumes und näher am Stamm), gefolgt von kleineren Weihnachtskugeln, ehe ich weitere Anhänger in unterschiedlicher Form an die Äste hänge. Zum Aufhängen benutze ich immer entsprechende Häkchen, beispielsweise in Silber.

Möchtet ihr Schleifen am Baum anbringen, wäre dieser Schritt am ehesten nach den Lichterketten zu empfehlen.

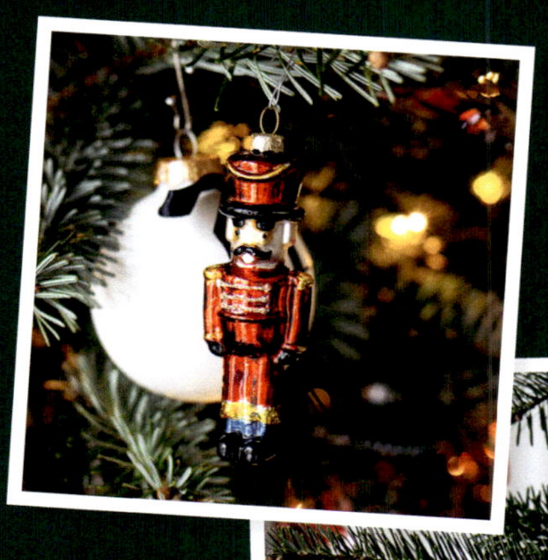

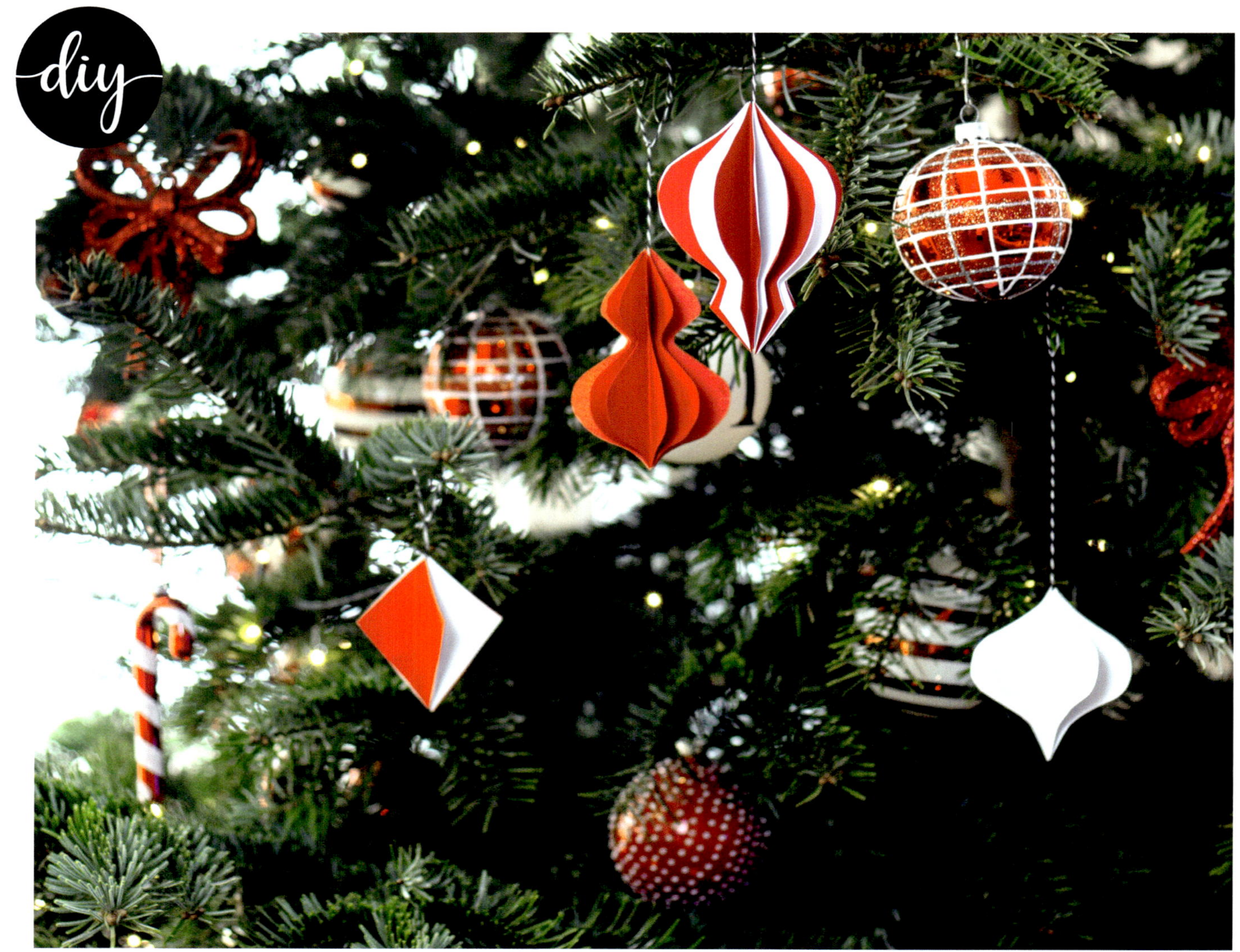

ORNAMENTE AUS PAPIER

Schmuck für Christbaum, Barbarazweige oder andere Deko-Äste basteln ist gar nicht schwer. Alles, was ihr dafür braucht, ist etwas Papier, Klebstoff, eine Schere und Spaß am Gestalten. Hier kommt eine einfache DIY-Anleitung für Ornamente aus Papier.

so geht's

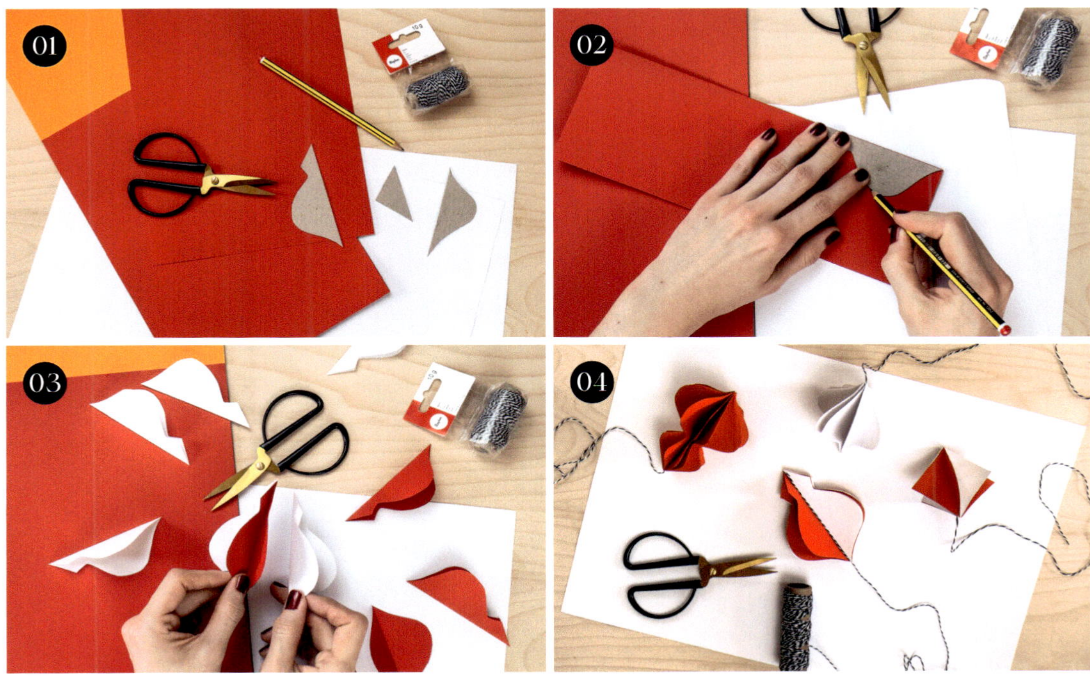

Material

- Karton
- Buntes Bastelpapier
- Lineal und Bleistift
- Schere
- Bastelkleber, z. B. von Rayer
- Garn

Du kannst für eine Variante der Ornamente auch das gemusterte beigelegte Bastelpapier verwenden.

Step by Step

1 Auf einem Karton Motivteile nach Wunsch aufzeichnen und diese anschließend zuschneiden.

2 Übertragt eure Schablone auf ein Papier. Das Papier sollte einmal in der Mitte gefaltet werden. Zeichnet jeweils 8–10 Mal die gleiche Schablone an der Faltung auf.

3 Schneidet die Motive aus und klebt sie nach und nach aneinander. Für einen besonders schönen Effekt könnt ihr zwei verschiedene Farben mischen, wie hier rotes und weißes Papier.

4 Bevor ihr das letzte Papiermotiv aufklebt, legt etwas Garn oder Faden in die Mitte des Ornaments und klebt dann das letzte Papier auf. Lasst den Kleber gut trocknen. Dann nur noch die Enden zurechtschneiden und verknoten.

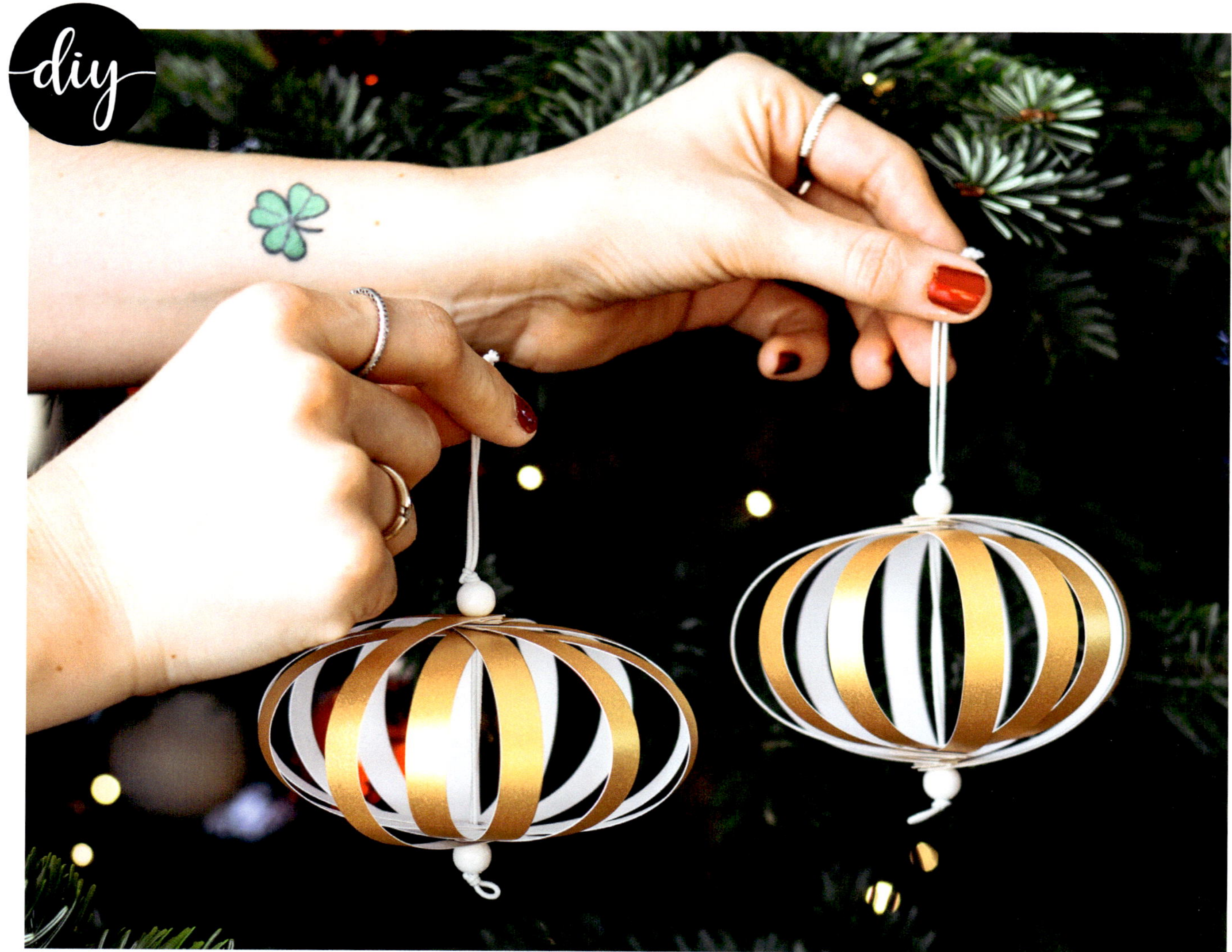

CHRISTBAUMKUGELN AUS PAPIER

Ihr sucht noch nach einer einfachen DIY-Idee für skandinavischen Christbaumschmuck? Dann nehmt Papier, Schere, Gummifaden und eine Holzperle, und schon könnt ihr in weniger als 5 Minuten eine minimalistische Christbaumkugel basteln.

so geht's

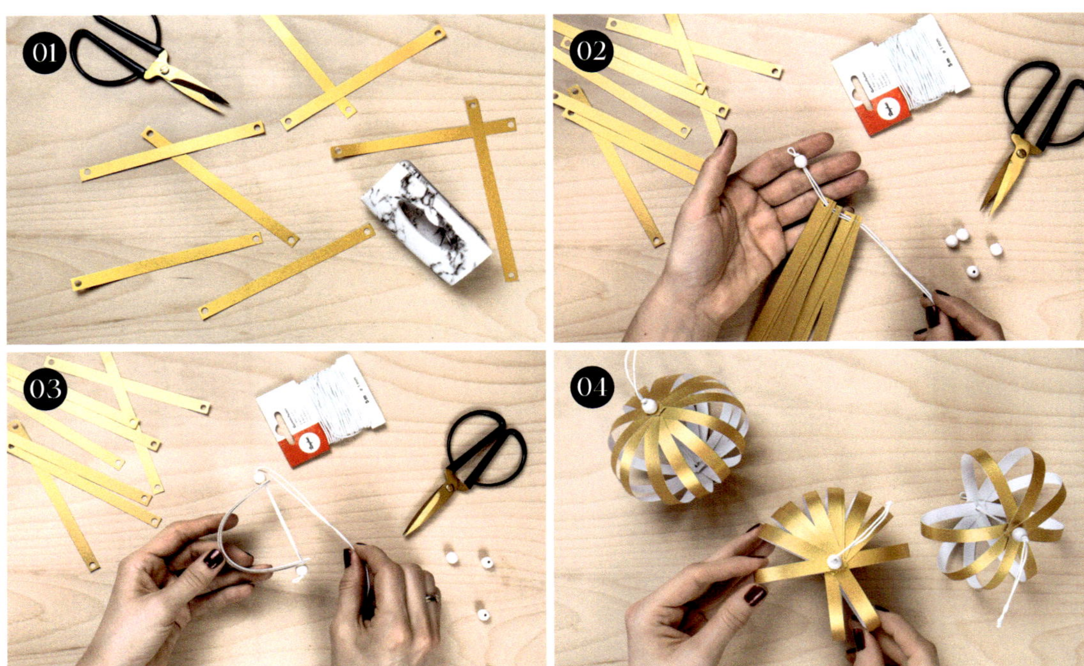

Material

- Effektpapier, z. B. von Rayher
- Lineal und Bleistift
- Schere und Locher
- Gummifaden
- Kleine Holzperlen

Step by Step

1. Für eine Papierkugel braucht ihr 14 bis 16 Papierstreifen mit einer Breite von 1–2 cm und einer Länge von 8–10 cm. Zeichnet sie auf einem Papier auf und schneidet die Streifen aus. Am Ende jeweils ein Loch stanzen.
2. Eine Holzperle durch den doppelt gelegten Gummifaden ziehen und am Ende verknoten. Nun das offene Ende durch das Loch der Papierstreifen ziehen.
3. Biegt die Papierstreifen leicht zusammen, zieht erneut eine Holzperle durch und verknotet das Ende. Schneidet es aber nicht ab.
4. Nach und nach jeden einzelnen Papierstreifen auffächern, damit sich eine Kugel bildet. Das Ende nun bei einer Länge von ca. 4–5 cm erneut verknoten und den Rest abschneiden.

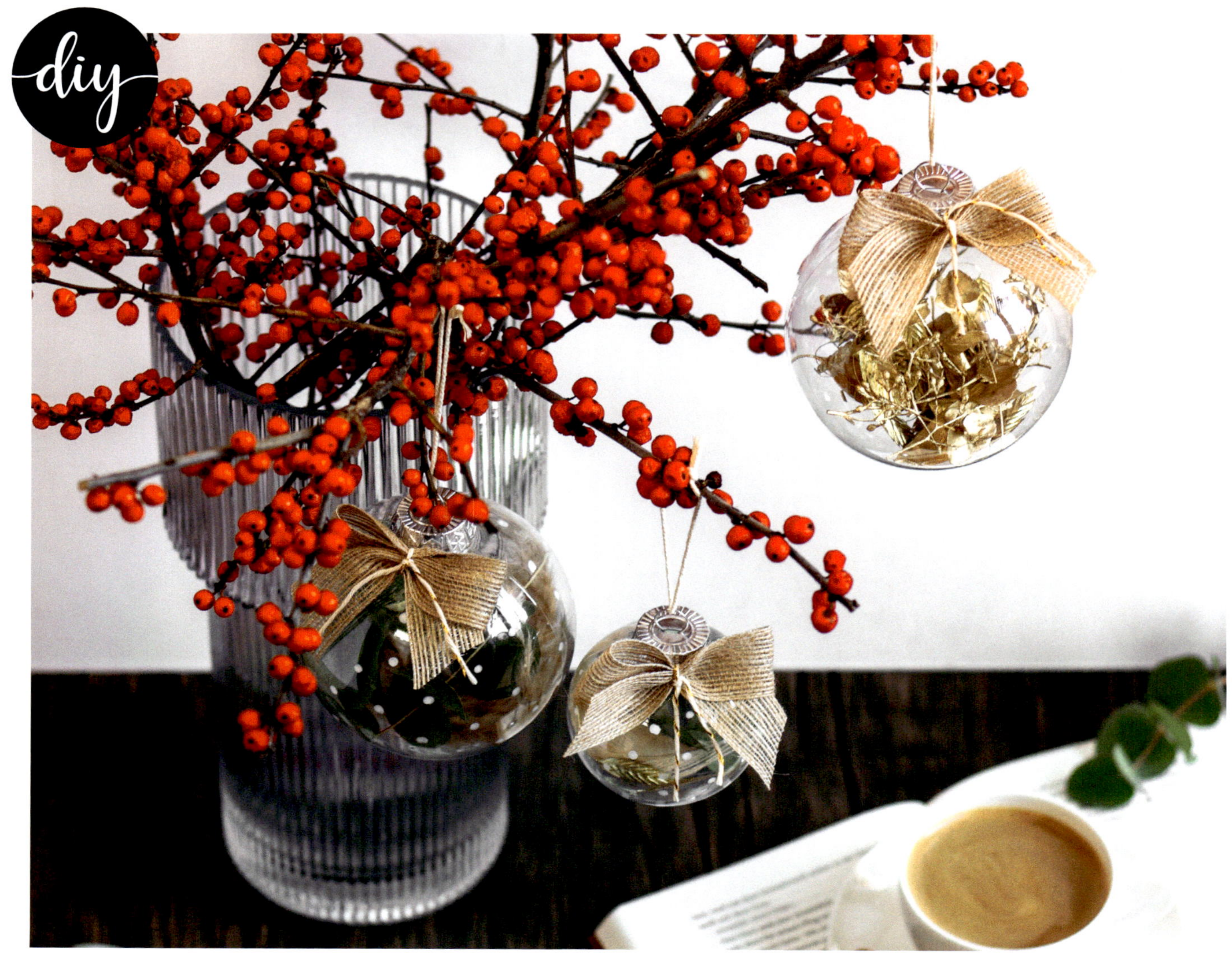

CHRISTBAUMKUGELN BEFÜLLEN & BEMALEN

Selbstgemachte Christbaumkugeln, die jedes Jahr neu befüllt oder bemalt werden können, sind eine schöne Dekomöglichkeit für Weihnachten. Alles, was ihr dafür braucht, sind leere Acrylglas-Kugeln, passendes Füllmaterial und Lackstifte.

so geht's

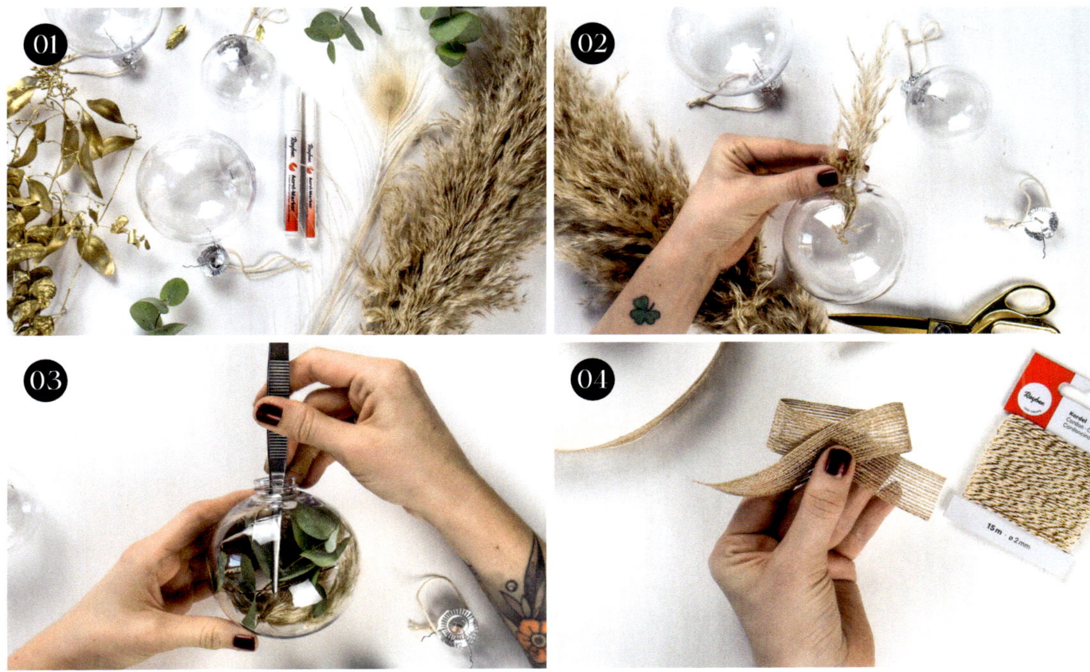

Material

- Leere Acrylglaskugeln
- Dekor zum Befüllen, z. B. Pampasgras und Eukalyptus
- Langstielige Pinzette
- Juteband
- Kordel, z. B. von Rayher
- Schere
- Heißkleber
- Lackmalstift, z. B. von Rayher

Step by Step

1 Legt euch alle benötigten Materialien bereit. Öffnet die Acrylkugel an der Oberseite oder klappt diese auseinander. Je nachdem, welche Art von Kugel ihr zum Befüllen verwendet.

2 Steckt die ersten Dekorgegenstände in die Kugel, zum Beispiel das Pampasgras.

3 Damit das Befüllen einfacher gelingt, könnt ihr eine langstielige Pinzette verwenden und damit zum Beispiel auch Eukalyptuszweige in die Kugel stecken. Befüllt eure Kugel nach Wunsch und verschließt sie wieder.

4 Im nächsten Schritt basteln wir Schleifen aus Jutebändern. Dazu ein Band, wie auf dem Foto zu sehen, überkreuzen. →

weiter geht's

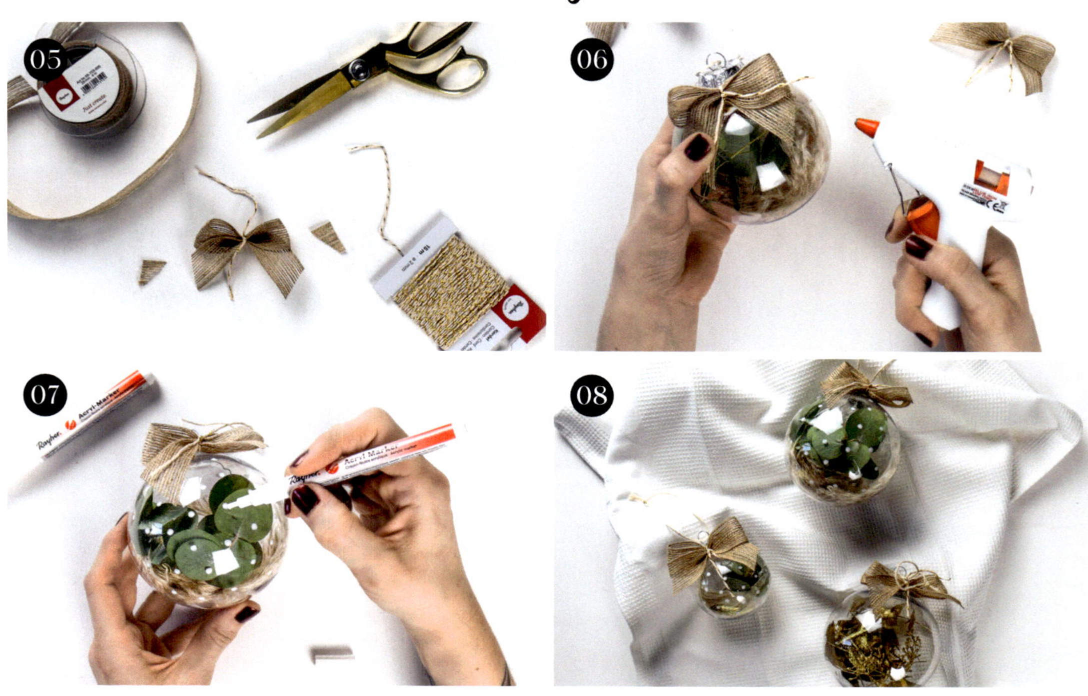

5 Eine Kordel um die überlappenden Bänder wickeln und einen Knoten machen. Fertig ist die DIY-Schleife.

6 Die Schleife nun mit Heißkleber auf der Kugel befestigen.

7 Im letzten Schritt die Kugel mit einem Lackmalstift bemalen.

8 Weitere Tipps zum Befüllen und Basteln von Christbaumkugeln gebe ich euch auf der rechten Seite.

CHRISTBAUMKUGELN SELBER BASTELN

Baumschmuck selbst herzustellen ist eine kreative Beschäftigung, und heraus kommt eine richtig schöne Dekoration. Ihr könnt die Kugeln auch an Freunde und Verwandte verschenken. Ich habe für euch ein paar Ideen gesammelt und lade euch dazu ein, doch auch mal selbst eine Kugel zu verschönern.

01 Wunschkugeln

Acrylglaskugeln könnt ihr auch mit Wünschen füllen. Dazu eine Botschaft auf ein Papier schreiben, dieses zusammenrollen, mit einem Garn verschließen und mit einer Pinzette in die Kugel stecken.

02 Weihnachtskugeln mit Acrylfarben bemalen

Eine weitere tolle Idee ist das Bemalen der Innenseite einer durchsichtigen Acrylglaskugel. Gebt ein paar Tropfen Acrylfarbe in die Kugel und schwenkt sie so lange, bis die Innenseite mit Farbe bedeckt ist. Ihr könnt auch zwei Farben mischen. Die restliche Farbe in einen Becher ausgießen, die Kugel trocknen lassen und verschließen.

03 Alte Weihnachtskugeln aufpeppen

Mit der Serviettentechnik lassen sich alte Kunststoffkugeln verschönern.

04 Styroporkugeln mit Wolle umwickeln

Eine weitere nette Idee ist die Verwendung von Styroporkugeln, da diese sehr leicht sind und sich einfach am Weihnachtsbaum befestigen lassen. Die Styroporkugel mit passendem Styroporkleber bestreichen, ein Wollgarn rundherum wickeln und festkleben. Zum Schluss mit einer Nadel einen Faden durchziehen, um so einen Anhänger zu basteln.

05 Mit Glitzer und Strass-Steinen bekleben

Alte Weihnachtskugeln können auch mit Glitzer oder Strass-Steinen beklebt werden. Einfach mit Heißkleber und mithilfe einer Pinzette einzelne Steine aufkleben. Für den Glitzer die Kugel zum Beispiel an der Unterseite mit Kleber bestreichen und dann in eine Schüssel voll Glitzer tauchen.

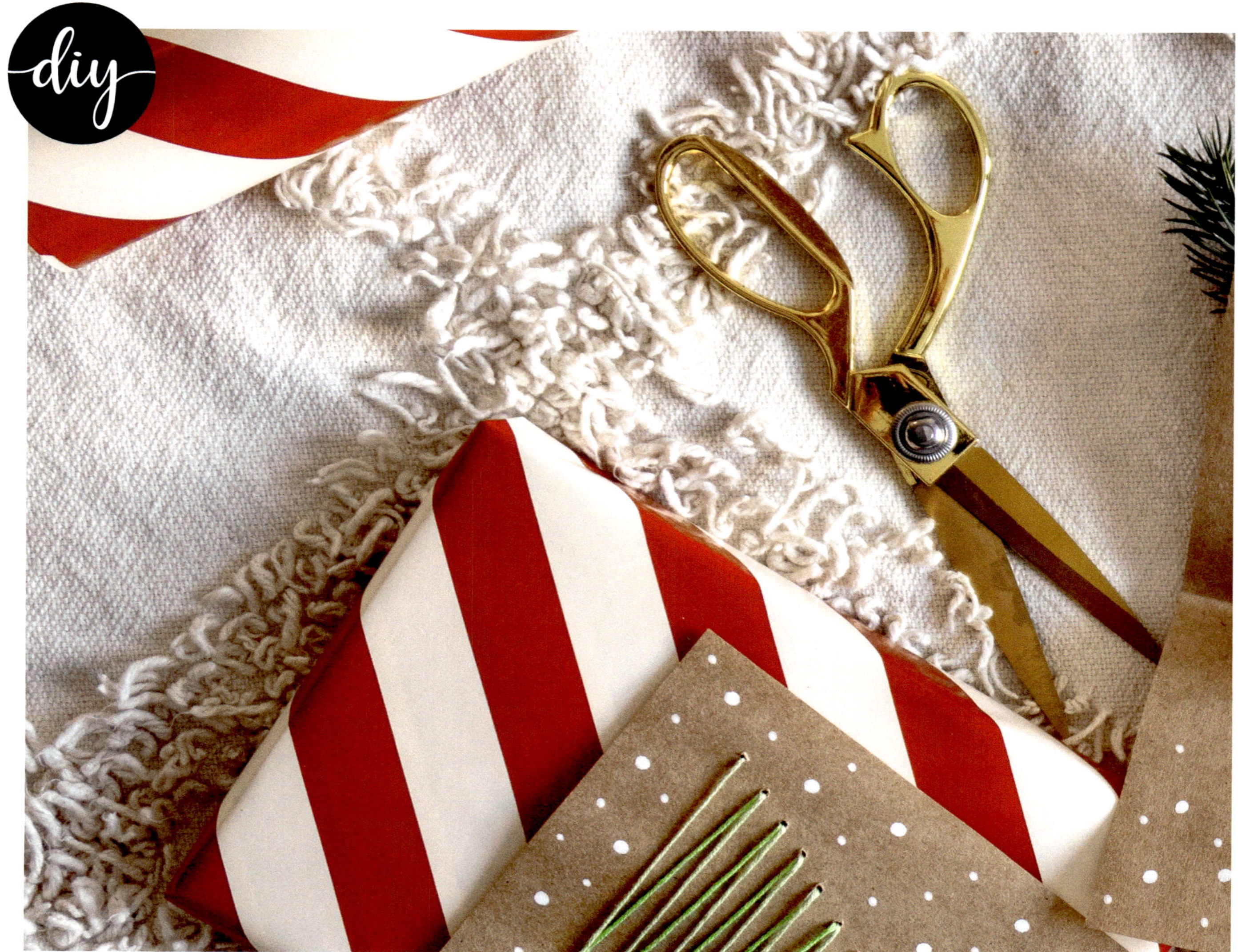

WEIHNACHTSKARTEN BASTELN

Ich bin als Bloggerin zwar komplett im digitalen Zeitalter angekommen, finde es aber immer wieder schön, wenn Weihnachtsgeschenken handgeschriebene Grußkarten beiliegen. Und diese könnt ihr ganz einfach mit wenigen Schritten selbst herstellen.

so geht's

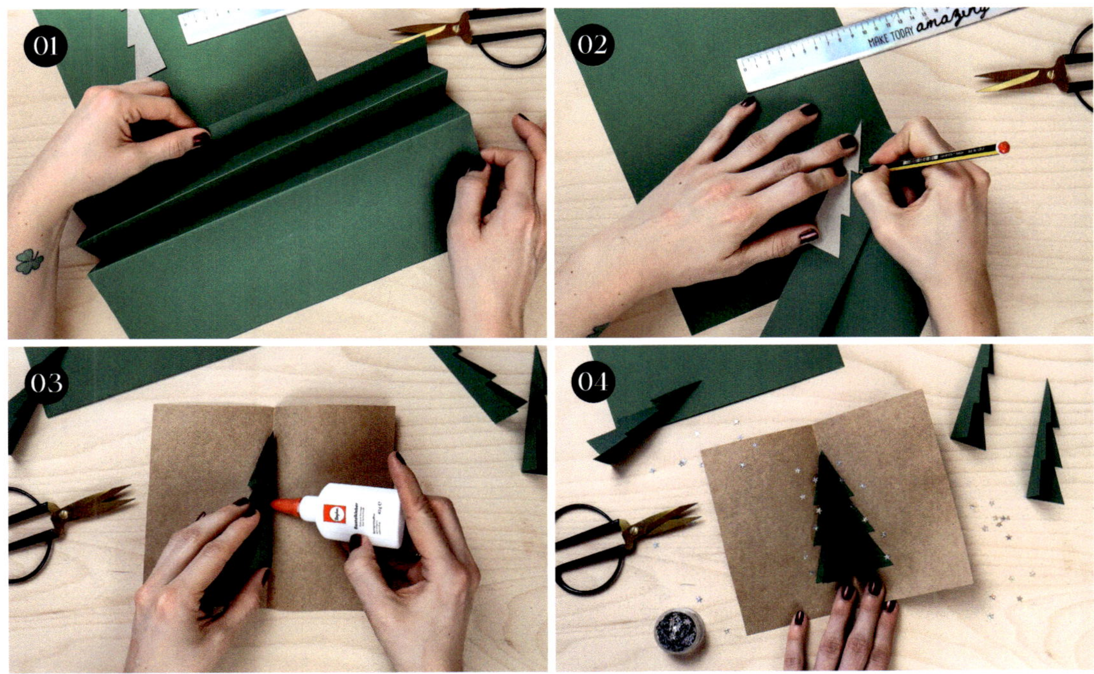

Material

- kleines Stück Karton
- grünes Bastelpapier
- Lineal und Bleistift
- Schere
- Blanko-Grußkarte zum Aufklappen oder ein Stück Papier
- Kleber, z. B. von Rayher

Du kannst für eine Variante des Baumes auch das beigelegte gemusterte Bastelpapier verwenden.

Step by Step | Pop-Up-Tannenbäumchen

1 Zunächst bastelt ihr euch eine Schablone aus Karton, die einer Tannenbaumhälfte entspricht. Dann faltet ihr ein Papier wie eine Ziehharmonika auf.

2 Legt die Schablone so auf, dass das geöffnete Ende des gefalteten Papiers nach rechts zeigt. Schneidet den Tannenbaum aus. Wiederholt diesen Schritt mindestens 6 Mal.

3 Klebt nun den ersten Tannenbaum an einer Seite auf eine geöffnete Blanko-Grußkarte. Wenn ihr keine Karte zur Hand habt, könnt ihr auch ein Papier entsprechend falten. Alle weiteren Tannenbäumchen werden nun auf diesen Baum geklebt. Der letzte Baum klebt wieder an der Karte fest.

4 Die Karte könnt ihr nun nach Lust und Laune beschriften oder bemalen. →

weiter geht's

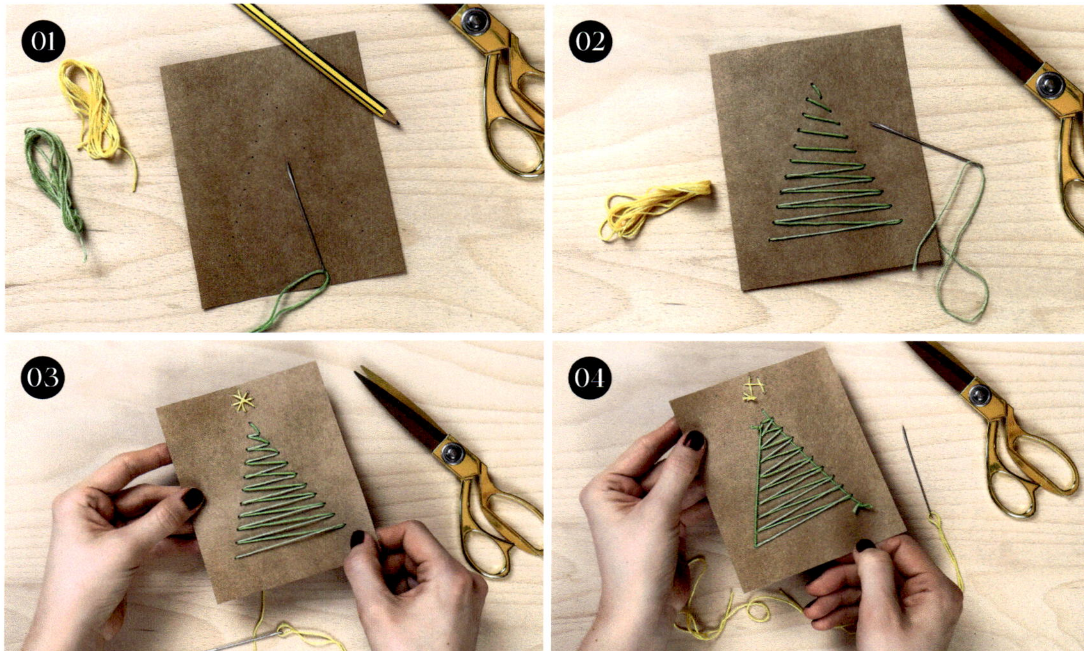

Material

- Blanko-Grußkarte oder ein Stück Papier
- Bleistift
- Buntes Garn
- Nadel
- Schere

Step by Step | Stickerei

1 Zeichnet euch ein Dreieck auf der Rückseite der Karte oder auf einem Stück Papier auf. Markiert nun einzelne Punkte an den Enden des Dreiecks, durch die ihr den Faden ziehen möchtet.

2 Nun bestickt ihr die Karte wie ein Stück Stoff. Verknotet den Faden auf der Rückseite.

3 Zum Schluss noch einen Stern hinzufügen und ebenfalls verknoten. Schneidet die Fäden ab und schreibt oberhalb oder unterhalb eine Grußbotschaft auf die Karte.

4 Hier seht ihr die Rückseite der Karte. Wer möchte, kann nun ein gleichgroßes Stück Papier darüber kleben, damit die Fäden nicht mehr zu sehen sind und die Karte auch hinten beschriftet werden kann.

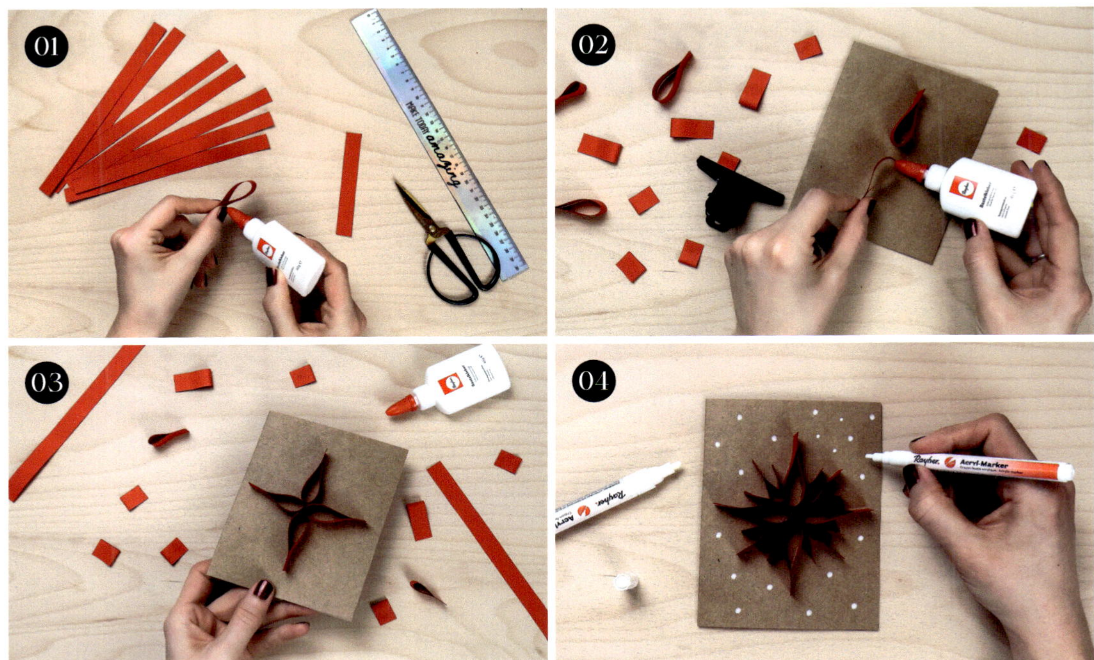

Material

- Papier nach Wahl
- Lineal und Bleistift
- Schere
- Kleber, z. B. von Rayher
- Blanko-Grußkarte zum Aufklappen oder ein Stück Papier
- Weißer Lackmalstift, z. B. von Rayher

> Du kannst für eine Variante des Sternes auch das beigelegte gemusterte Pastelpapier verwenden.

Step by Step | 3D-Stern

1. Schneidet euch vier Streifen mit einer Breite von 1 cm und einer Länge von 10 cm zu und halbiert diese zu Schlaufen. Klebt die Enden aneinander.
2. Nun werden die Streifen zu einem Stern geformt und auf die Karte geklebt.
3. Wiederholt den ersten Schritt und schneidet den 10 cm langen Streifen 4x durch. Klebt die Enden wieder aneinander, um kleinere Papierstücke aufkleben zu können.
4. Wenn ihr den Stern aufgeklebt habt, könnt ihr die Karte noch mit dem Lackmalstift und weißen Schneeflocken bemalen.

SCHOKOLADIGE LINZER AUGEN

Die klassischen Linzer Augen sind DAS typische Weihnachtsgebäck. Meine Variante habe ich mit Orangenmarmelade gebacken und weil ich nun mal eine Naschkatze bin, habe ich die Mürbteig-Kekse mit Schokolade anstatt Staubzucker verfeinert.

Für 25–30 Stück

- 600 g Mehl
- 400 g kalte Butter
- 220 g Staubzucker
- 1 Pkg Vanillezucker
- 1 Prise Zitronenzeste
- 2 Eidotter
- 100 g Orangenmarmelade zum Füllen

Für die Glasur

- 160 g Schokolade
- 120 g Butter

Zubereitung

1. Das Mehl auf der Arbeitsfläche verteilen und in die Mitte eine Vertiefung eindrücken. Die Butter in Stücke schneiden und einarbeiten.
2. Staubzucker, Vanillezucker, sowie die Zitronenzeste zufügen und rasch unter den Teig arbeiten. Mit einer Gabel etwas Mehl aufnehmen und die Eidotter untermengen. Alles zu einem glatten Teig verarbeiten.
3. Den Teig in Frischhaltefolie verpacken und für eine Stunde im Kühlschrank rasten lassen. Den Backofen auf 180°C Ober-/Unterhitze vorheizen und ein Backblech mit Backpapier auskleiden.
4. Den Teig aus dem Kühlschrank nehmen, ca. 2–3 mm dick ausrollen und ausstechen. Die Kekse für 10–12 Minuten im Backofen backen.
5. Für die Glasur die Butter und die Schokolade in einer Schüssel im Wasserbad schmelzen lassen.
6. Kekse aus dem Backofen nehmen und auskühlen lassen. Den Boden mit Orangenmarmelade bestreichen und mit dem Deckel zusammensetzen. Mit Schokoglasur beträufeln und trocknen lassen.

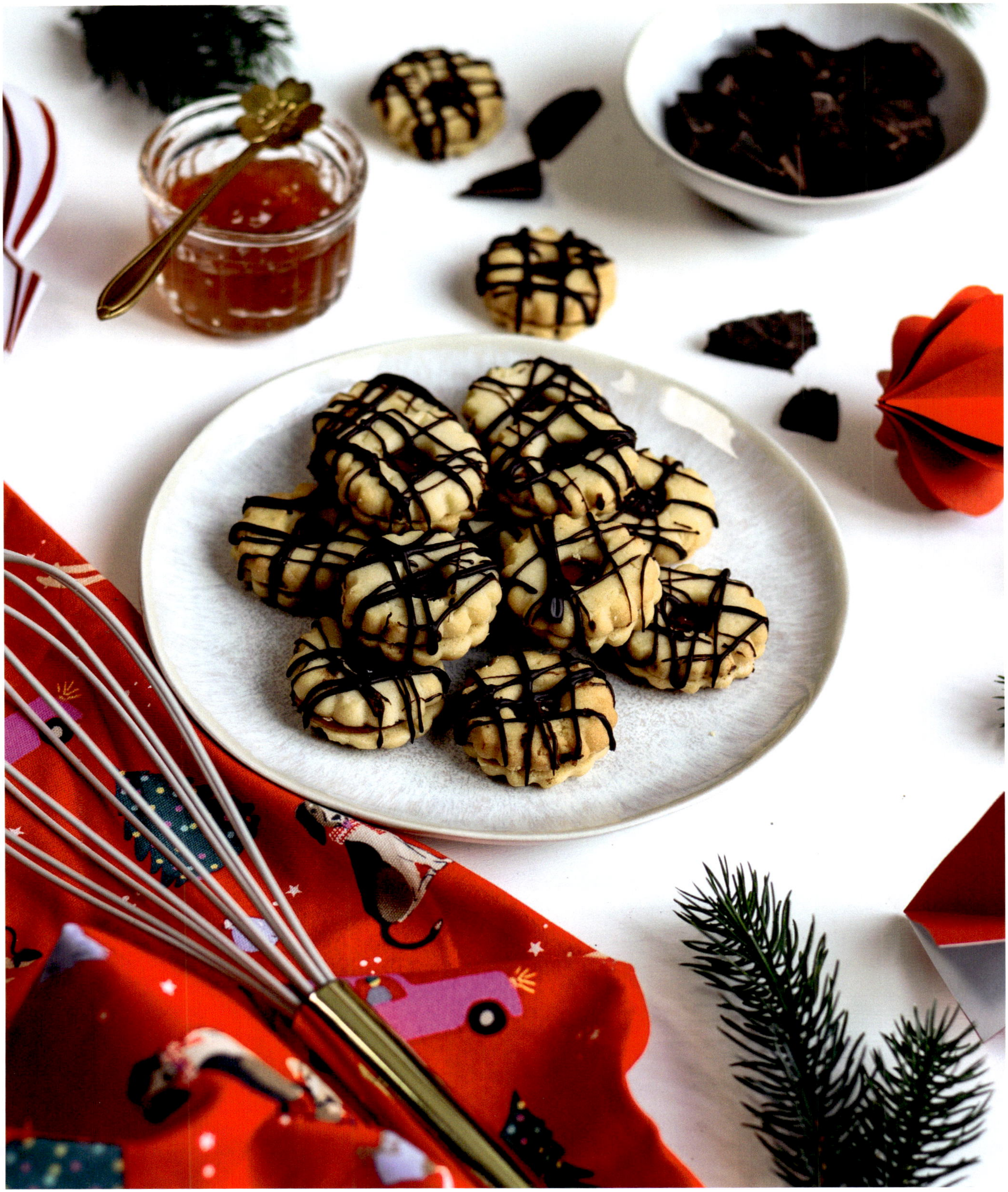

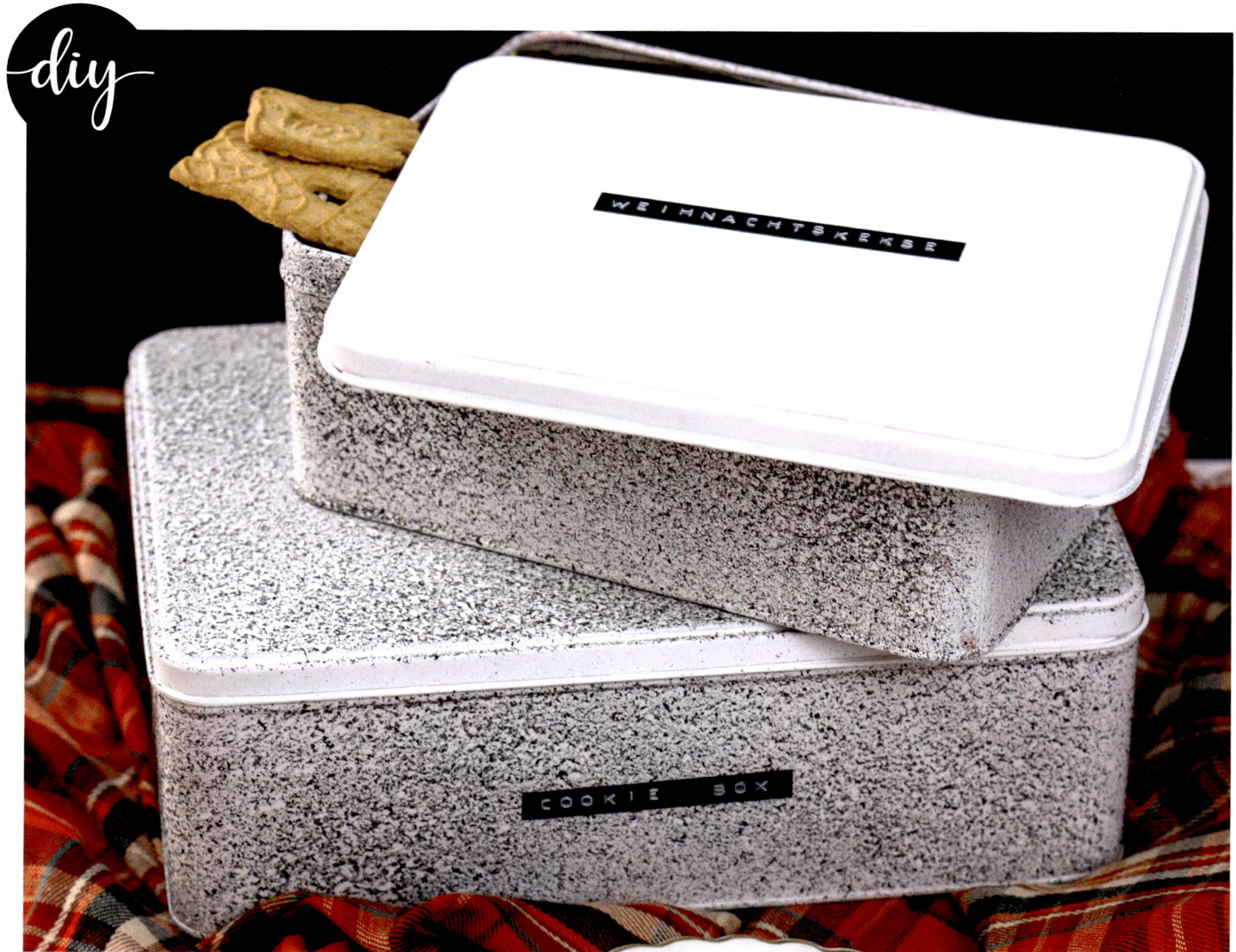

KEKSDOSE AUFPEPPEN

Ist euch schon einmal aufgefallen, dass es richtig schwer ist, Weihnachtskeksdosen ohne viel Schnickschnack zu finden? Das Design der meisten Dosen ist immer sehr auffällig. Alte Dosen solltet ihr aber nicht wegwerfen, denn diese könnt ihr ganz einfach mit Sprühlack aufpeppen und nach Wunsch umgestalten.

so geht's

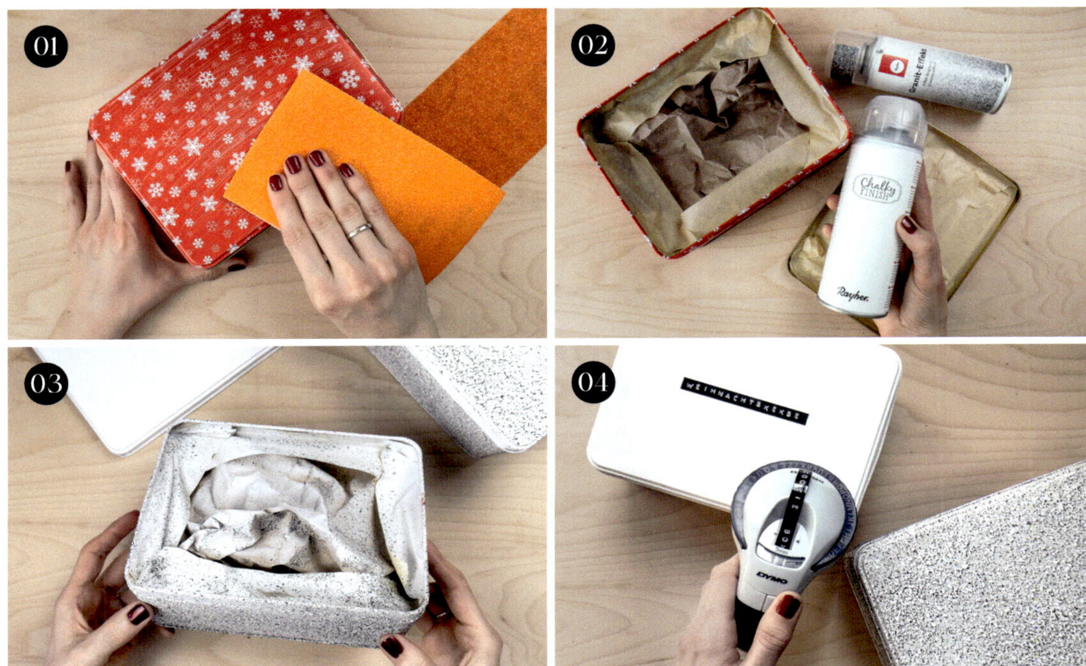

Material

- Alte Keksdosen
- Schleifpapier
- Kreppklebeband und Altpapier
- Chalky-Finish Spray weiß, z. B. von Rayher
- Granit-Effekt Spray, z. B. von Rayher
- Etikettier-Gerät

Step by Step

1. Mit Schleifpapier zunächst das Metall leicht aufrauen.
2. Anschließend die Dose innen mit Altpapier auskleiden und mit dem Klebeband abkleben. Die Dose zunächst mit dem weißen Chalky-Finish-Spray 2x lackieren. Gut trocknen lassen.
3. Für den Granit-Effekt anschließend eine Schicht Granit-Effekt-Spray auftragen. Die Dose gut trocknen lassen.
4. Zum Schluss noch mit einem Etikettier-Gerät die Dose beschriften oder nach Lust und Laune mit Stickern bekleben.

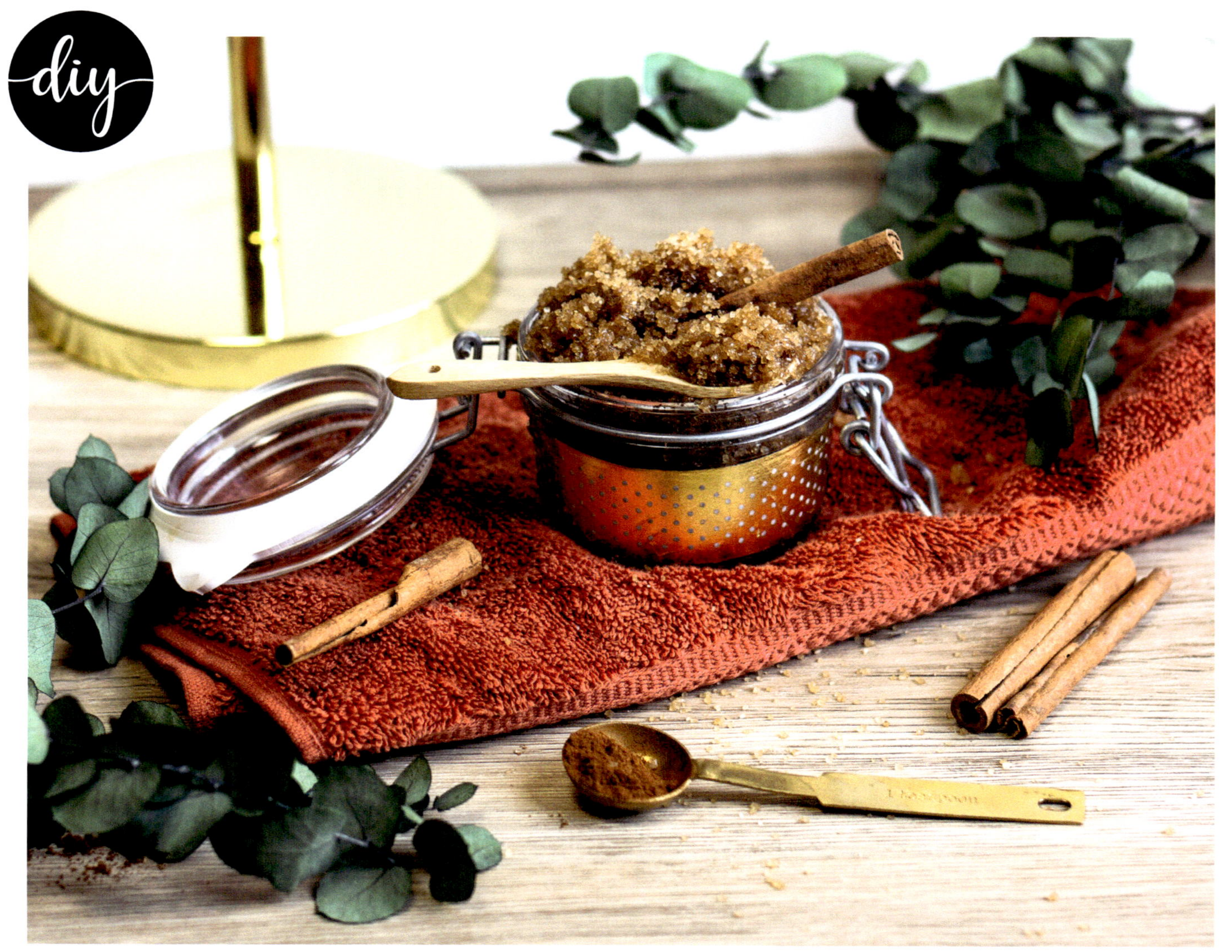

CINNAMON SUGAR SCRUB

Dieses selbstgemachte Peeling bzw. Sugar Scrub ist in unter fünf Minuten zubereitet. Ich bin selbst ein großer Fan von selbstgemachten Beautyprodukten, da ich auf natürliche Inhaltsstoffe zurückgreifen und mich zumeist in der Küche bedienen kann.

so geht's

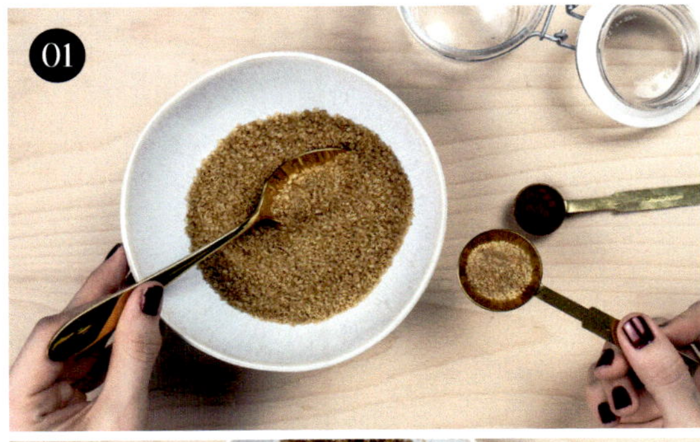

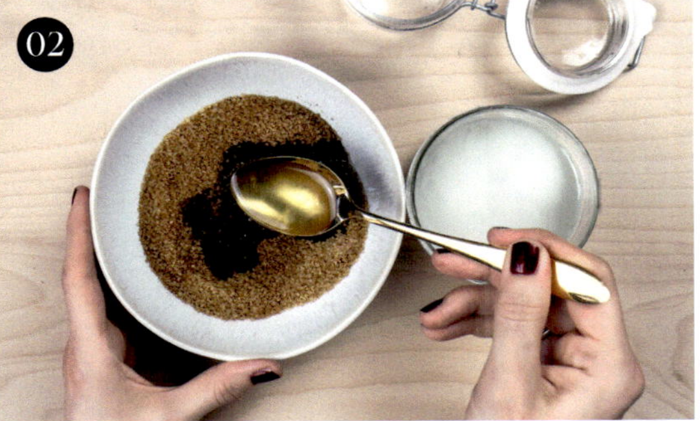

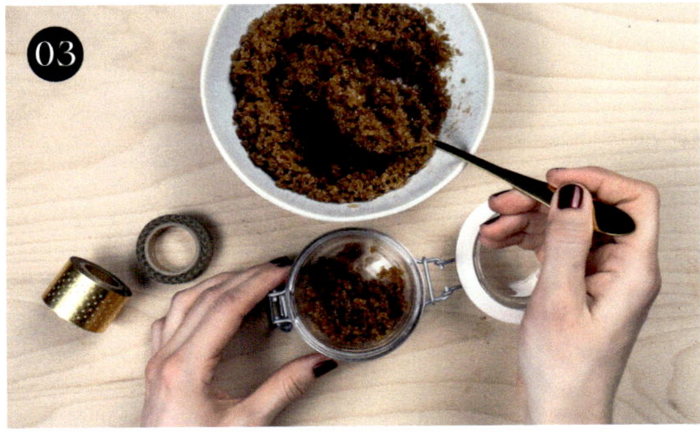

Tipp

Das Peeling hält sich 1–2 Wochen in einem luftdicht verschlossenen Glas. Zur Anwendung unter der Dusche auftragen, gut einmassieren und abspülen. Es bleibt ein weicher Film auf der Haut, der wunderbar pflegt.

Material

Für 1 Glas

- 1 Becher groben, braunen Zucker
- 1 TL Zimt
- ½ TL Nelken gemahlen
- 2–3 EL Kokosöl, geschmolzen
- Leeres Einmachglas mit Deckel
- Masking Tape, z. B. von Rayher

Step by Step

1 Zucker mit den Gewürzen in einer Schüssel vermengen.

2 Das flüssige Kokosöl löffelweise zur Zuckermischung geben. Wenn das Öl noch fest ist, kurz in der Mikrowelle schmelzen lassen. Die Konsistenz des Peelings könnt ihr im Verhältnis Zucker zu Öl ganz gut beeinflussen. Das Peeling sollte nicht zu flüssig, aber auch nicht zu fest sein, damit ihr es gut auf die Haut auftragen könnt.

3 Das fertige Peeling in ein Glas füllen, gut verschließen. Das Glas mit Masking Tape verschönern und als Weihnachtspeeling verschenken.

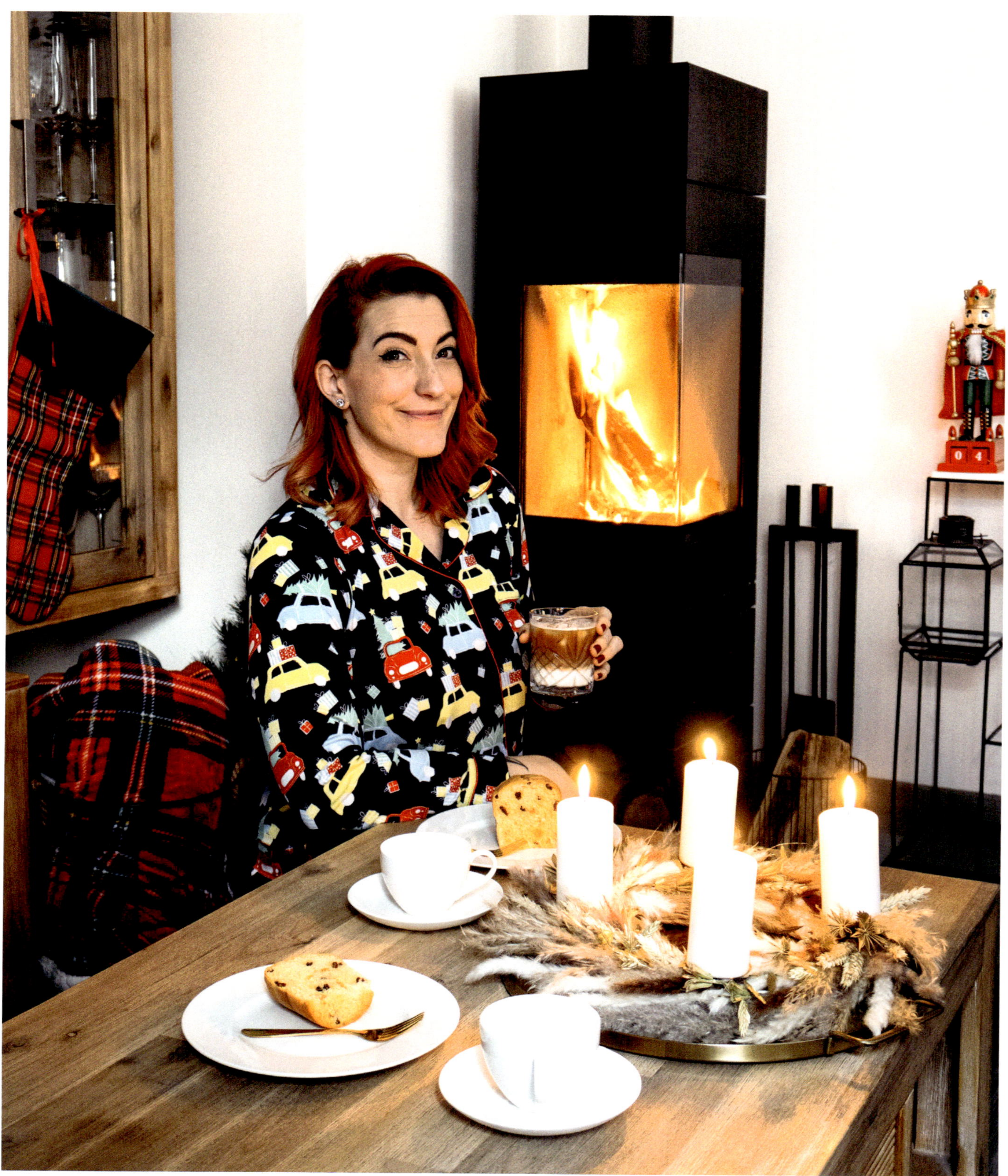

– KAPITEL 03 –

WEIHNACHTEN IST DA

So lange haben wir darauf gewartet und nun ist es so weit: Das Weihnachtsfest steht vor der Tür. Zuvor wird der Christbaum geschmückt, der Weihnachtstisch dekoriert und das große Festmahl geplant. Ein weihnachtliches Charcuterie-Board, ein Kerzenständer aus Beton und spritzige Drinks, sowie unser liebstes Weihnachtsfrühstück inspirieren euch bestimmt für euer bevorstehendes Weihnachtsfest.

FESTLICHE TISCHDEKORATION TIPPS UND TRICKS

Das Auge isst bekanntlich mit, und deshalb ist mir ein festlich dekorierter Tisch an Heiligabend sehr wichtig. Während ich mit meiner kleinen Familie das ganze Jahr ohne Tischtuch am Esstisch speise, darf es an Weihnachten schon etwas schicker sein.

Farbwahl

Beim Tischtuch und allen weiteren Textilien orientiere ich mich immer an einer Farbe und kombiniere maximal eine zweite Farbe dazu, z. B. Schwarz mit Rot oder Salbeigrün mit Creme-Weiß.

Symmetrisch eindecken

Bei mehrgängigen Menüs wird immer nach der Menüreihenfolge eingedeckt, vor allem beim Besteck, und zwar von außen nach innen. Die Wein- und Wassergläser werden symmetrisch angeordnet, sodass bei jedem Platz dieselben Gläser, Teller und Schüsseln stehen.

Platzteller oder Tischsets

Vor gut 8 Jahren habe ich zum ersten Mal Platzteller fürs Weihnachtsfest besorgt und seither verwende ich die gleichen gläsernen Teller bei jedem Fest. Ich finde, dadurch wirkt die Tischdekoration richtig edel. Wer keine Teller verwenden möchte, kann auch Tischsets nutzen.

Stoffservietten

Stoffservietten, beispielsweise aus Leinen, sind besonders festlich und gehören meiner Meinung nach zur Weihnachtstafel. Diese hochwertigen Servietten lassen sich heiß waschen und können jedes Jahr aufs Neue verwendet werden. Zudem sieht es richtig toll aus, wenn Servietten gefaltet werden (siehe Seite 140).

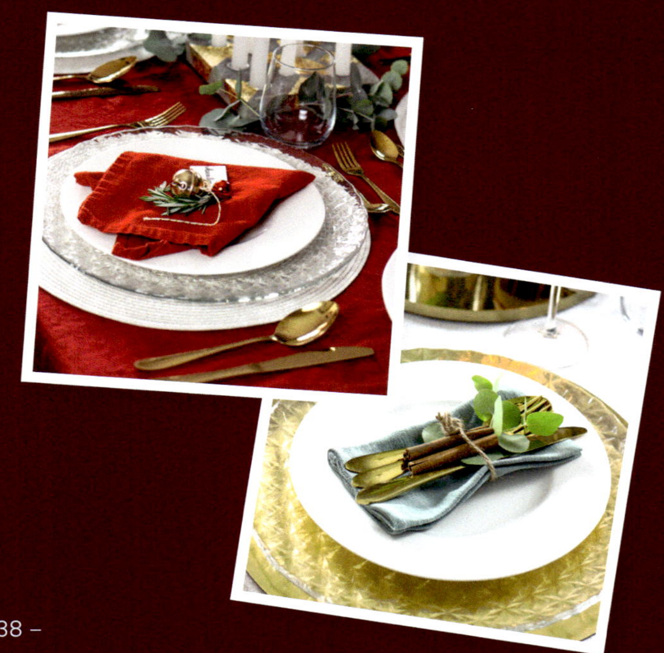

Tischkärtchen

Wenngleich an Heiligabend nur meine Kinder, mein Mann und ich gemeinsam Essen, decke ich den Tisch dennoch mit Tischkärtchen ein. Eine passende Anleitung findet ihr auf Seite 142.

Zweig, Zapfen, Trockenblumen oder Eukalyptus

Besonders schön finde ich es, wenn Naturmaterialien am Tisch zu finden sind, beispielsweise in einer Vase oder einem Glas, aber auch direkt zwischen den Gläsern. Ihr könnt Kiefernzapfen, ebenso wie Holzzweige oder gar Zimtstangen integrieren. Lasst eure Fantasie spielen oder schaut euch bei Pinterest nach passender Inspiration um.

Moderne Dekoration

Neben der genannten rustikalen Naturdekoration passt auch moderne Deko wunderbar zu Weihnachten, beispielsweise mit einem Betonkerzenständer (siehe Seite 146) oder aber mit Steinen, Keramikfiguren oder Metallkugeln. Orientiert euch an einem Stil und dekoriert entsprechend.

Kerzen

Keine Weihnachtstafel ohne Kerzen am Tisch, denn diese verbreiten doch erst die gemütliche Stimmung. Kerzenhalter könnt ihr euch ganz einfach selbst basteln, zum Beispiel mit Zimtstangen (siehe Seite 144).

Kleine Gastgeschenke

Als kleine Draufgabe könnt ihr für euer Weihnachtsessen kleine Gastgeschenke anfertigen und diese zum passenden Platz stellen, zum Beispiel süße Pralinen oder selbstgemachte Kosmetik.

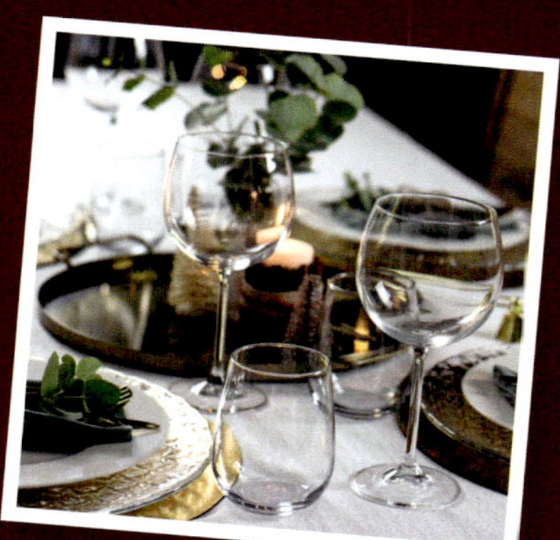

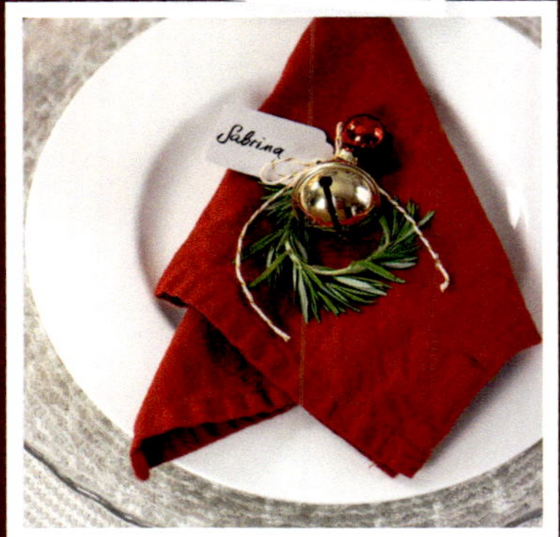

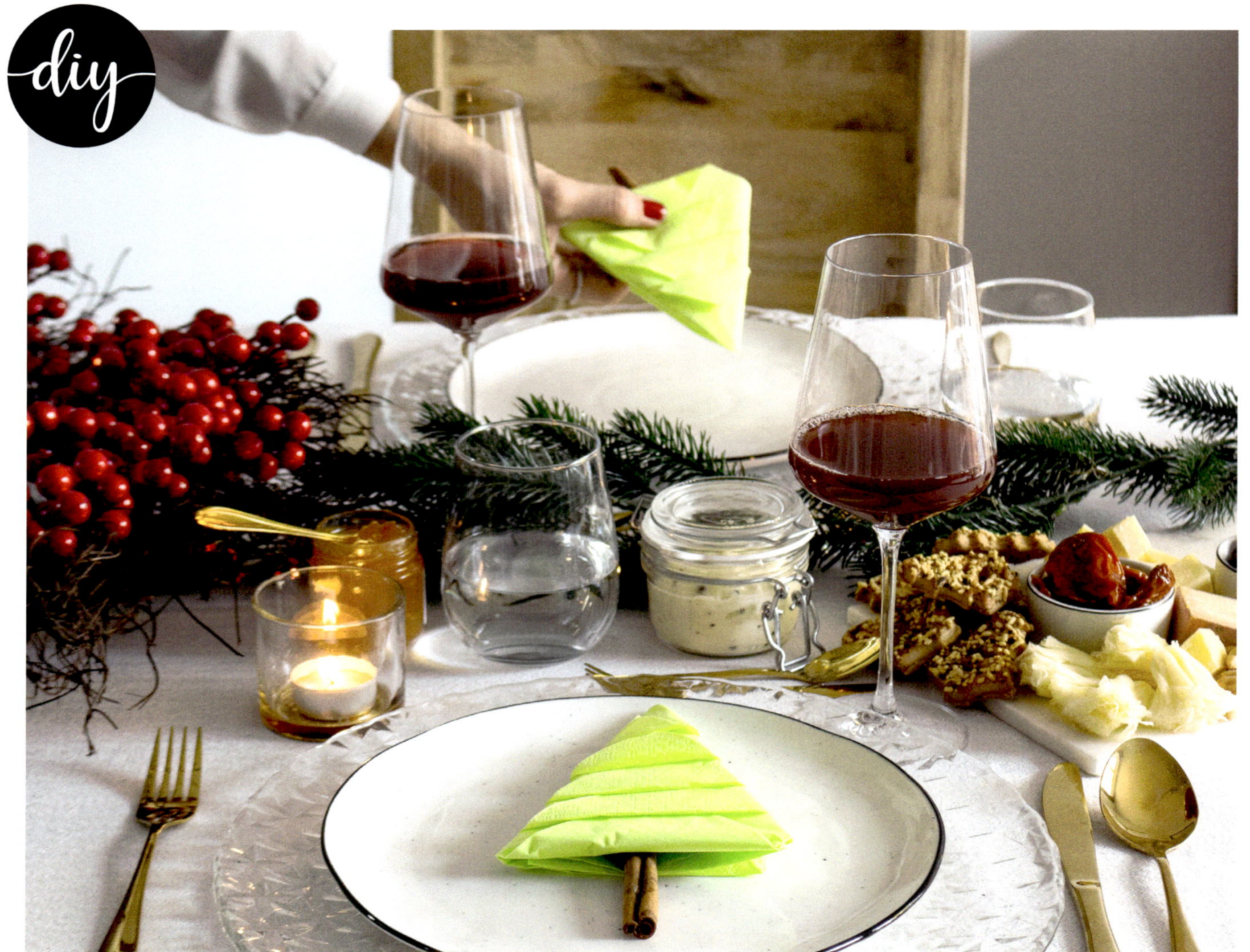

BAUM-SERVIETTEN FALTEN

Wenn es um komplizierte Faltanleitungen geht, bin ich alles andere als begabt. Aber Servietten falten macht Spaß und gelingt richtig gut. Diese schicken Servietten passen perfekt zu jeder Weihnachtstafel und sind in weniger als 5 Minuten gebastelt.

so geht's

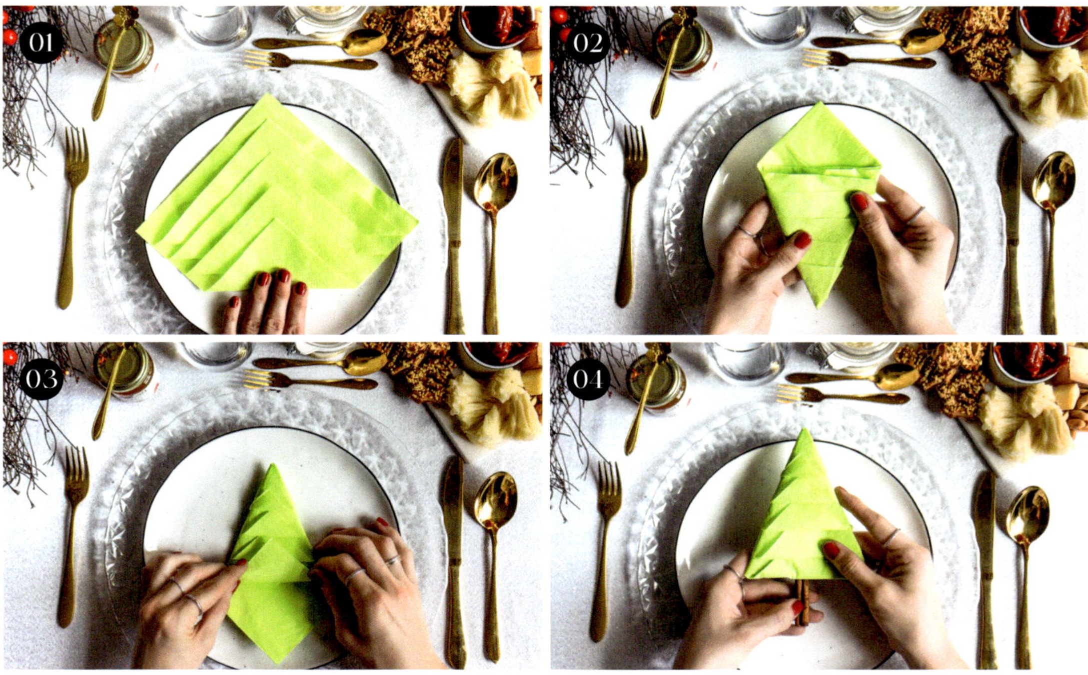

Material

- Papierservietten
- Zimtstangen

Step by Step

1 Die Serviette so hinlegen, dass die Faltung nach oben zeigt und die Lagen aufgefächert werden können. Nacheinander jede Lage im gleichmäßigen Abstand von 1 Zentimeter nach oben falten.

2 Die Serviette umdrehen und die rechte Seite zur Mitte falten. Dann die linke Seite der Serviette ebenfalls zur Mitte falten.

3 Die Serviette nun wieder umdrehen und jede einzelne Lage nach oben einstecken.

4 Zum Schluss eine Zimtstange in die Öffnung unten am Bäumchen stecken. Fertig ist die Tannenbaumserviette für die weihnachtliche Tischdekoration.

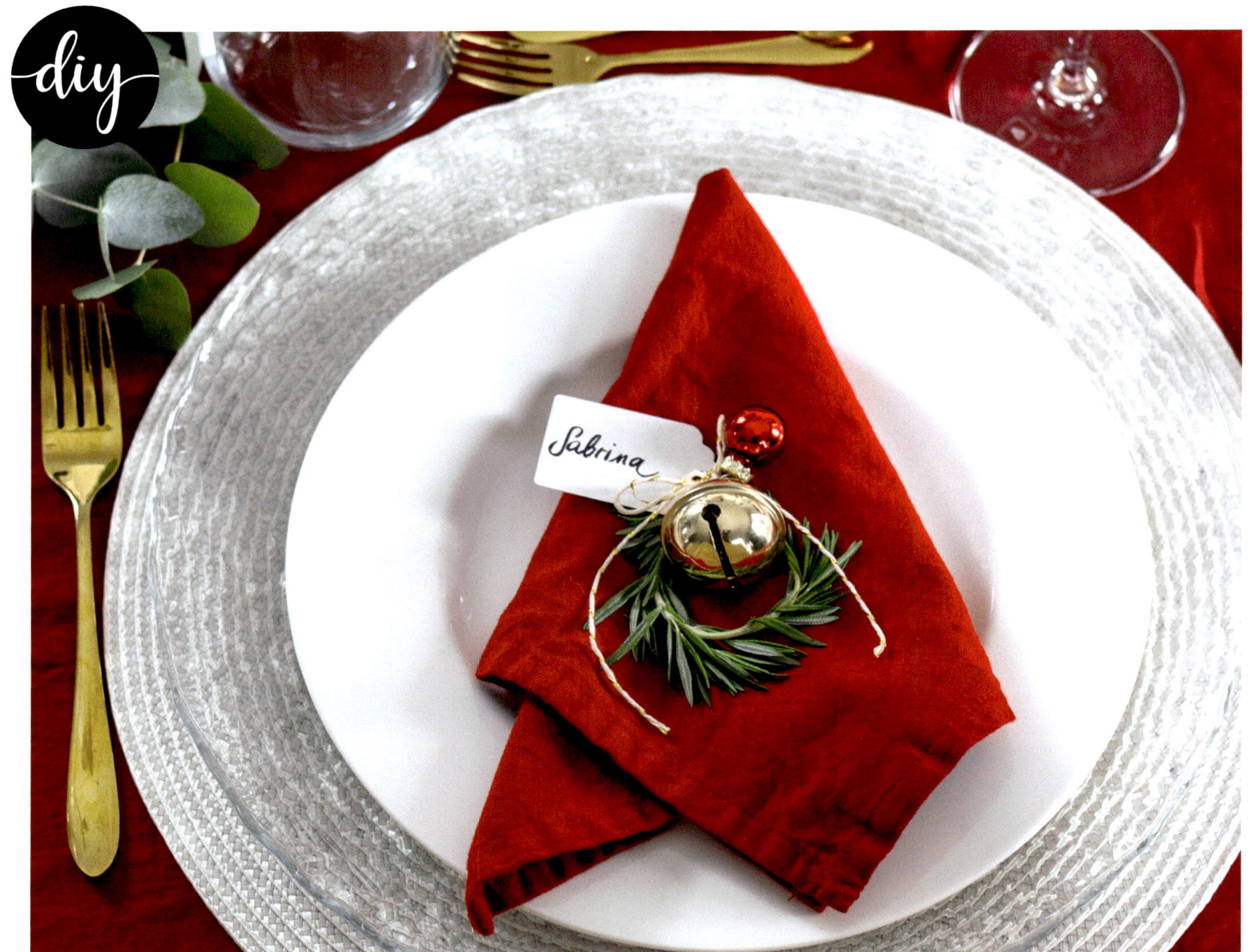

TISCHKÄRTCHEN AUS ROSMARIN

Das Klingeln des Glöckchens, wenn das Christkind unsere Geschenke gebracht hatte, ist eine schöne Kindheitserinnerung. Darum finde ich es heute als Mama besonders schön, kleine Glöckchen in die weihnachtliche Tischdekoration zu integrieren.

so geht's

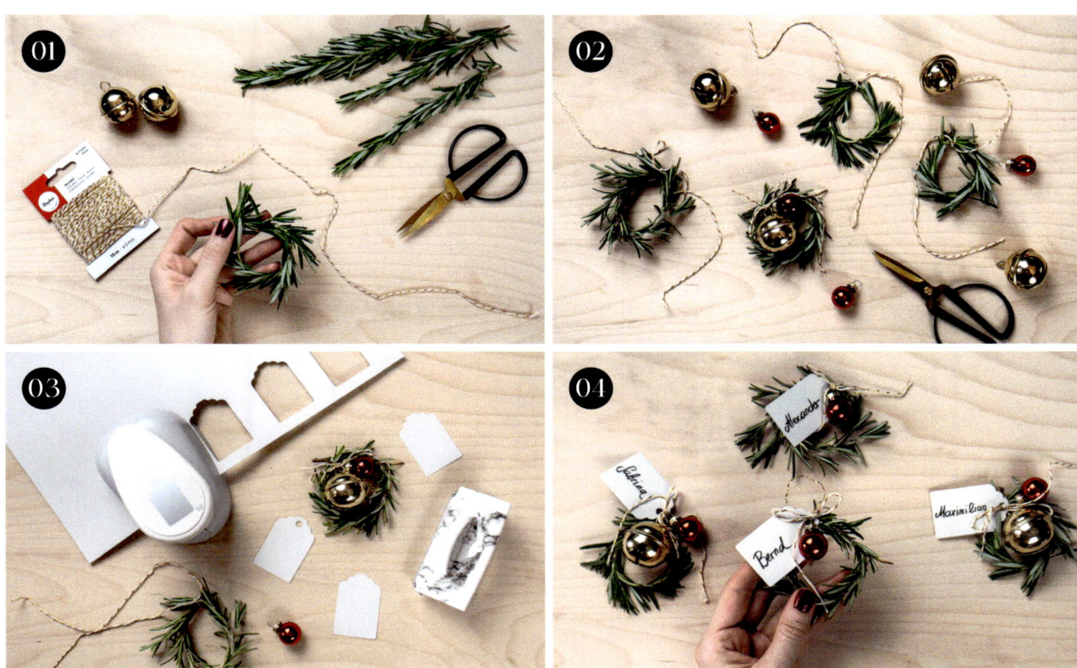

Material

- Rosmarinzweig
- Kordel
- Schere
- Glöckchen
- Kleine Christbaumkugeln
- Bastelpapier
- Motivstanzer
- Lackmalstift

Benutze für bunte Namenskärtchen das beigelegte Bastelpapier.

Step by Step

1. Rosmarinzweig zu einem Kranz biegen und an den überlappenden Enden mit einer Kordel verknoten.
2. Ein Glöckchen und eine kleine Christbaumkugel durch die Kordel ziehen.
3. Bastelpapier mit einem Motivstanzer zurechtschneiden und mit einem Lackmalstift beschriften.
4. Das Namenskärtchen erneut durch die Kordel ziehen und anschließend eine Schleife binden. Die Kordel an den Enden entsprechend abschneiden.

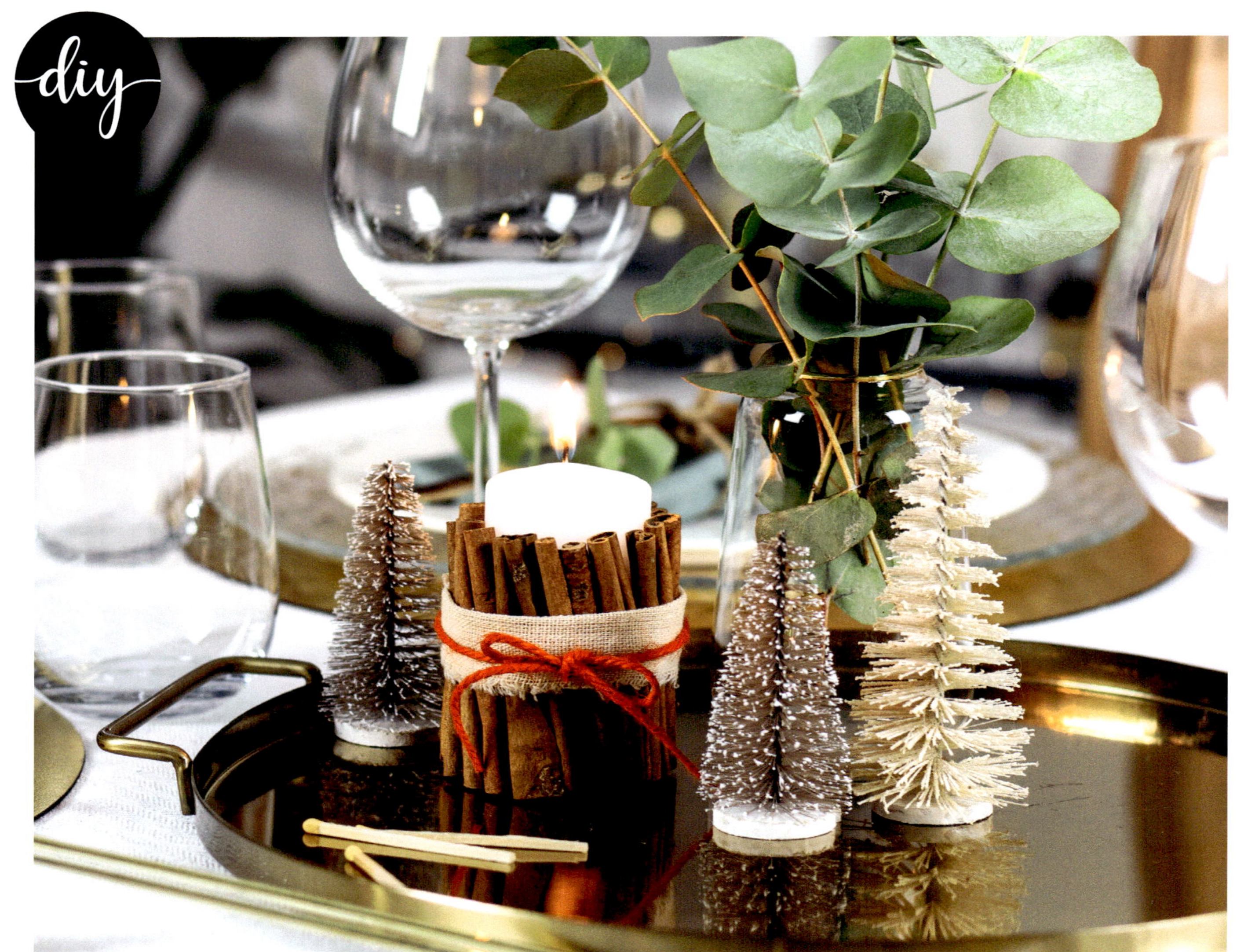

ZIMTSTANGEN-KERZE

Ihr liebt Zimt und bastelt gerne? Dann schnappt euch eine Stumpenkerze, ein Gummiband und ein paar Zimtstangen, schon könnt ihr eine schicke Tischdeko für Weihnachten basteln.

so geht's

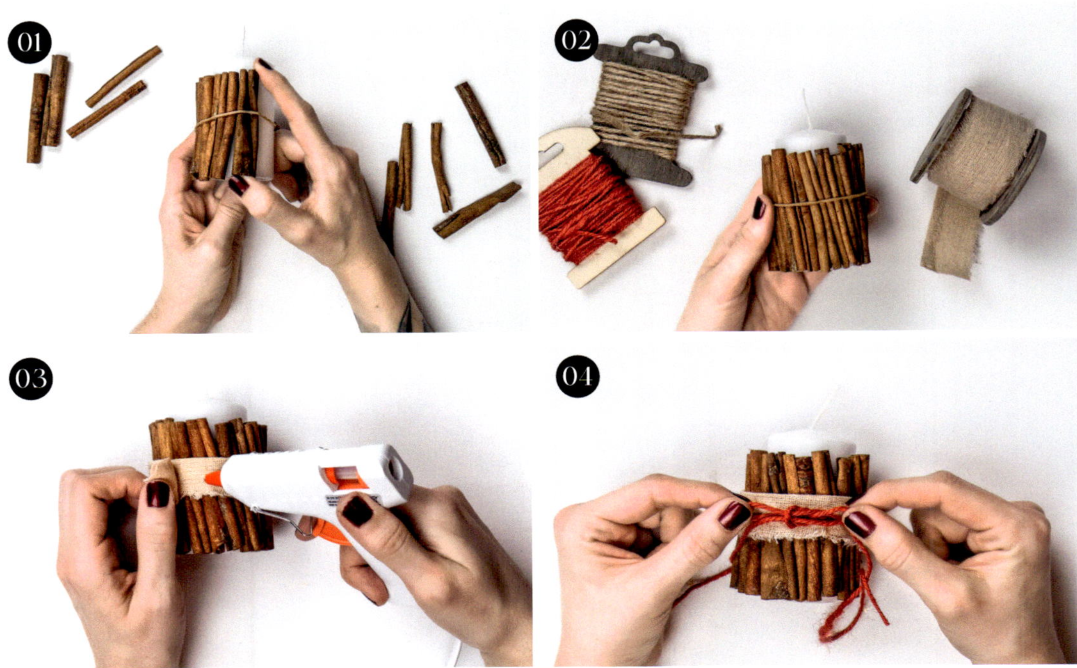

Material

- Stumpenkerze
- Gummiband
- Zimtstangen
- Bastelschere
- Heißklebepistole
- Juteband, z. B. von Rayher
- Jutekordel, z. B. von Rayher

Step by Step

1. Ein Gummiband um die Stumpenkerze binden.
2. Anschließend rundherum Zimstangen durchziehen, sodass ein Kranz aus Zimtstangen entsteht.
3. Ein Juteband herumwickeln und mit ca. 2 cm abschneiden. Das Juteband mit einer Heißklebepistole fixieren.
4. Zum Schluss noch eine Jutekordel festbinden – fertig ist der selbstgemachte Kerzenständer.

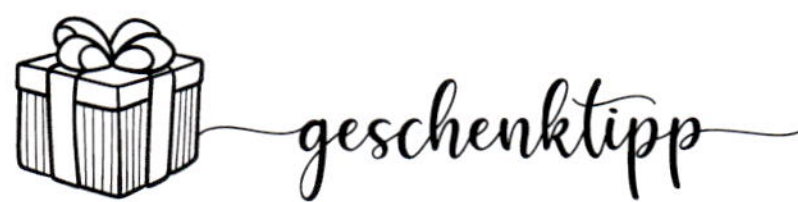

geschenktipp

*Der Kerzenständer ist ein super Geschenk für Arbeitskolleg*nnen oder Freund*innen. Dazu die Kerze in einer Papier- oder Cellophantüte verpacken und verschenken.*

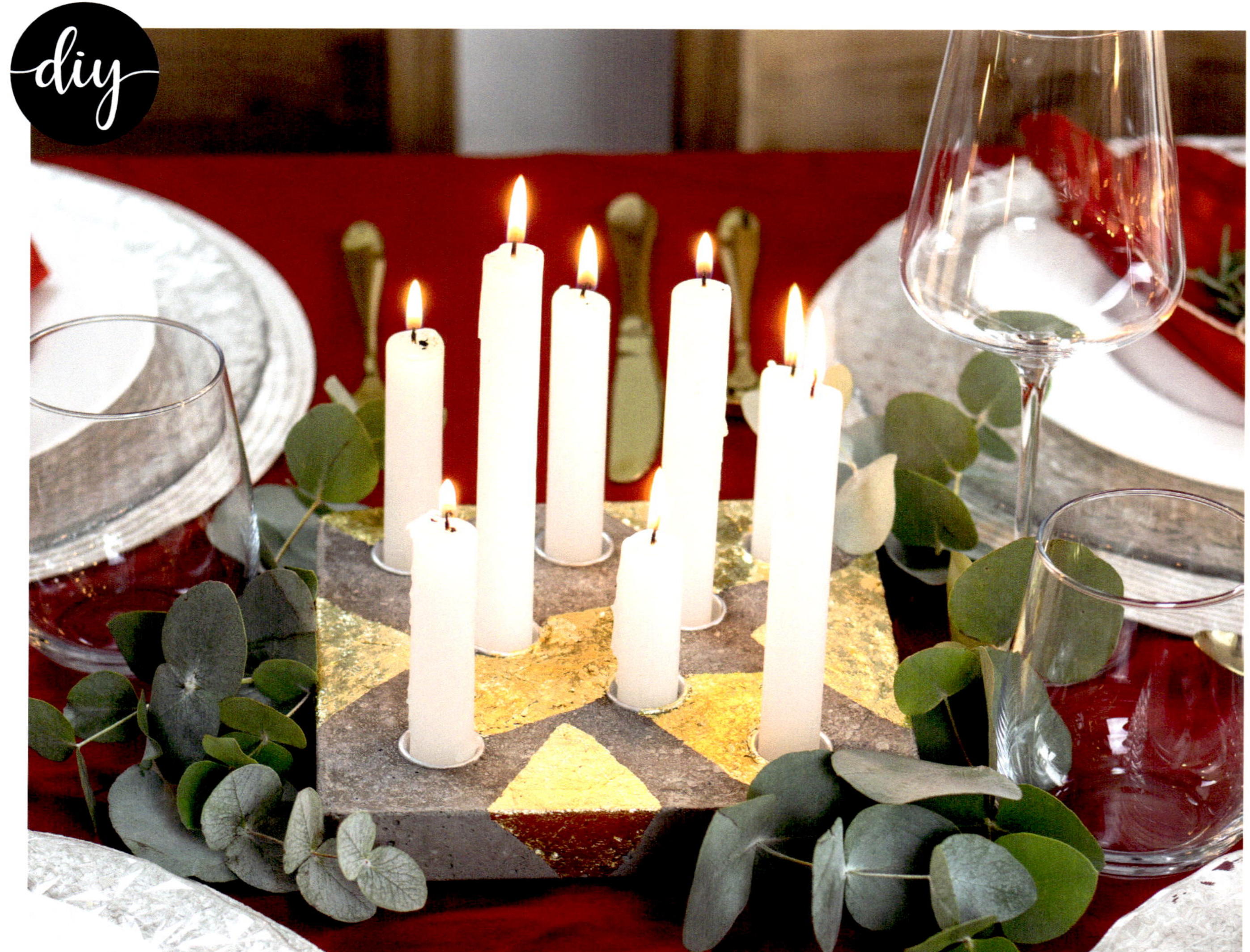

KERZENSTÄNDER AUS BETON

Kerzenschein darf bei unserem Weihnachtsessen nicht fehlen, denn er bereitet eine angenehme Stimmung und sorgt für Gemütlichkeit beim Festessen. Ich zeige euch, wie ihr mit wenigen Schritten ein Exemplar aus Beton gießen könnt.

so geht's

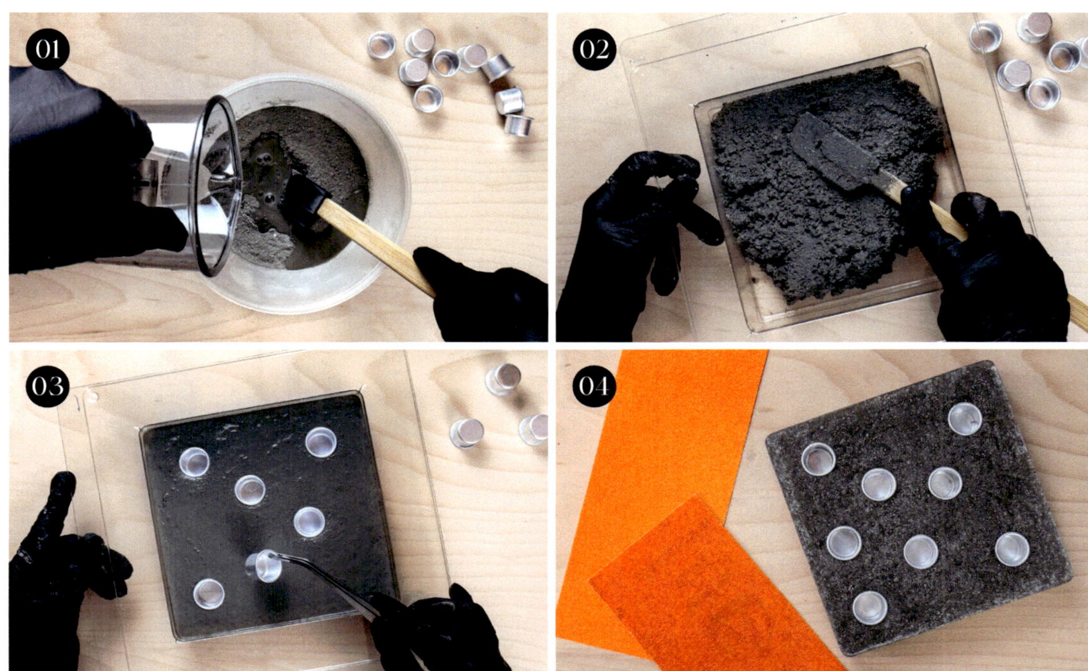

Material

- 2 kg Kreativ-Beton
- 200 ml Wasser
- Gießform 18,5 x 18,5 x 3,5 cm
- Speiseöl und Küchenpinsel
- Kerzentüllen
- Pinzette
- Deko-Metall-Anlegemilch
- Pinsel
- Deko-Metall in Gold
- Deko-Metall-Schutzlack
- Gummihandschuhe

Step by Step

1 Kreativ-Beton im Verhältnis 1:10 anmischen, das heißt 2 kg Beton mit 200 ml Wasser. Dazu eine alte Schüssel verwenden sowie einen Holzkochlöffel.

2 Vor dem Betongießen die Gießform mit Speiseöl einstreichen und dann den Beton eingießen.

3 Die Form ein paar Mal vorsichtig aufklopfen, damit Luftbläschen entweichen können. Anschließend mit einer Pinzette die Kerzentüllen im gewünschten Abstand in den Beton stecken.

4 Den Beton für 24 Stunden aushärten lassen. Zum Entformen die Gießform umdrehen, auf ein Geschirrtuch legen und vorsichtig auf einem festen Untergrund auf die Form klopfen. Überstehende Kanten mit Schleifpapier abschleifen. →

weiter geht's

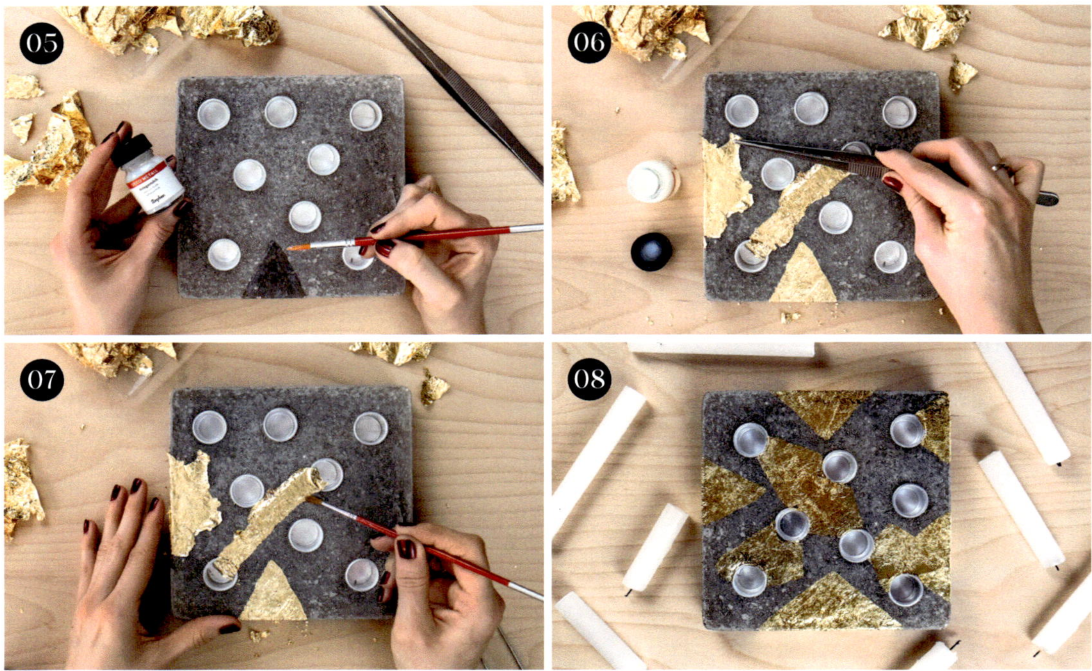

Tipp

Ihr könnt nach Lust und Laune unterschiedliche Formen zum Gießen des Betonständers verwenden, auch Joghurtbecher oder PET-Flaschen eignen sich dafür. Besonders toll sieht es aus, wenn die Kerzen unterschiedlich lang sind. Dazu könnt ihr sie einfach unterschiedlich lange abbrennen lassen.

5 Anlegemilch mit einem Pinsel auf der gewünschten Fläche auftragen und antrocknen lassen.

6 Deko-Metall in kleinen oder größeren Stücken vorsichtig mit einer Pinzette auflegen und mit einem Pinsel sanft andrücken.

7 Sobald die Anlegemilch getrocknet ist, die überstehenden Deko-Metall-Reste mit einem trockenem Pinsel oder einem weichen Tuch wegwischen.

8 Anschließend den Betonkerzenständer mit einem weichen Tuch polieren und Deko-Metall-Schutzlack auftragen. Kerzen in die Tüllen stecken, und fertig ist der selbstgemachte Kerzenständer.

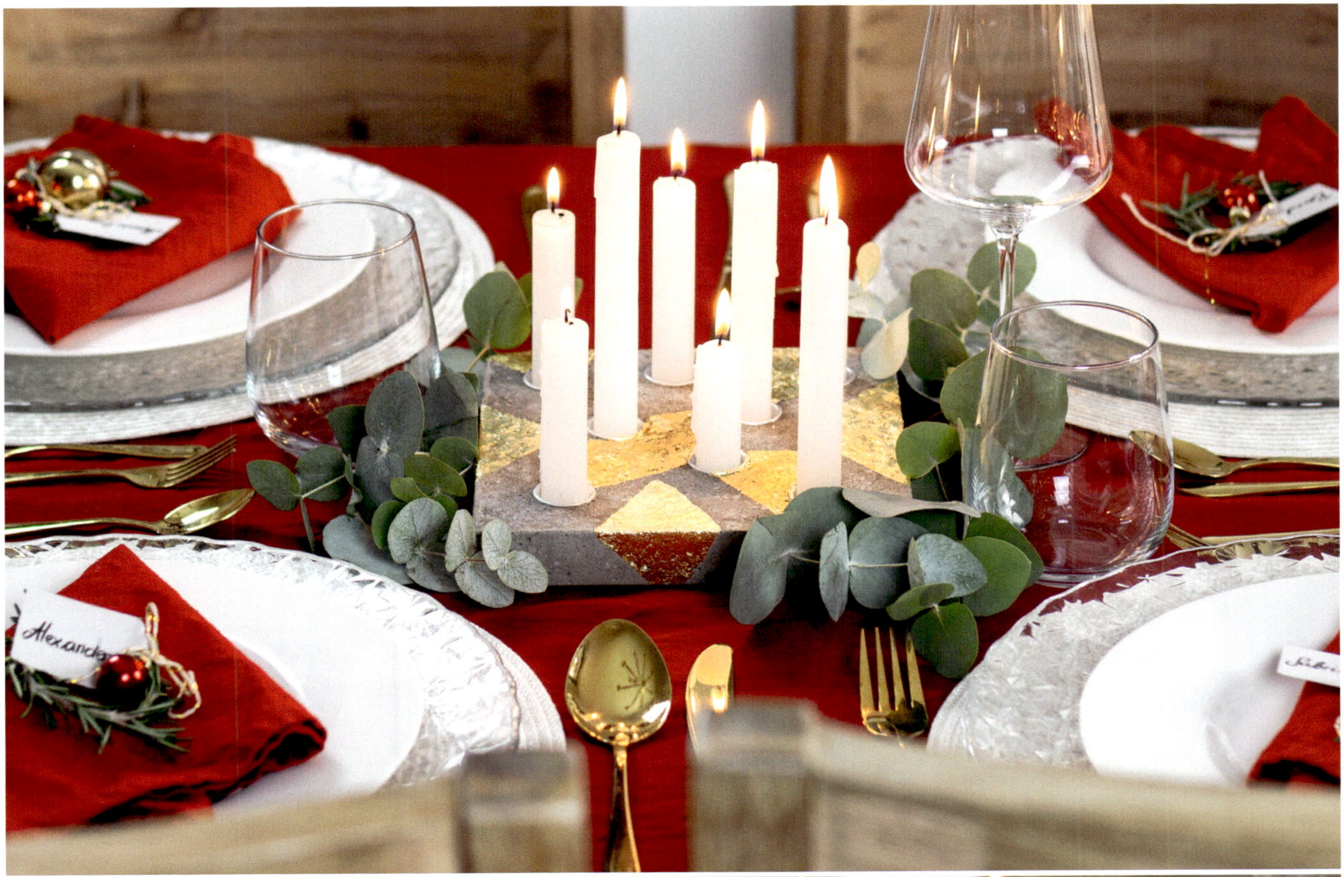

life hack

Sollten eure Kerzen in den Tüllen wackeln, könnt ihr diese mit einem einfachen Trick fixieren: Die Kerze anzünden und das geschmolzene Wachs auf den Boden der Tülle tropfen lassen. Wenn ihr genug Wachs in der Tülle habt, stellt ihr die Kerze mit der Unterseite in das Wachs und justiert diese, bis sie gerade steht, und das flüssige Wachs fest geworden ist.

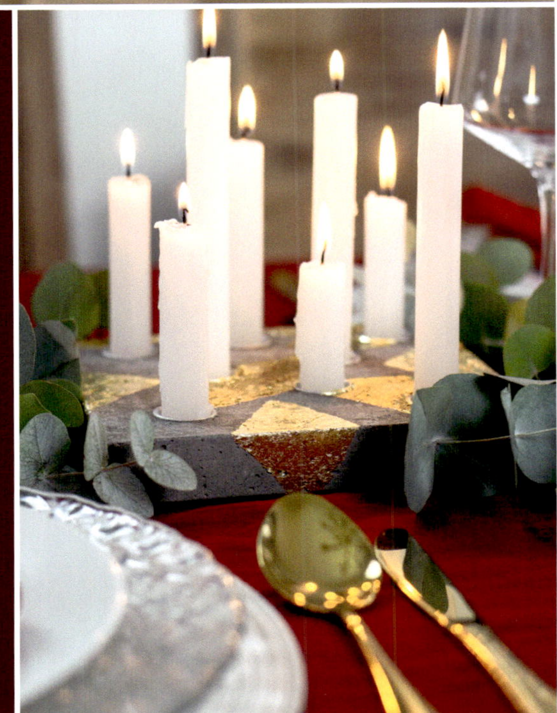

WEIHNACHTLICHES CHARCUTERIE-BOARD

Heute servieren wir Charcuterie-Boards, also Platten mit Wurstwaren und Schinken, Käse und Nüssen, Früchten und Crackern. Im Anschluss an diese Anleitung gibt es ein Charcuterie-Ein-Mal-Eins und reichlich Tipps fürs Belegen.

4 Personen

- 12 Rosmarinzweige
- 80 g Salami
- 80 g Mini-Salami
- 50 g Bergkäse
- 50 g Pestokäse
- 50 g Chili-Käse
- Cracker nach Wahl
- 2–3 Feigen
- 2–3 EL Oliven
- 4 Cocktailtomaten
- Weintrauben
- Granatapfelkerne
- Sternfrucht
- Brot und Baguette
- (Trüffel-)Butter
- Chutney

Zubereitung

1 Zunächst die Rosmarinzweige auf die runde Platte legen, um eine Kranzform zu bilden.

2 Danach Salarmirosen formen. Hierzu werden Salamischeiben abwechselnd am Rand eines Glases aufgelegt. Je kleiner das Glas im Durchmesser, umso kleiner wird auch die Rose. Im Schnitt verwende ich ca. 16–20 Salamischeiben pro Rose. Sobald ihr die Scheiben nach und nach überlappend aufgelegt habt, könnt ihr das Glas umdrehen und die Salamirose gestützt auf eure Platte legen.

3 Nach den Rosen folgen Käsestücke, die ihr in Würfel, Scheiben oder Ecken schneiden könnt.

4 Antipasti, wie Oliven, halbierte Feigen oder Tomaten, werden ebenso wie Granatapfelkerne und Cracker abwechselnd auf den Kranz gelegt. Mit Weintrauben ergänzen.

5 Frisches Brot, selbstgemachtes Chutney (siehe Seite 156) sowie Trüffelbutter und weitere Antipasti können zum Charcuterie-Board gestellt werden. Viel Spaß beim Zugreifen und lasst es euch schmecken.

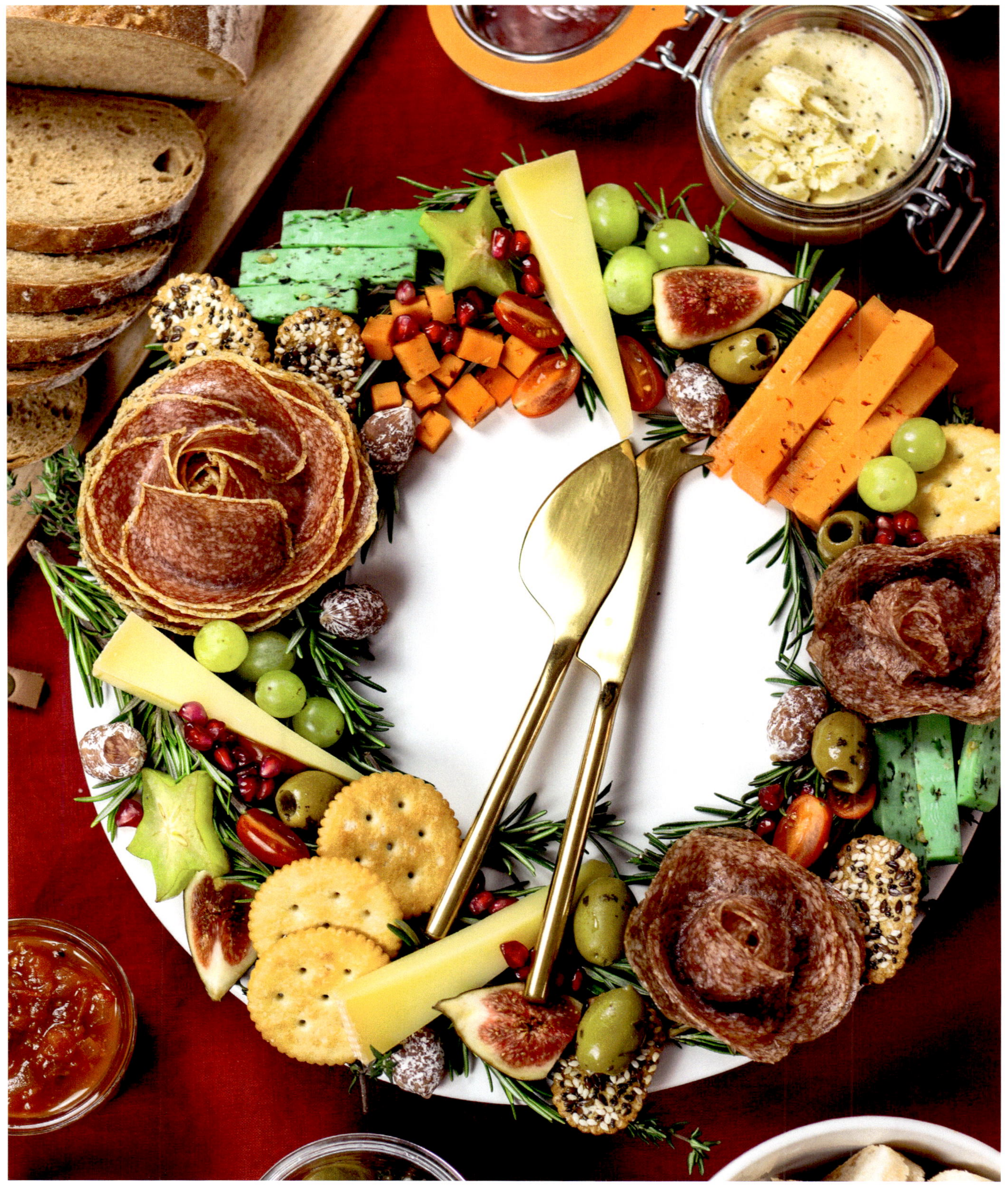

TIPPS FÜR EIN CHARCUTERIE-BOARD

Charcuterie ist seit einigen Jahren in aller Munde – buchstäblich. Mittlerweile hat sich aus der französischen traditionellen Charcuterie ein echter Trend entwickelt. Damit ihr für das bevorstehende Weihnachtsfest ein Charcuterie-Board zusammenstellen könnt, habe ich hier einige Tipps für euch gesammelt.

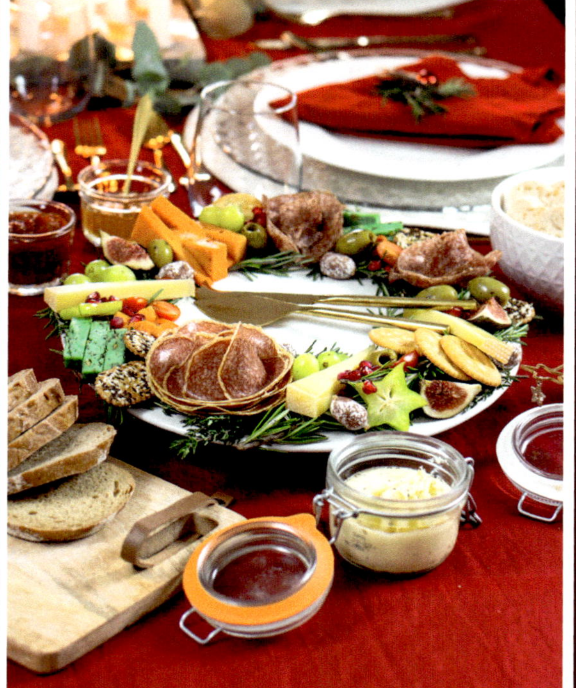

Das Brett

Zunächst benötigt ihr ein Holzbrett oder eine Servierplatte, auf der ihr eure Variation auflegen könnt. Je nachdem, ob ihr das Board für 2–4 oder 6–8 Personen vorbereitet, solltet ihr euch auf die passende Form und Größe festlegen. Das Brett kann rechteckig oder auch rund sein. Aus meiner Erfahrung ist ein Brett mit einer Größe von 40 x 25 cm für 2–4 Personen ausreichend, wohingegen ein Brett für 6–8 Personen durchaus 60 cm x 35 cm groß sein kann. Das Brett könnt ihr zudem mit Backpapier auskleiden, damit vor allem fetthaltige Lebensmittel, wie Salami und Co. das Holz nicht beschädigen.

Überlegt euch ein Thema

Damit ihr einen Überblick über den Inhalt eurer Platte bekommt, überlegt euch zunächst ein Thema. Essen eure Gäste eher mehr Fleisch oder lieber vegetarisch? Sollte es auch vegane Alternativen geben? Sobald ihr wisst, in welche Richtung das Charcuterie-Board geht, schreibt euch eine Einkaufsliste, besorgt alle Zutaten, und dann kann es auch schon losgehen.

Schüsseln und Besteck

Zum Anrichten habe ich auch noch folgenden Tipp: Startet z.B. mit den Gläsern oder Schälchen, in denen ihr die Dips anrichten möchtet (z.B. Feigen-Senf-Sauce oder Hummus). Die Schüsselchen stellt ihr als erstes auf das Brett und legt nun rundherum Käse, Früchte, Schinken oder Cracker. Käsemesser, Gabeln, Messer, Löffel, Brotmesser und Co. neben die Platte legen, ebenso wie Teller oder Servietten, damit sich deine Gäste einfach bedienen können.

Mehr ist mehr

Grundsätzlich gilt: Räumt die Platte so voll ihr möchtet, und nutzt jeden noch so kleinen Spalt oder jeden Zwischenraum für weitere Snacks. Ihr könnt beispielsweise Pistazien oder Erdnüsse, Granatapfelkerne oder weitere Früchte drapieren. Am Ende sieht das Charcuterie-Board dann nämlich richtig üppig aus!

Seid kreativ

Inspiration für das Belegen eines Charcuterie-Boards findet ihr vor allem bei Pinterest. Dort könnt ihr euch tolle Tipps holen und findet auch Anleitungen dazu, wie ihr Salami-Rosen bilden könnt. Auf Seite 150 habe ich euch die einzelnen Schritte zusammengefasst.

EINE PLATTE, VIELE VARIATIONEN

Wählt drei bis vier Wurst- oder Käsesorten und ergänzt diese mit Aufschnitten oder Aufstrichen. Süße und saure Komponenten dürfen nicht fehlen, zum Beispiel eingelegtes Gemüse oder süße Früchte. Hier kommt eine Übersicht zur Inspiration.

Käse

- Grana Padano oder Parmesan
- Bergkäse
- Emmentaler
- Cheddar
- Gouda
- Brie
- Ziegenkäse oder Schafskäse
- Gorgonzola

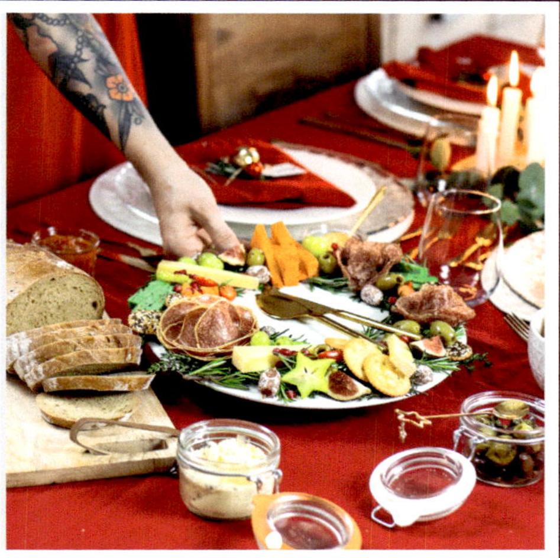

Wurstwaren & Feinkost

- Parma- oder Serrano-Schinken
- Chorizo
- Salami
- Speck
- Schinken
- Pasteten
- Leberwurst

Antipasti

- Getrocknete oder halbgetrocknete Tomaten
- Oliven
- Kapern
- Eingelegter Knoblauch
- Eingelegte Chili oder Jalapeños
- Gegrillte Zucchinischeiben, Paprika oder Auberginen
- Artischocken

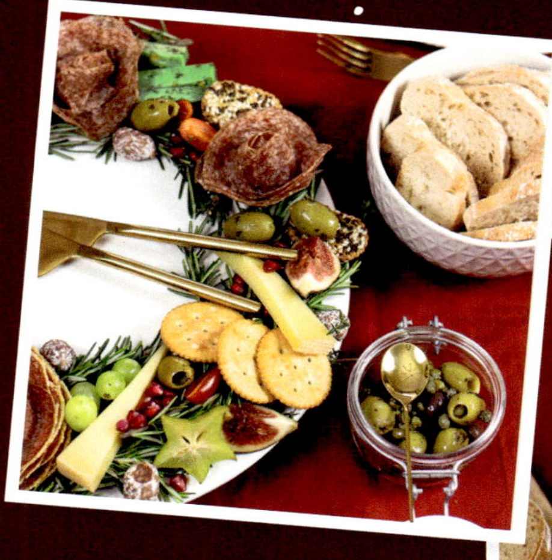

Rohkost, Früchte und Nüsse

- Karottensticks
- Radieschen und bunter Rettich
- Rucola und Salat
- Rosmarin, Oregano oder Basilikum
- Frühlingszwiebelringe
- Avocado
- Gurken
- Cocktailtomaten
- Gemüsechips
- Weintrauben, rot und grün
- Granatapfelkerne
- Brombeeren
- Honigmelone
- Feigen
- Trockenfrüchte, z. B. Cranberrys, Aprikosen
- Mandeln
- Walnüsse
- Cashewkerne
- Pistazien
- Pinienkerne
- Paranüsse

Dips, Cracker und Brote

- Hummus
- Frischkäse
- Aufstriche, z. B. rote Beete
- Feigen-Senf-Sauce
- Senf
- Chutney
- Cracker
- Salzstangen
- Grissini
- Bruschetta-Chips
- Baguette
- Brot
- Ciabatta

TOMATEN-APFEL-CHUTNEY

Zu Käse- und Snackplatten passt ein süß-säuerliches Chutney. Durch das vielseitige Aroma passt Chutney besonders gut zu Fleisch oder Fisch, Wild, Roastbeef oder kaltem Braten, Käse und Kartoffeln, aber auch einfach zu Brot.

4 Gläser à 200 ml

- 1 kg Tomaten
- 2 Äpfel, säuerlich
- 2 kleine Zwiebeln
- 3 Knoblauchzehen
- 1 EL Sonnenblumenöl
- 2 TL Senfkörner
- 300 g Rohrzucker
- 500 ml Essig
- 1½ EL Salz
- ½ TL Pfeffer

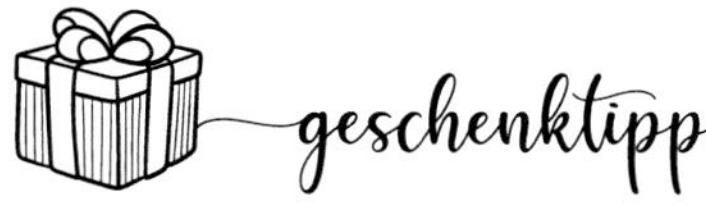

Chutneys eignen sich hervorragend als selbstgemachtes Weihnachtsgeschenk. Ihr könnt dabei allerlei Variationen ausprobieren. Die Einmachgläser könnt ihr mit verschiedenen Bändern dekorieren, oder aber ihr bemalt diese mit einem Lackmalstift.

Zubereitung

1. Die Tomaten waschen und auf einem Küchenbrett hacken, dabei möglichst entkernen. Äpfel schälen, Kerngehäuse entfernen und würfeln.
2. Zwiebel abziehen, in feine Würfel schneiden, den Knoblauch schälen und pressen. Öl in einem Topf erhitzen und Senfkörner zugeben. Die Senfkörner so lange anrösten, bis sie aufspringen.
3. Anschließend die Tomaten, Äpfel, Zwiebeln und den gepressten Knoblauch zugeben. Die Hälfte des Zuckers unter ständigem Rühren bei mittlerer Hitze eindicken lassen. Den restlichen Zucker ebenso wie Essig, Salz und Pfeffer zur Tomatenmischung geben.
4. Das Chutney für zwei Stunden auf mittlerer Hitze köcheln lassen und gelegentlich umrühren. Sobald es eingedickt ist, könnt ihr das Chutney abschmecken und in saubere, heiß ausgespülte Einmachgläser füllen. Die Gläser sofort verschließen.
5. Das Chutney hält sich kühl und dunkel gelagert ca. 6 Monate. Einmal geöffnet, das Glas im Kühlschrank aufbewahren und rasch verbrauchen.

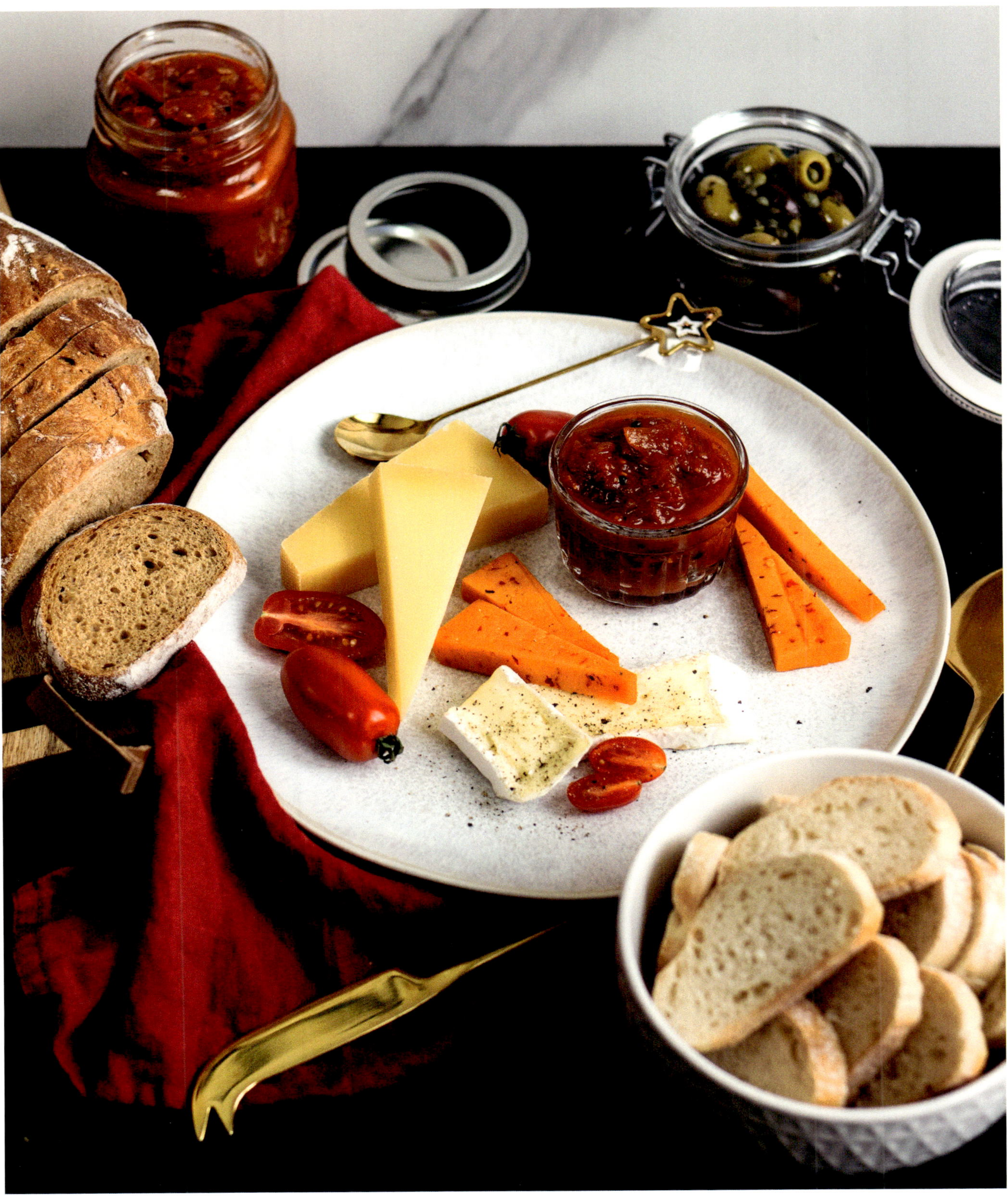

CRANBERRY-GRAPEFRUIT-SPRITZ

An Weihnachten trinken wir gerne ein Glas Wein zum Abendessen oder ein Glas Prosecco zum Brunch. Aber manchmal darf es auch etwas mehr sein, nämlich ein erfrischend-leichter Aperitif, wie dieser Cranberry-Grapefruit-Spritz.

1 Glas

- 60 ml Cranberry Saft
- 40 ml Cointreau (oder anderen Orangenlikör)
- 1 Scheibe Grapefruit
- 140 ml Prosecco
- 1 Rosmarinzweig
- Eis
- Cocktailshaker
- langstieliger Löffel
- Papierstrohhalm

Zubereitung

1. Cranberry Saft mit Cointreau in einem Cocktailshaker vermengen und gut umrühren.
2. Eine Grapefruit halbieren und zwei Scheiben herausschneiden. Eine Scheibe in ein Weißweinglas legen und mit Eiswürfel auffüllen.
3. Den Cranberry-Mix ins Glas füllen und mit eisgekühltem Prosecco auffüllen. Mit einem langstieligen Löffel verrühren, einen Rosmarinzweig ins Glas stecken und mit Eis servieren. Lasst es euch schmecken.

Tipp

Wer möchte, kann auch frischen Grapefruitsaft zum Cocktail mixen. Dazu 2–3 Grapefruits gut auspressen. Wem der Geschmack der Grapefruit zu bitter ist, kann diese auch gegen frisch gepressten Orangensaft sowie Orangenscheiben ersetzen.

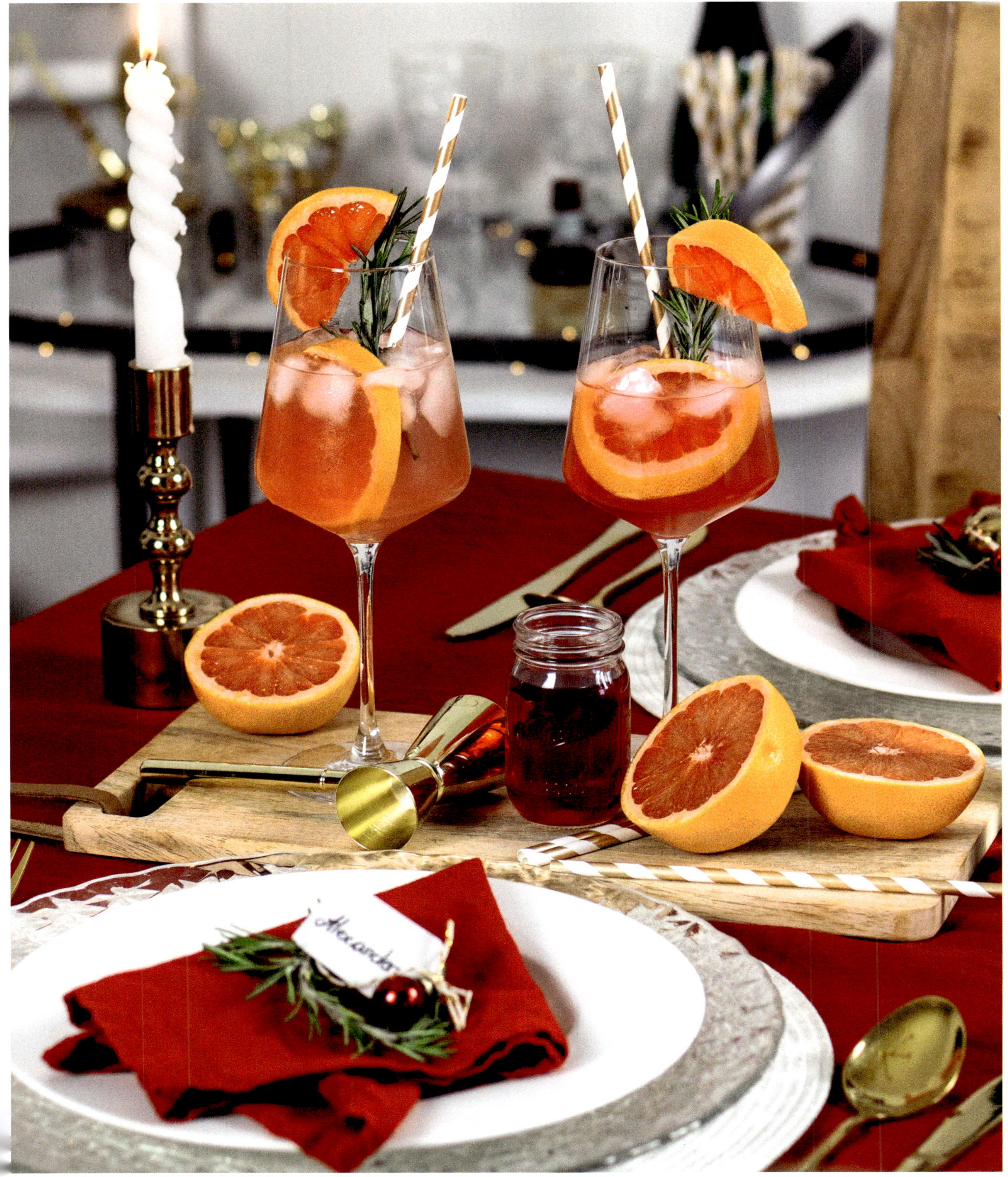

GRANATAPFEL-GIN-SPRITZ

Granatapfel, Gin und Prosecco – eine verführerische und süß-säuerliche Kombination, die richtig gut zu Weihnachten passt. Ob als Aperitif vor dem Weihnachtessen oder als Drink zur Käseplatte – dieser Cocktail ist schnell zubereitet und wirkt einstimmend.

1 Glas

- 1 EL Granatapfelkerne
- 50 ml Granatapfelsaft
- 30 ml Gin
- 100 ml Prosecco
- Cocktailshaker

Zubereitung

1. Granatapfelkerne aus dem Granatapfel lösen.
2. Jeweils einen Esslöffel der Granatapfelkerne in ein Cocktailglas füllen.
3. Granatapfelsaft und Gin in einem Cocktailshaker mixen und den Inhalt ins Glas füllen.
4. Mit Prosecco auffüllen und genießen.

Tipp

Am besten klappt das Auslösen des Granatapfels unter Wasser. Dazu den Granatapfel auf einem Küchenbrett vorsichtig auseinander schneiden und halbieren. Eine Schüssel mit Wasser füllen, den Granatapfel unter Wasser aufbrechen und die Kammern mit den Fingern leeren. Die Granatapfelkerne sinken zu Boden, die einzelnen Membrane des Granatapfels treiben an der Oberfläche und können nun ganz einfach mit einem Löffel oder einer Kelle abgeschöpft werden. Den restlichen Inhalt der Schüssel über einem Küchensieb abseihen.

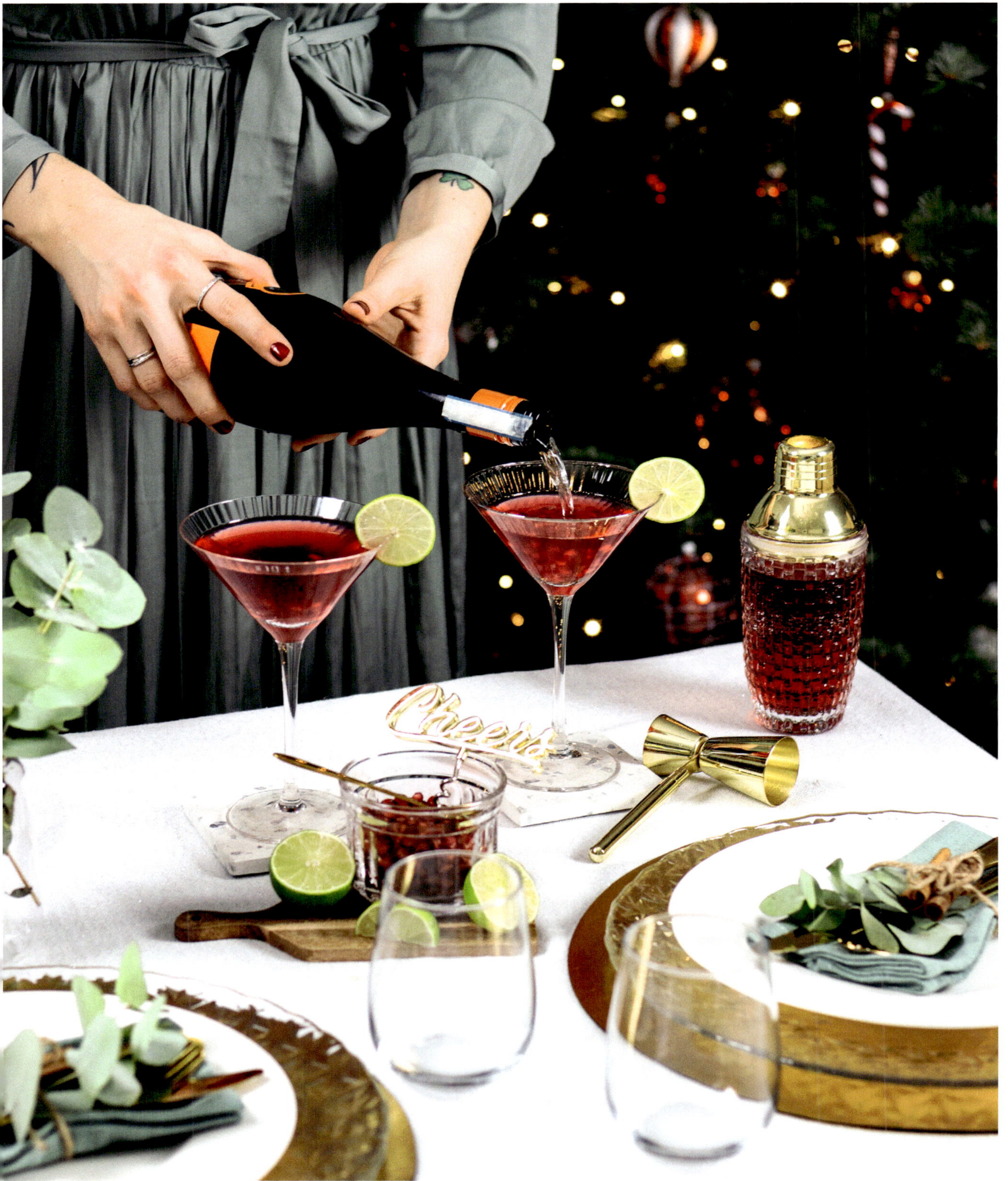
Cheers

PANCAKES MIT BRAT-APFEL UND SIRUP

Am Morgen nach Heiligabend bereite ich seit einigen Jahren dieses traditionelle Weihnachtsfrühstück zu. Wenn sich der süße Duft im Haus verbreitet, sind meine Kinder meist nicht weit entfernt und freuen sich auf fluffige Pancakes mit Früchten.

Für 10 Stück

- 3 Eier, getrennt
- 4 EL Zucker
- 1 EL Zimt
- 250 ml Milch
- 220 g Mehl
- 1 TL Backpulver
- Butter für die Pfanne

Für den Bratapfelsirup

- 3 Äpfel
- 1 EL Zimt
- 150 g brauner Zucker

Zubereitung

1. Eigelb mit Zucker schaumig rühren. Zimt und Milch sowie Mehl und Backpulver unterrühren.
2. Das Eiklar extra in einer Schüssel steif schlagen und dann vorsichtig den Eischnee mit einem Schneebesen unter den vorbereiteten Teig heben.
3. Eine Pfanne mit Butter ausstreichen und aufheizen. Bevor ihr die erste Kelle Teig in die Pfanne gebt, die Hitze auf mittlere Stufe reduzieren.
4. Pancakes in der Pfanne herausbraten. Ich wende den Pancake zum ersten Mal, wenn sich an der Oberseite Bläschen gebildet haben.
5. Für den Sirup die Äpfel schälen, in Würfel schneiden und in einer beschichteten Pfanne ohne Fett anbraten. Zimt und braunen Zucker zufügen, gut umrühren. Sobald der Zucker karamellisiert, mit etwas Wasser ablöschen und so lange köcheln, bis sich ein Sirup bildet.
6. Die Pancakes mit frischen Beeren und weiteren Früchten garnieren und es sich schmecken lassen.

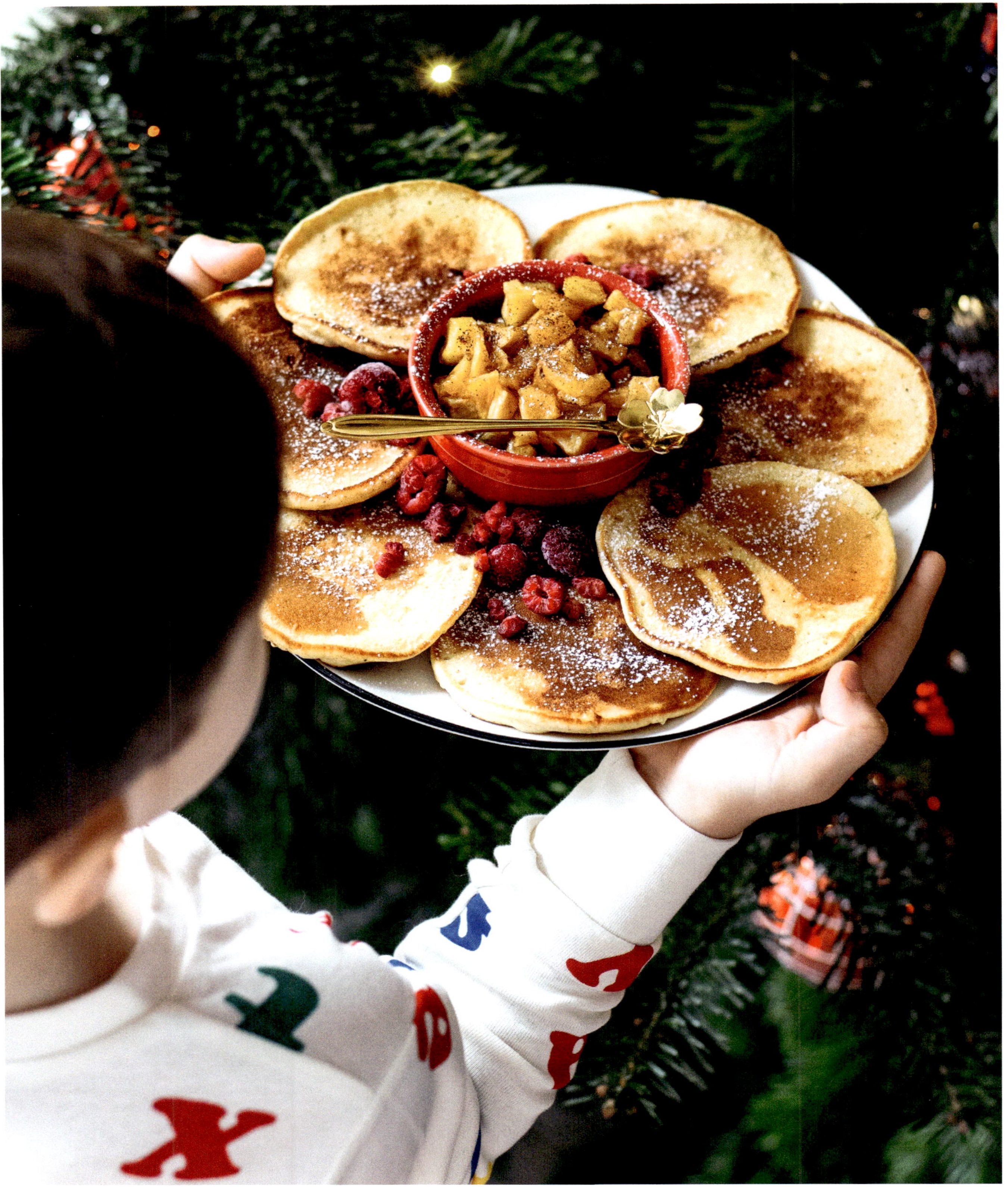

TIPPS FÜR STRESSFREIE UND ENTSPANNTE FEIERTAGE

Damit ihr bei all den Besorgungen und Vorbereitungen nicht die Nerven verliert und euch auf das Wesentliche besinnt, habe ich euch die wichtigsten Punkte aus meiner persönlichen Checkliste zusammengestellt. So geht es stressfrei durch den Advent.

To-Do-Liste erstellen

Mit einer Liste, auf der ich mir sämtliche Erledigungen, Bastelarbeiten, Rezepte, Gästelisten und generell alles, was ich an den 24 Adventtagen auf keinen Fall vergessen darf, notiert habe, komme ich um einiges stressloser durch die Adventszeit. Die Liste kann ich immer wieder erweitern oder offene Punkte aufschreiben. Auf Seite 167 findet ihr ein Beispiel.

Angebote vorab durchsuchen

In Bezug auf Geschenke oder auch auf den Lebensmitteleinkauf für das Weihnachtsessen lohnt es sich, rechtzeitig Angebotsblätter durchzusehen, um Passendes zu finden.

Einpackservice nutzen

In vielen Shops und manchen Einkaufscentern gibt es die Möglichkeit, gekaufte Produkte direkt vor Ort verpacken zu lassen. Dies kann durchaus Stress ersparen und ist vor allem dann hilfreich, wenn das Geschenke Verpacken nicht unbedingt zu euren Lieblingsbeschäftigungen im Advent zählt.

Pause machen

Sich zu viel Kopf über das Weihnachtsfest zu machen und von A nach B zu hetzen, macht auf Dauer müde, also solltet ihr immer eine Pause einlegen. Vielleicht gönnt ihr euch zwischendurch einen ruhigen Tag mit Weihnachtsfilmen, einer heißen Tasse Tee und Keksen?

Weihnachtsfeiertage frühzeitig durchplanen

Damit ich vorab weiß, welche Verwandtschaftsbesuche wir erledigen müssen, kläre ich mindestens zwei Wochen vor Heiligabend sämtliche Termine ab. Das ist auch für den Lebensmitteleinkauf rund um Weihnachten sehr hilfreich.

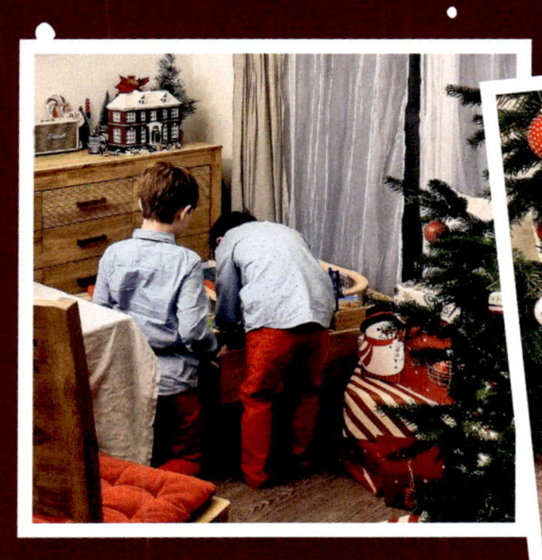

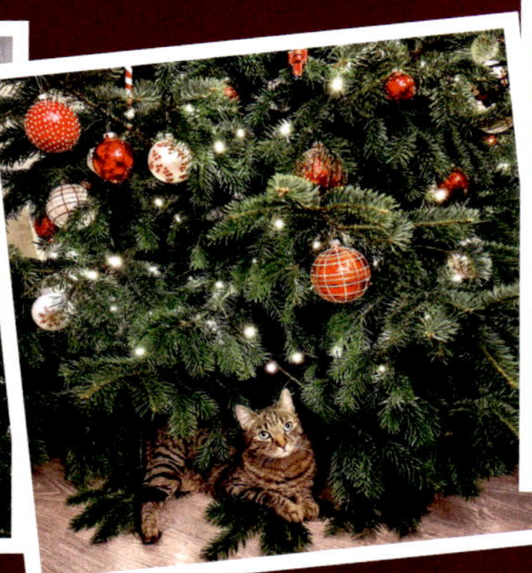

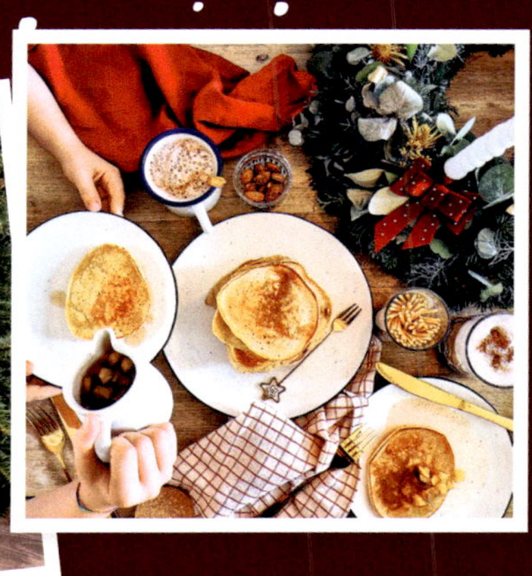

Nur so groß feiern, wie man sich wohlfühlt

Hollywood-Filme gaukeln uns das allerschönste Weihnachtsfest im Kreise der Familie vor, wo alle lachen, sich umarmen, das aufwändigste Festmahl zubereiten, und es an Heiligabend auch noch schneit. Kann vorkommen, tut es aber meistens nicht, denn in der Durchschnittsfamilie kommt es auch mal zu Streit, Tränen oder Frust und das ist völlig normal. Deshalb versuche auch ich immer wieder meine Erwartungshaltung runterzuschrauben und Weihnachten so zu feiern, wie es zu uns passt: Klein, aber fein.

Auch mal nein sagen

Bevor es zu stressig wird, solltet ihr euch daran erinnern, dass ihr auch einmal Nein sagen dürft. Wenn ihr angeboten habt, für die Schule eurer Kinder Kekse zu backen, der Stress kurz vorher aber zu groß ist, dann sagt einfach nein. Am Ende wird immer eine Lösung gefunden, beispielsweise Kekse im Supermarkt kaufen.

Gemeinsam statt einsam

Oftmals habe ich mich mit zig Aufgaben, die ich unbedingt allesamt alleine übernehmen wollte, überfordert. Mittlerweile habe ich gelernt, um Hilfe zu bitten, wenn ich sie brauche, denn gemeinsam lässt sich das Weihnachtsfest auch viel schöner organisieren und feiern.

Smartphone zur Seite legen

Ständig am Smartphone zu hängen und alles zu fotografieren, stresst zusätzlich und verdirbt die Stimmung. Macht zwischendurch Fotos, aber versendet diese doch erst nach dem Fest, damit ihr das Hier und Jetzt genießen könnt, ohne Stress. Handyfreie Zeiten zahlen sich vor allem am 24.12. aus.

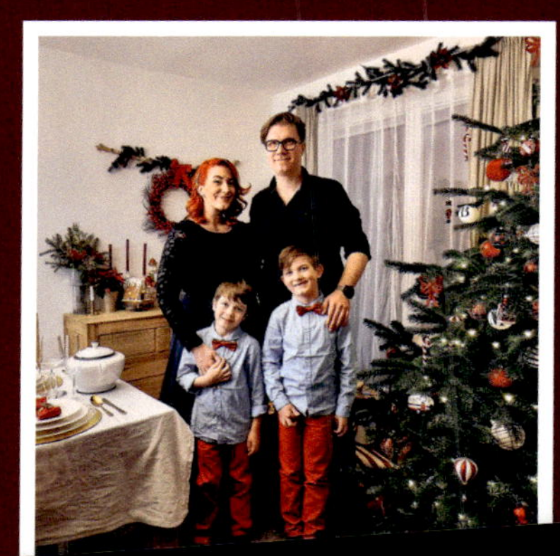

DEINE CHECKLISTE FÜR WEIHNACHTEN

Zusammenfassend gibt es hier noch eine Checkliste für euch, mit der ihr überprüfen könnt, ob ihr auch nichts vergessen habt. Habt ihr schon alles erledigt, oder gibt es noch offene Punkte?

Deko

- Adventskranz binden oder aufstellen
- Adventskalender besorgen oder basteln
- Weihnachtskranz an Tür oder Wände hängen
- Haus dekorieren
- Garten dekorieren
- Baum kaufen
- Baumständer besorgen
- Baum dekorieren

Geschenke

- Wunschzettel schreiben
- Geschenkeliste für Verwandtschaft oder Freunde schreiben
- Wichteln
- Geschenke basteln oder kaufen
- Geschenkpapier basteln oder kaufen
- Geschenke verpacken

Weihnachtsabend vorbereiten

- Friseurtermin buchen
- Outfits bereitlegen
- Gerichte auswählen
- Freunde und Familie einladen
- Einkauf erledigen
- Getränke kühlen
- Dessert vorbereiten
- Tischdekoration kaufen oder basteln
- Tisch dekorieren
- Geschenke unter den Baum legen
- Weihnachts-Playlist zusammenstellen
- Cocktails ausprobieren
- Weihnachtsfoto knipsen

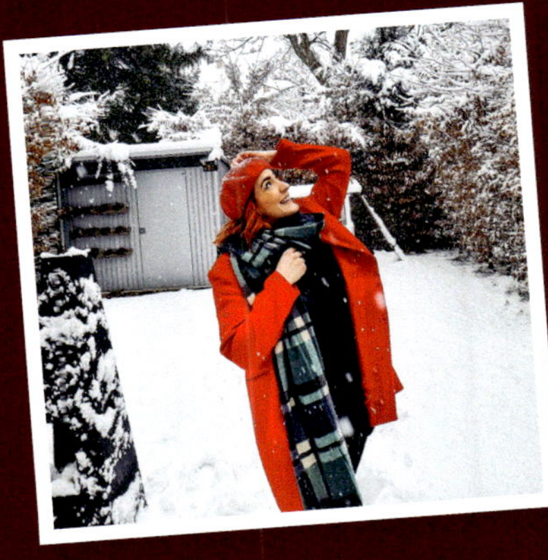

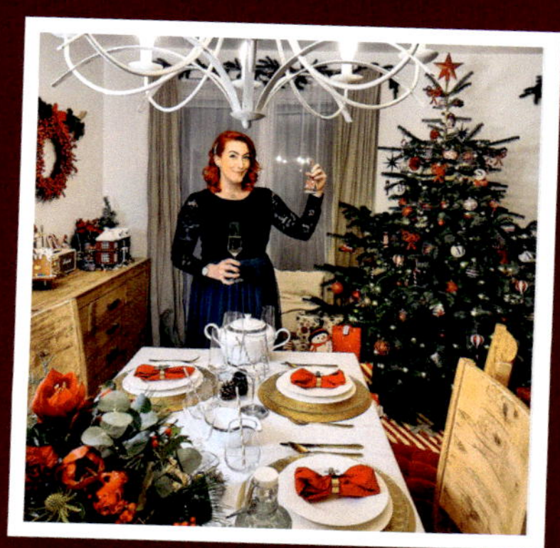

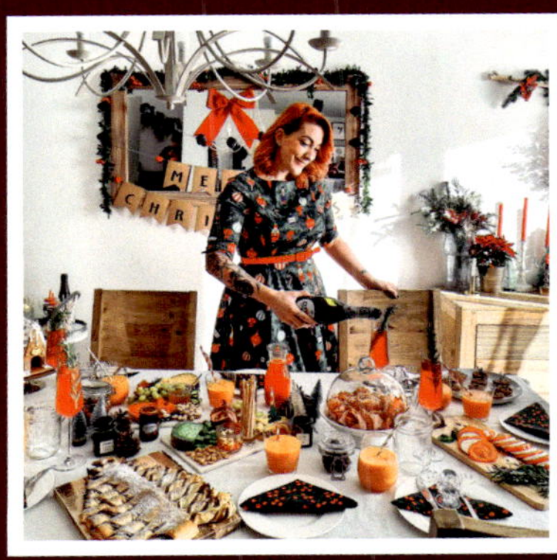

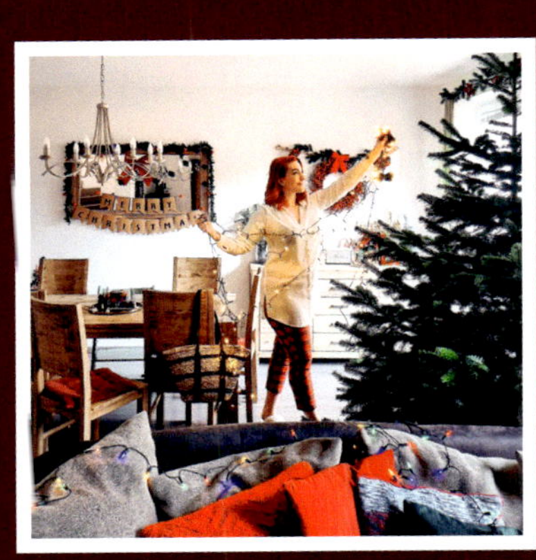

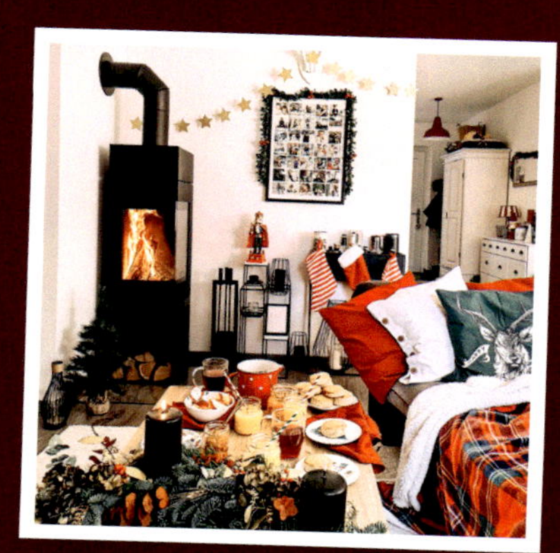

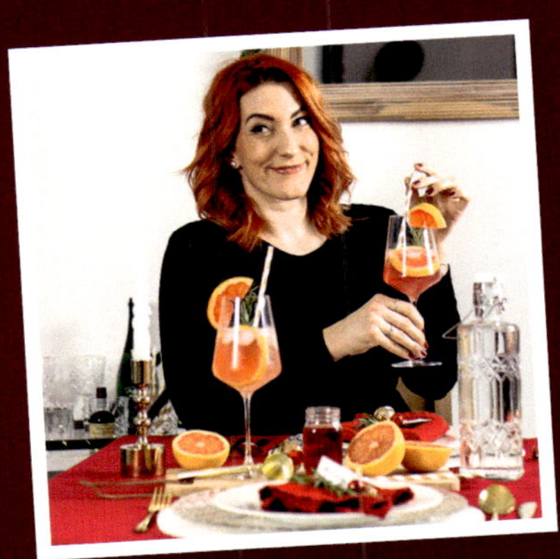

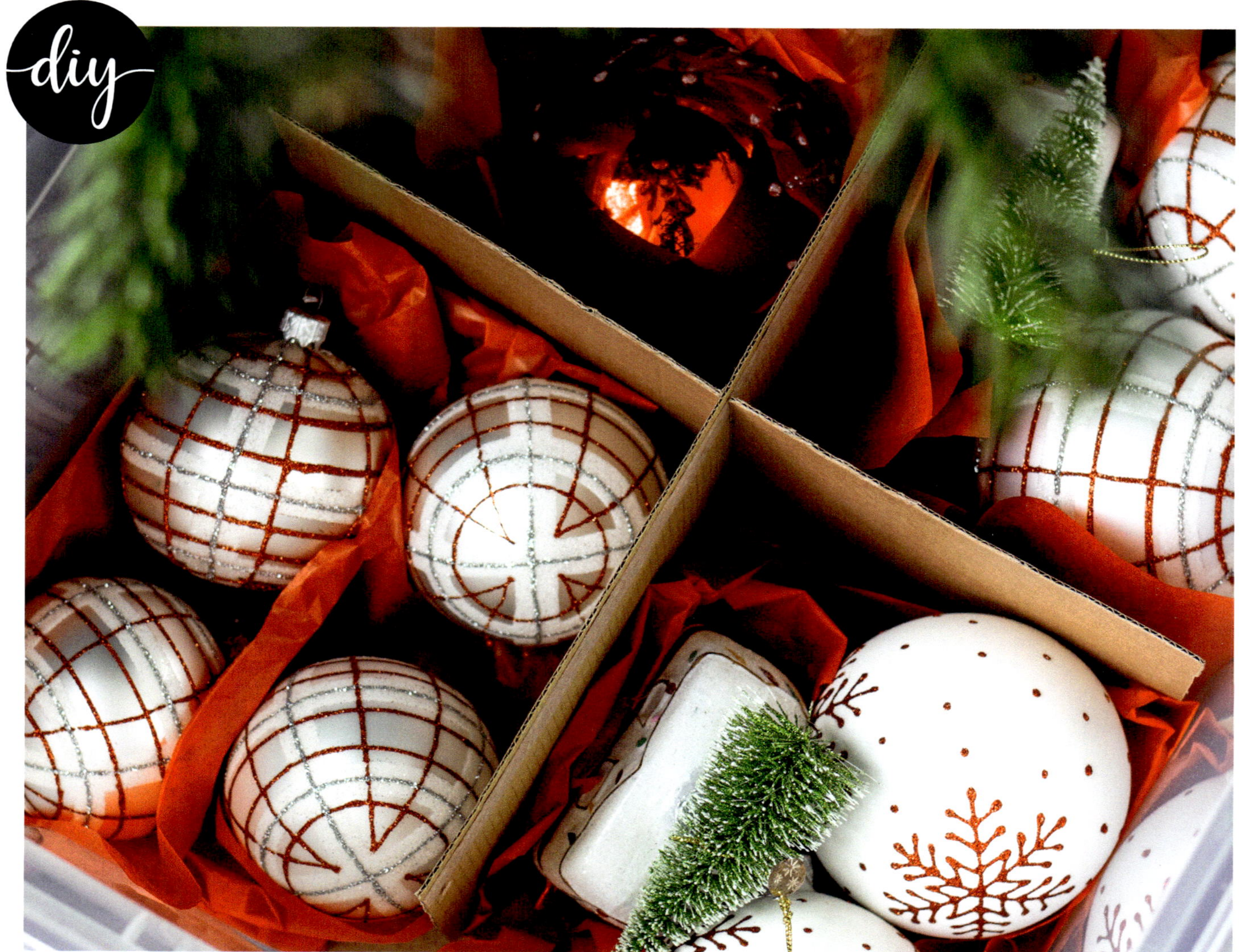

AUFBEWAHRUNG FÜR WEIHNACHTSDEKO

Zerbrochene Christbaumkugeln sind ärgerlich. Daher zeige ich euch, wie ihr eure Kugeln besonders platzsparend und möglichst bruchsicher bis zum nächsten Weihnachtsfest verstauen könnt.

so geht's

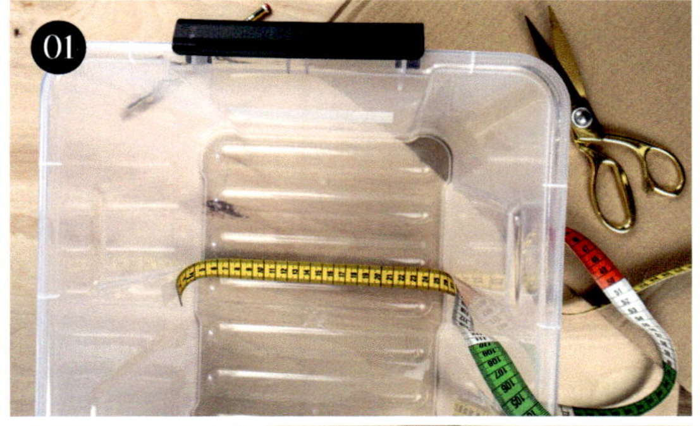

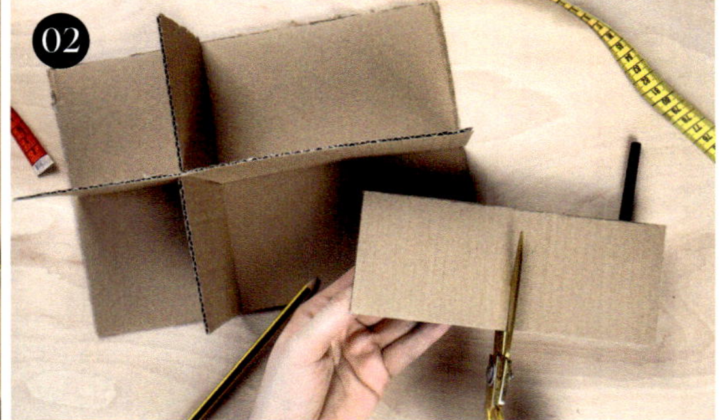

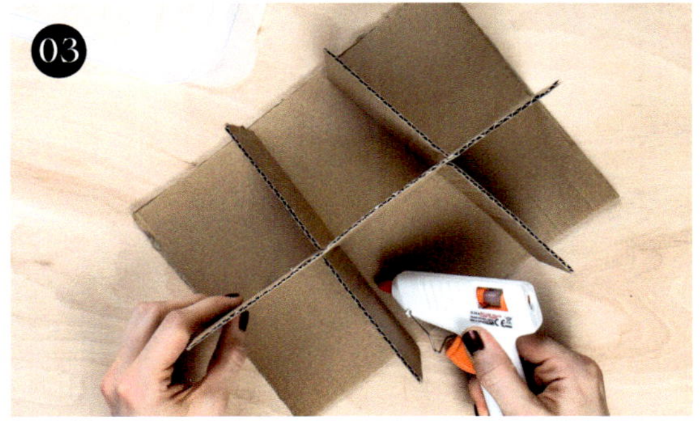

Tipp

Verwendet für die Umsetzung gebrauchtes Verpackungsmaterial. So könnt ihr nachhaltig eure individuell gestalteten Deko-Boxen erstellen.

Material

- Aufbewahrungsbox
- Maßband, Bleistift und Schere oder Teppichmesser
- Karton
- Heißkleber
- Seidenpapier, z. B. von Rayher

Step by Step

1 Zunächst mit einem Maßband die Größe der Aufbewahrungsbox im Inneren abmessen. Notiert euch Länge und Breite. Schneidet nun einen Karton entsprechend der Grundfläche aus.

2 Schneidet einen Kartonstreifen auf die gewünschte Länge und Höhe zu (ca. 2 cm höher als eure Kugel). Zwei weitere Streifen mit der gleichen Höhe und der Breite der Grundfläche werden dann entsprechend zugeschnitten. Schneidet die Streifen bis zur Hälfte ein und steckt sie ineinander.

3 Klebt nun das Kartongitter mit Heißkleber auf die große Kartonfläche und lasst alles gut trocknen. Erstellt euch nach und nach mit entsprechender Größe (Achtung, immer wieder die Box abmessen) Kartoneinsätze für eure Box.

TIPPS UND TRICKS ZUM VERSTAUEN

Weihnachten ist vorbei, und die Deko muss bis zum nächsten Fest weggeräumt werden. Seit ich mehr Organisation in meine Aufbewahrungsboxen gebracht habe, macht mir das Aufputzen, also das Dekorieren, gleich noch viel mehr Spaß. Hier findet ihr einige Tipps dazu, wie ihr euren Baumschmuck und zerbrechliche Dekoration gut und vor allem ordentlich aufbewahren könnt.

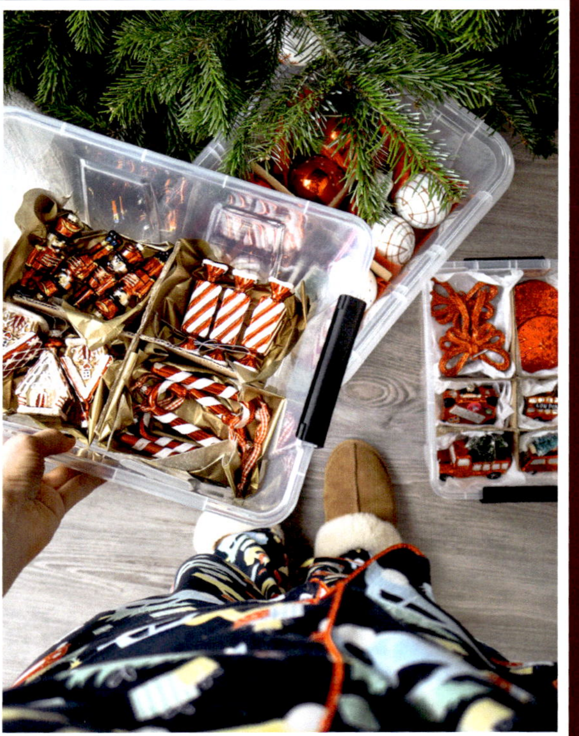

Kombinieren

Dinge, die zusammen gehören, auch zusammen wegpacken, also Nussknacker und Figuren in eine Kiste, Deko für Krippe oder Kerzen in eine andere.

Clever aufwickeln

Sperrige Dinge aufrollen oder eventuell fixieren. Tannengirlanden könnt ihr zum Beispiel zu einem Kranz wickeln und dann mit einer Wäscheklammer oder einem Garn / Gummiring zusammenbinden. Lichterketten gleich nach dem Abnehmen auf einer leeren Küchenrolle oder einem Stück Karton aufwickeln, das erspart das lästige Entwirren und schont die Nerven.

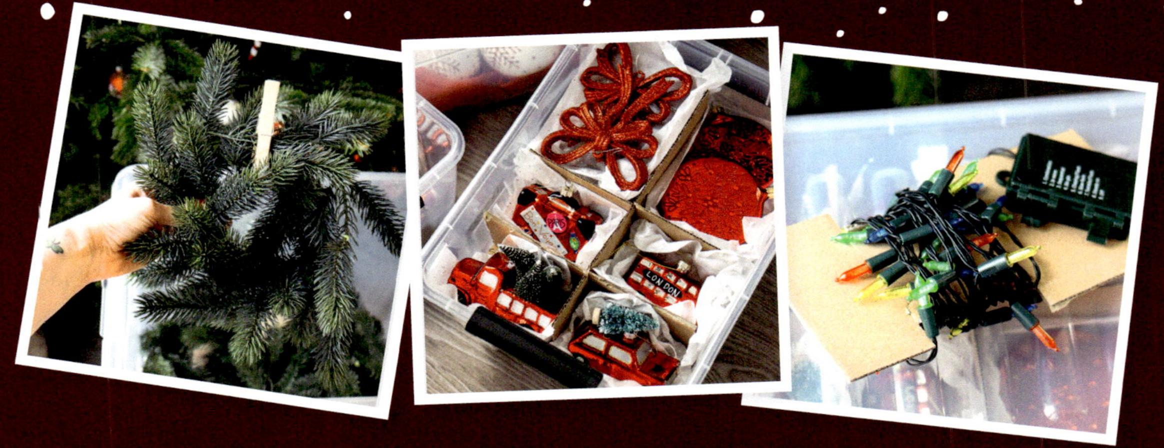

Upcycling

Kartonverpackungen, die eigentlich im Müll landen würden, einfach wiederverwenden, z. B. Versandkartons oder Eierkartons. Zudem könnt ihr auch Zeitungspapier zum Verpacken und Sichern des Christbaumschmucks nutzen. Ihr könnt aber auch alte Tupperboxen als Aufbewahrung nutzen, z. B. für Bänder oder weihnachtliche Geschenkanhänger.

Richtige Lagerung

Weihnachtsdekoration sollte staubfrei, trocken und ordentlich aufbewahrt werden, z. B. im Keller, auf dem Dachboden, im Abstellraum oder unter dem Bett. Bei letzterem eignen sich Boxen mit Rollen, die das Hervorholen erleichtern.

Beschriften nicht vergessen

Boxen, Kisten und Co. mit Tags versehen, hier könnt ihr beispielsweise auch Etiketten kaufen, die ihr mehrmals beschriften könnt.

Ausmustern

Nur Dinge aufheben, die gebraucht werden. Deko-Objekte, die nicht mehr gefallen: Verschenken, verkaufen oder spenden.

Deko-Check

Am besten im Oktober oder November Glühbirnen, Lichterketten und Co. überprüfen, um sicherzugehen, dass alles funktioniert, und nichts kaputtgegangen ist – das erspart Stress beim Baumdekorieren.

Gutes Gelingen beim Wegräumen und noch mehr Spaß beim Dekorieren im kommenden Jahr!

Danke

Allen voran möchte ich meiner Familie danken, die mit mir von November 2021 bis März 2022 Weihnachten gefeiert hat. Es war sicherlich nicht leicht, rund um die Uhr mit Weihnachtsdekoration, Bastelmaterial und Fotoshooting-Equipment zu leben – meine Bastelwerkstatt und mein Fotostudio befinden sich nämlich in unserem 30 m² großen Wohn- und Esszimmer, und da hatten wir an manchen Tagen ein paar Platzprobleme.

Während meine Schwiegereltern und Eltern sich über süße Weihnachtsüberraschungen gefreut haben und tatkräftig Cupcakes, gebrannte Mandeln und weitere Backwaren verkostet haben, hat vor allem mein Mann Bernd mit angepackt. Und das sogar sprichwörtlich, denn als wir Fotos für das Buch und einige DIY-Anleitungen geschossen haben, mussten wir unseren fertig geschmückten Christbaum um gut 2 Meter verschieben. Keine einzige Kugel ist zu Bruch gegangen, und das will schon etwas heißen. Zudem hat mein Mann mich bei vielen Fotos unterstützt und mir auch in jenen Momenten, in denen ich schon den Tränen nah war, weil ich DAS perfekte Foto knipsen wollte, immer wieder Mut zugesprochen.

Ich will nicht lügen: Zwischendurch wollte ich alles hinschmeißen, aber jetzt, wo dieses Buch fertig ist, liebe ich jede Seite darin und hatte rückblickend Spaß dabei, mich kreativ auszutoben, und dieses Buch zu Ende zu schreiben. Vielleicht ist dieses Ende ja auch erst der Anfang eines weiteren Buches...

Zudem möchte ich ein großes Dankeschön an den EMF-Verlag richten und diejenigen, die dieses Buch ermöglicht haben, allen voran an meine Lektorin Anne Schäfer-Hörr.

Besonders möchte ich mich auch bei Rayher bedanken, die mir Bastel- und Dekomaterial für die Umsetzung der DIY-Anleitungen zur Verfügung gestellt haben.

Des Weiteren bedanke ich mich auch recht herzlich bei Schick Blumenbinder, die mich mit Material für Adventskränze und Fotodekoration unterstützt haben.

Über die Autorin

Seit 2012 schreibt Sabrina Jäger auf ihrem Blog unter dem Namen Sabrina Sterntal. Ihre Leidenschaft für gutes Essen und einfache Rezeptideen, liebevoll dekorierte Wohnräume und bunte Alltagsimpressionen spiegeln sich auch auf ihrem Instagram-Kanal wider. Als Mama von zwei kleinen Jungs lebt sie mit ihrem Mann und zwei Katzen in einem Reihenhaus in Österreich und dekoriert dieses gerne mehrmals pro Jahr um. Saisonale Feste werden von Sabrina mit reichlich Liebe zum Detail gefeiert. Auf YouTube gibt sie zudem einen Einblick in ihren Alltag als selbstständige Bloggerin, spricht über Style-Ideen, Shopping-Tipps, Reisen und Alltagsgeschichten. In Ihrem Weihnachtsbuch legt Sabrina den Schwerpunkt auf Gemütlichkeit im Wohnraum, einfache DIY- und Deko-Ideen, die schnell nachgebastelt und auch verschenkt werden können. Zudem gibt es leckere Rezepte und eine große Portion Weihnachtszauber.

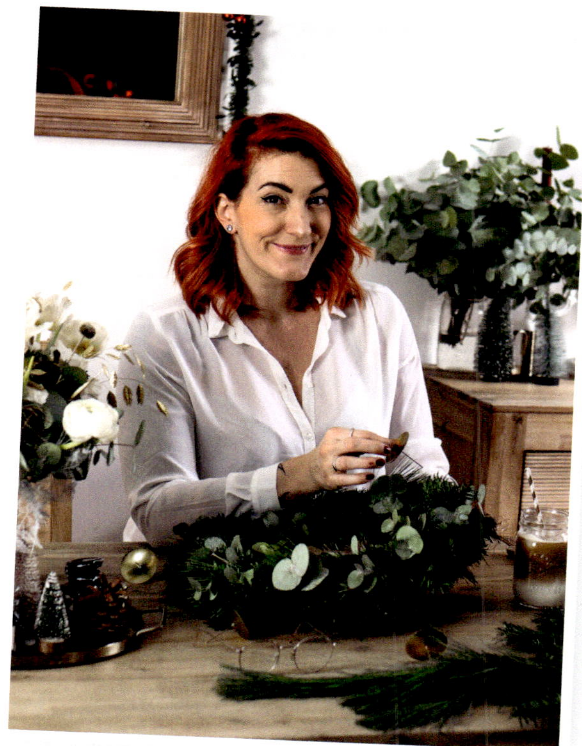

www.starlightsinthekitchen.com

Instagram **@sabrinasterntal**

Noch mehr
TOLLE BÜCHER

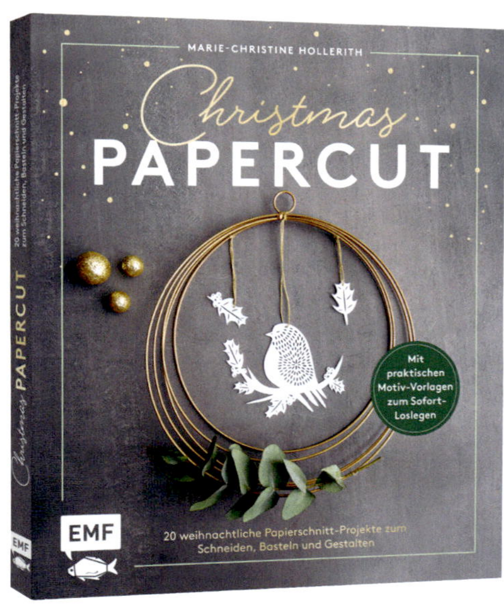

Christmas Papercut – Weihnachtliche Papierschnitt-Projekte
ISBN 978-3-96093-888-0
€ 12,99 (D) | € 13,40 (A)

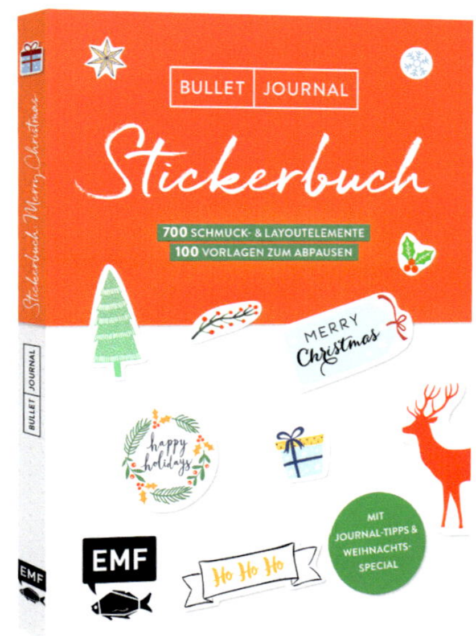

Bullet Journal – Stickerbuch Merry Christmas
ISBN 978-3-96093-463-9
€ 9,99 (D) | € 10,30 (A)

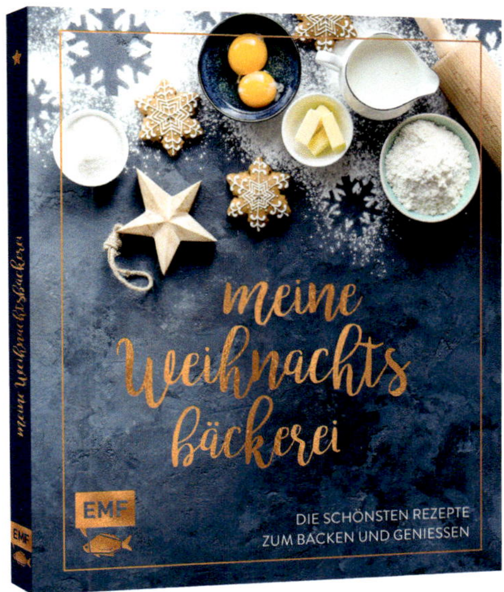

Meine Weihnachtsbäckerei – Die schönsten Rezepte zum Backen und Genießen
ISBN 978-3-96093-148-5
€ 9,99 (D) | € 9,99 (A)

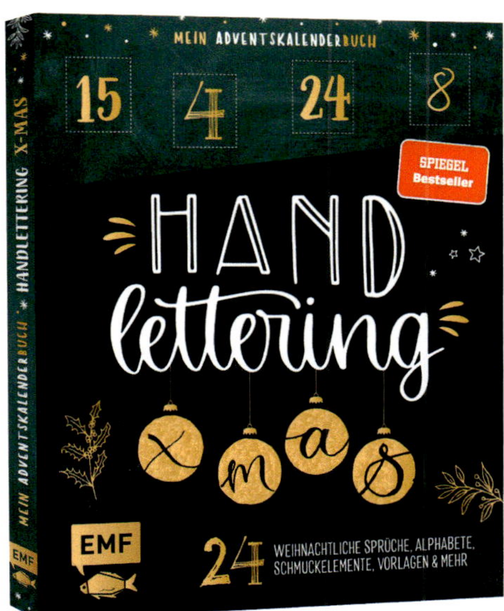

Mein Adventskalender-Buch: Handlettering X-Mas!
ISBN 978-3-7459-0103-0
€ 9,99 (D) | € 10,30 (A)

Weihnachtssterne? Gerne!
ISBN 978-3-7459-0705-6
€ 15,00 (D) | € 15,50 (A)

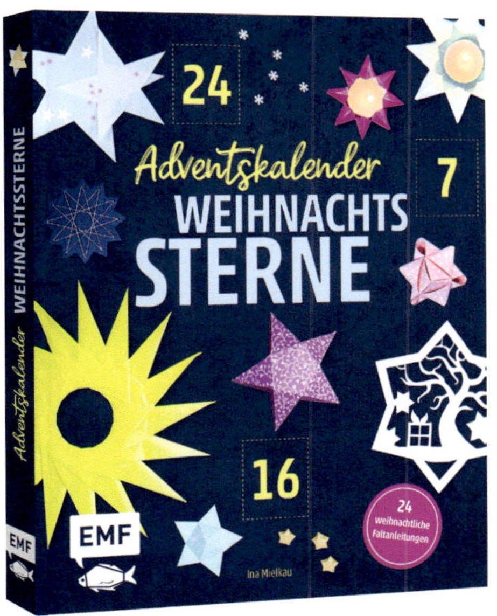

Adventskalender Weihnachtsterne
ISBN 978-3-7459-1602-7
€ 18,00 (D) | € 18,50 (A)

IMPRESSUM

Bibliografische Information der Deutschen Bibliothek.

Die Deutsche Bibliothek verzeichnet diese Publikation in der Deutschen Nationalbibliografie.

Detaillierte bibliografische Daten sind im Internet über http://www.dnb.de/ abrufbar.

EIN BUCH DER EDITION MICHAEL FISCHER

1. Auflage 2023

Fotos: © Sabrina Jäger

Cover, Layout & Satz: Silvia Keller

Produktmanagement: Anne Schäfer-Hörr

Bastelpapiere: Shutterstock: © Artnis, © Angelinna, © Larissa-S, © Galyna_P, © barrirret, © Moko22, © MG Drachal, © LilaloveDesign, © miumi, © sunshiny

ISBN 978-3-7459-1867-0

Gedruckt bei C&C Offset Printing Co., LTD., 14/F, C&C Building, 36 Ting Lai Road, Tai Po, N. T. Hong Kong, China

www.emf-verlag.de

tolles Extra

10 wunderschöne Musterpapiere zum Basteln.

Alle Projekte im Buch, bei denen das Papier zum Einsatz kommen kann, sind mit einem Button gekennzeichnet.